沖縄の「シマ社会」と青年会活動

山城千秋［著］

エイデル研究所

まえがき

　沖縄が日本に復帰して35年という節目の年に、本書を世に送り出すこととなった。その沖縄は復帰以降、何が変わり何が変わらなかったのか、そして何を残そうとしてきたのか。その問いを集落の生活文化と青年会活動を通して明らかにしようとしたのが、本書の目的である。

　私は復帰前の生まれである。未だ問題となっている普天間基地の近くで生まれ育った。父は三線の名手。毎日我が家には父が弾く三線が流れ、人が集まっては三線と唄が聞こえる家庭であった。しかし三線の音色は、幼心には雑音にしか聞こえず、テレビを見ている傍らで三線を弾く父を疎ましく思ったものである。

　その考えが一転したのは、青年会との出会いからである。大学卒業後に、沖縄県青年団協議会に関わり、各地の青年会活動に参加するなかで、今まで気づかなかった「内なる沖縄」を発見したことが、私の沖縄研究の基礎となっている。そして、いつの頃からか私自身も青年会のエイサーで三線を弾き始めた。父に近づくために。

　そして、進学のために九州で初めて暮らし始めたが、日本のことは何も知らず、沖縄のことしか知らない自分に気づくのである。私は沖縄そのものではないが、私を語るには沖縄が常につきまとう。このような私自身の主体形成の問題を基盤にしながら、本書は、沖縄人による沖縄分析の形態となっている。つまり、本書の課題は、私自身の課題でもあり、青年期のほとんどを青年会で過ごした私の振り返りの研究でもある。一つの研究としてまとめたものの、客観的分析にはまだ力及ばないところもあるが、沖縄集落研究の全体像理解の一助になればと思っている。

　本書は、1999年から2004年にかけて調査研究を行ったものであり、データや資料については、その当時のまま示している。また、本書で扱う沖縄の市町村自治体は、調査研究の時期を考慮して、2005年以降に行われ

た平成の大合併による新自治体を対象としていない。広域合併による功罪は、今日明らかになりつつあるが、いつかまたそれらを埋める機会を得ることで許していただきたい。。

　この研究論文ができあがるまで、実に多くの皆様に支えていただいた。まず指導教員の南里悦史先生には、博士課程の研究指導をはじめ、本書を完成するように導いて下さったことに心より深謝申し上げたい。沖縄研究においては、九州大学の松田武雄先生、鹿児島大学の小林平造先生、そして小林文人先生をはじめとする諸先生、さらに沖縄の青年会の皆様、私を支えてくれた御万人(うまんちゅ)の皆様には感謝の気持ちでいっぱいである。また、本書の刊行に際して、大変お世話になったエイデル研究所の新開英二出版部長、山添路子さんにこの場を借りてお礼を申し上げたい。

　最後に、遠く離れた沖縄から物心両面にわたり、いつも心配し励まし続けてくれた両親と家族、親戚・門中一同に感謝の意を伝えたい。

　なお本書は、2005年2月にに九州大学に提出した博士論文を一部加筆修正したものである。また本書は、平成18年度熊本大学学術出版助成の交付を受けて刊行されるものである。

2007年3月

山城　千秋

目 次

まえがき 3
沖縄県地図（本書が扱う主な市町村・字） 10

序章　集落と青年を結ぶ学習の視角
第1節　本研究の目的 ……………………………………………………… 12
第2節　沖縄の社会教育研究における地域文化と学習の構造 ……… 18
　　（1）自治の館としての集落公民館 19
　　（2）社会教育団体にみる地域文化の伝承と学習 22
第3節　青年教育と沖縄集落研究の動向と展開 ……………………… 24
　　（1）社会教育における青年教育研究−共同学習の今日的再検討 25
　　（2）沖縄研究の整理と到達点−特に集落論を中心に 31
　　（3）本研究の視点 39
第4節　本研究の構成と内容 ……………………………………………… 41

第1章　戦後青年会における文化活動の今日的再評価
第1節　文化活動における教育的価値の視角−その仮説作業 ……… 50
　　（1）青年団における文化活動の概括−特に祭りを中心として− 51
　　（2）地域の文化活動の再評価 53
第2節　青年会の文化活動の伝承と再生の視点 ……………………… 56
　　（1）青年会の存在理由と再生の諸要因 56
　　（2）戦前における青年会の文化活動史 69
第3節　戦後沖縄青年会の文化活動の展開 …………………………… 72
　　（1）伝統文化の復興−敗戦直後（1945-1952年）72
　　（2）抵抗と文芸復興−「アメリカ世」とのたたかい（1953-1971年）74

　　　　(3)生活文化の創造−祖国復帰後(1972年以降)　76
　第4節　今日の沖縄における青年期の光と陰 ………………………………… 77
　　　　(1)若年世代の就業構造と労働の実態　78
　　　　(2)青少年の非行問題を解決する地域活動の取り組み　82
　第5節　青年集団の文化活動の今日的到達点と研究課題 ……………… 84

第2章　地域の共同性をつくる青年の
　　　　生活・文化共有の過程分析

　第1節　文化と共同性の回復をめざして ……………………………………… 90
　第2節　地域の共同性の実態とその課題 …………………………………… 93
　　　　(1)親世代にみる青年会活動の経験歴　93
　　　　(2)地域の共同性のひとつ、集落行事への参加　94
　　　　(3)現青年会に対して期待する活動　96
　第3節　楚辺青年会にみる民俗芸能の伝承過程 ………………………… 97
　　　　−Aさんの活動を手がかりに
　　　　(1)日常生活の中の民俗芸能−幼少期　97
　　　　(2)青年会を支える同級生集団と通過儀礼−青年期　99
　　　　(3)民俗芸能の継承者から伝承者へ−青年会卒業後から今日まで　103
　第4節　地域の共同性と民俗芸能を継承することの意義 …………… 104

第3章　地方分権下の共同体自治をつくる
　　　　民俗文化の伝承と集落行事の役割

　第1節　共同性の再認識と可能性を求めて ……………………………… 110
　　　　(1)地方分権下における地域の共同性への着目の意義　110
　　　　(2)沖縄集落研究の視点−「個性」と「時間的普遍性」−　112
　第2節　読谷村の共同体自治をつくる集落の構造 …………………… 114
　　　　(1)沖縄の縮図・読谷村の村づくりと「字別構想」　114
　　　　(2)共同体自治の基盤を支える属人的集落組織　116

第3節　読谷村における集落行事の役割と「個性」の創造……… 117
　　　(1) 民俗文化の伝承と集落公民館の活動　117
　　　(2) 集落的民俗文化の伝承組織とその教育的機能　122
　　　(3)「字別構想」を具現化する楚辺の「きらめくユーバンタ
　　　　　夕焼けコンサート」　125
第4節　民俗文化の伝承と集落行事における共同体自治の創造 …… 126

第4章　伝統の創造による共同性の再構築
第1節　文化伝承と教育との関連……………………………………… 132
　　　(1) 伝統を創造すること　132
　　　(2) 地域の「無意図の教育作用」　133
　　　(3) 浦添市における都市化と共同体の変遷　135
第2節　内間青年会の再発足前史と民俗芸能の伝承過程 ………… 137
　　　(1) 再発足10年を迎えた内間青年会　137
　　　(2) 内間青年会再発足に至る地域課題　138
　　　(3) 伝統の誕生－旧盆行事を興す－　140
　　　(4) 伝統文化への価値の深化－獅子舞・棒術から芸能祭へ　141
第3節　青年会活動にみる青年の自己変革 ………………………… 144
　　　(1) 粟国から内間へ、郵政宿舎の仲間－青年会入会前　145
　　　(2) エイサーとの偶発的出会い、青年会へのめり込んでいく　147
　　　(3) 就職・転職の繰り返し、そして結婚と引退　154
第4節　地域文化における子どもの役割 …………………………… 160
　　　(1) 内間子ども会の発足とエイサーの創造　160
　　　(2) 内間子ども会とサークル活動　162
　　　(3) 見る芸能から見せる芸能へ－体験学習の意味　165
第5節　伝統の創造から共同性の再構築へ ………………………… 169
　　　(1) ふれあいを通して子どもの生活体験を考える　169
　　　(2) 機関紙づくりにおける伝統の発見と地域学習　170

　　　　　（3）ユイマールに支えられた内間大綱引きの復活　172
　第6節　結びにかえて……………………………………………………174

第5章　離島に暮らす青年の労働・生活と集落自治
　第1節　「南ぬ島に生きる」という課題……………………………………194
　第2節　地域の共同性と青年の主体形成の歴史的変遷　　196
　　　　　（1）米軍統治下の集落自治（1945〜1972年）　197
　　　　　（2）日本本土復帰と集落自治（1972年以降）　204
　第3節　離島青年の労働・生活の変容と現状……………………………207
　　　　　（1）石垣市における人口推移と労働力状態　207
　　　　　（2）労働力人口と産業構造　208
　　　　　（3）高等学校卒業生の進路状況と課題　211
　第4節　青年会への参加と学習過程分析…………………………………213
　　　　　（1）青年の職業形態とUターン　214
　　　　　（2）青年会入会への契機　217
　　　　　（3）地域文化活動への参加と学習の成果　218
　　　　　（4）青年会活動の集大成・青年文化発表会－質問紙調査をもとに　219
　第5節　宮良青年会の活動と芸能の伝承過程……………………………224
　　　　　（1）集落における青年の主体性－ある青年の自己認識を通して　224
　　　　　（2）手習いから、手ゆずりへ－青年と「わざ」、地域の共同性　227
　　　　　（3）「型」の習得にみる芸能の伝承－サニズ演劇発表会　230
　第6節　離島研究の残された課題…………………………………………233

第6章　都市に再生するシマ社会の構図
　　　　　－擬似共同体としての郷友会
　第1節　共同体の想像・文化の創造…………………………………………240
　第2節　社会教育における郷友会研究の意義……………………………241
　　　　　（1）見える共同体、見えない共同体　241

(2) 郷友会に関する先行研究の動向　243
　　　　(3) 三つの教育学的視点　244
　第3節　郷友会の構造と教育的機能の分析 ……………………………… 248
　　　　(1)「疑似共同体」としての郷友会の機能　248
　　　　(2) 母村における生活文化体験の共有　250
　　　　(3) 母村と郷友会のユイマール－文化活動を通して　253
　第4節　米軍基地が生んだ郷友会－嘉手納町屋良共栄会 …………… 256
　　　　(1) 土地接収による集落の消滅　256
　　　　(2) 嘉手納基地の需要と人口流入　257
　　　　(3) 屋良共栄会と東区自治会　258
　　　　(4) 存在証明としての伝統文化　259
　　　　(5) 個人と共同性の結合関係　261
　第5節　新たな同郷ネットワークの形成と今日的課題 ……………… 263

終章　集落の維持可能な発展と青年の学習
　第1節　本研究の総括と結論 ……………………………………………… 270
　第2節　今後の課題 ………………………………………………………… 273

参考文献　277
索引　294

沖縄県地図
※本書が扱う主な市町村・字を□で示した。

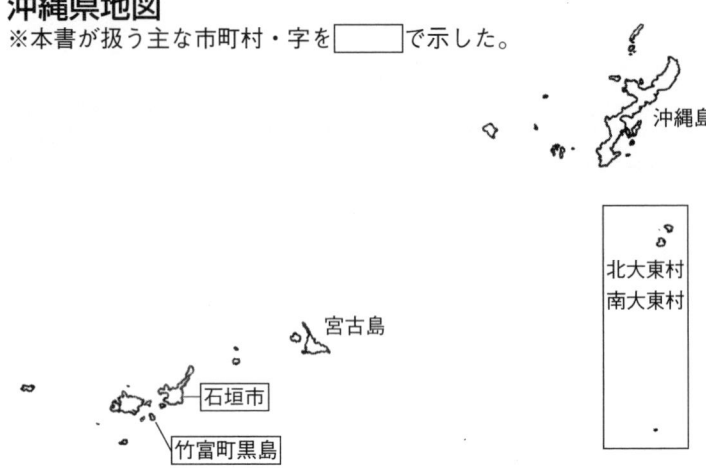

序章

集落と青年を結ぶ
学習の視角

勝連町平安名青年会

■序章　集落と青年を結ぶ学習の視角

第1節　本研究の目的

　社会教育は、地域・生活の現実に即した課題を住民による主体的な自己学習によって解決する教育活動である。なかでも青年は、婦人とともにこれまで常に学習主体の中心的な位置を占めてきた。それは、自己学習の基本的目標である地域の自治や生活、文化を創りだす政治的、文化的教養の習得をめざし、その達成のために地域や家族の伝統や文化を積極的に伝承する学習・実践が行われてきた。

　産業構造の転換は、地域や家族がそれまで保持してきた独自の社会教育的機能を急速に変化、衰退させていった。同時に可塑性に富んだ青年たちは、そのような時代の波に飲み込まれ、青年教育の保守主義、「三無主義」などに象徴されるように、青年文化や精神・意識分析の対象とされ、青年教育そのものの研究分析は少なくなっていった。

　今日の青年教育は、フリーターやひきこもりの問題、反社会的行動の問題を視野に入れながらも、その根幹にある労働・生産への目標形成、多様な他者との相互行為、文化活動における役割と世代継承を通した主体性の確立について議論しなければならないと思われる。歴史的な青年教育研究が、青年を大人とのマージナルな領域として不透明性を強調してきたのに対して、現代の青年教育には、社会問題を直視し、地域との関係において青年の生活と労働、伝統や文化における役割の捉え返しが必要であると考えている。

　このような視点から、本研究では、特に地域青年会の民俗芸能活動に焦点を当て、青年がどのように文化創造の、ひいては地域自治の主体的な行為者へとなっていくのか、その活動実態を検討することによって、青年教

育における地域の実相を明らかにすることを目的とする。戦後日本の社会教育研究がこれまで重要視してきた青年教育研究は、1960年代の地域の衰退以降目立った蓄積がなされていない。筆者が試みようとするのは、青年の多様化、個別化によって混迷を続けてきた青年教育を地域との関係から再検討することをねらいとしている。

　本研究が直接の検討対象として取り上げるのは、現代沖縄の集落—「シマ社会」—を根幹とした青年会活動である[1]。対象を沖縄およびその青年にした理由は、青年会の活動と学習が集落の自治と一体化した実践をつくってきたからであり、その青年会活動を明らかにすることから、集落文化の伝承過程の側面を明らかにすることができると捉えられるからである。さらには、戦争・基地と平和学習という「沖縄問題」全てが、集落自治とその担い手となる青年の生活に直接的に問題提起されており、集落の生活文化に深く関わっていることに注目したい。

　その沖縄は、日本本土と比べ所得が低く、第三次産業が肥大化し、米軍基地や補助金に依存した経済構造となっている。2002年の沖縄県における完全失業率は全国平均5.4％に対し、8.3％を示し、特に15〜19歳では25.0％、20歳〜24歳9.3％と、新規学卒者の無業者またはフリーター化が深刻な問題となっている。教育に関して言えば、2003年度の中学校卒業者の高等学校への進学率は、全国平均が97.3％に対し94.9％、また高等学校卒業者の進学率は、全国平均44.6％に対し30.2％であり、復帰以降も依然として本土との格差が存続している。このような「沖縄問題」は、本土復帰したことによって解決したわけでもなく、むしろ復帰によってますます困難なものとなっているのが現状ではないだろうか。

　確かに沖縄の失業率は、復帰後一貫して全国平均を上回り、約30年間全国一高い水準のままであるが、別な見方をすれば新規学卒者の多さや、地元への就職志向など豊富な若年労働力が県内に潜在していることを意味している。県民所得にしても、出生率の高い沖縄では多くの子どもや失業者が含まれるため、実際には幸福感や「ユイマール」などの豊かさを

序章　集落と青年を結ぶ学習の視角　　13

反映していない。さらに復帰前の出稼ぎブームの頃、青年の県外就職が増加したことを受け「日本中でもっとも烈しい過疎県になるおそれがある」[2]という危惧がなされたが、実際には青年が経済的理由で一時期移動することはあっても、物質的豊かさよりも家族や親族、地域生活における文化的豊かさを選択する青年の方が、復帰後の「本土並み」政策に反して増加しているといえる。

このように、沖縄の内発的発展における人的条件は整っているが、問題はこれらの可能性を現実に転化できる青年の主体性、つまり人材の育成が肝要である。基地返還や沖縄の歴史・文化をふまえた内発的で維持可能な地域[3]をつくるためには、青年の地域自治への参加が不可欠であると考える。

本研究の「地域と青年」の課題は、沖縄の歴史性と地域性をふまえ、次の通りに捉えた。

一つめに、復帰30余年を経た沖縄集落と青年の関係を分析することから、「反戦平和」、「人権回復」、「自治確立」という「沖縄の心」[4]がどのように考察され、「沖縄の心」を疎外する問題への解決策が提示されてきたのかを明らかにすることである。戦後から日本復帰後の集落における自治活動をみると、一貫して地域の環境、伝統、歴史的条件を踏まえた維持可能な地域づくりと主体性の確立がめざされてきたことが知られる。

二つめに、今日の地方分権の流れのなかで、住民の主体的な参加による自治が求められているが、青年がどのような動機づけによって、地域課題を発見し、地域参画していくのかを検証することである。本研究では地域の共同性には、文化的営みによって形成される主体性と創造性があること、そして教養主義的でない、生活にねざした自己教育が備わっているという作業仮説を設定している。したがって、青年の青年会に入るという地域参画が、それぞれの時代背景のもとで、どのような地域の共同性を生成し、どのように現代へと受け継がれているのかが議論の対象となる。

三つめに、「沖縄問題」をどのように捉えるのか、このことが社会教育

研究においても鋭くつきつけられ、そして現実にその問題に対峙しながら生きる青年の学習への視点は、どうしても取り組まなければならない課題である。

　このような現代沖縄の集落分析を重視したのは、沖縄の集落構造が伝統的な古さを残しつつも、今日的に創造されていると考えるからである。すなわち、沖縄の伝統的とされる集落組織・集団は、各時代における国家権力や資本に対抗する自治と主体性の確立をめざして、外部から新しい要素を取り入れながら伝統の新しい読み替えを行ってきたのであり、古い文化を保持し、閉鎖的だとは一概にいえない。沖縄は島／シマ社会であり、島／シマには独自の地域発展の方法が存在するということを念頭において、各集落独自の自治と主体性を明らかにする必要がある。沖縄の集落は、限られた空間でありながら、信仰や社会構造などの多様性に富んでおり、これほど大きい地域性の存在は、他の日本の諸地域に見出すことはできない。つまり、集落ごとに違うということは、ある一定集落を知ったとしても近接した他集落のことについては、仮説や予想が立てられないということであり、既製の概念や先入観で論じることは難しいことを意味する。そのため、「集落と青年」に関する研究手法も、フィールドワークによる各集落青年会の質的研究方法が然るべきであると考えた。青年会活動といっても、その活動内容は島／シマが有する固有の自然環境、文化遺産、歴史的条件に沿って、自律的に創造されてきたものである。したがって、本研究での青年の多様な学習形態の分析には、各々の集落自治の担い手形成を明らかにするという教育実践の関心が含まれてくるのである。

　沖縄の集落構造と、青年の学習活動を分析するためには、その前提として日本の地域社会との歴史的形成の相違に関して、次の二点に留意する必要がある。

　まず一つは、琉球・沖縄の集落史が、1870年代から80年代に明治国家の強権によって断行された「琉球処分」を起点に内国植民地、沖縄戦を経

て異民族統治という政治的圧力のもとで、屈従せざるを得ない無二の境遇にあったことである。しかし同時に「包摂」と「排除」、「同化」と「異化」の狭間で揺らぎながらも、沖縄人は「反戦平和」「人権回復」「自治確立」という「沖縄の心」を生活実感のなかから構築し、学習を深化させてきたと考えられ、時に民衆の抵抗運動となってその意識を顕在化させてきたと考えられる。

　二つめにそのような「沖縄の心」を具現化する沖縄の集落構造の歴史的形成は、仲松弥秀が「古層の村」論で指摘しているように、グスク時代(12〜15世紀)の沖縄シマ社会が祭祀・御嶽を基盤とした血縁的な地縁社会を形成し、神を核とした水平・平等的な横社会であったことである[5]。そして近世琉球のシマ社会は、地割制[6]によって農業を生産基盤とし、被支配階級のすべてが農民であり、日本近世社会の身分制度は生産機構の脆弱性によって成立しなかった。つまり、近世日本のように共同体に支配者、大土地所有者といわれる者はほとんどなく、地割制によって各自が生計を維持するだけの土地が十分にあったことが、水平的横社会の存続を可能としたのである。

　要約すると、沖縄集落の形成過程は、祭祀を基盤とした水平的横社会であり、各集落が自治的に祭政一致の生活文化を営み、支配する者もなく、自然環境の厳しいなかでは、他集落との相互扶助をとることも不可欠であったといえる。そのような自給自足的な集落自治は、明治以降も旧慣温存によって維持されたが、その後の急速な近代化と同化政策によって国家からの統制を受けることになる。

　このことを確認したうえで、予めここで強調しておきたいのは、日本と沖縄の地域共同体的特質は、必ずしも同義とはいえないことである。換言するならば、共同体そのものが歴史性、個別性をもち、その地域固有の役割を担っていることを考慮し、沖縄の祭祀を基盤とした集落の特質も、日本の共同体における一つの多様性として捉えることが必要である。

　本研究では、以上のような沖縄集落の歴史的構造の特質を前提として、

青年会における文化活動の観点から、地域生活課題と青年の学習過程について考察していく。その研究上の独自性として次の三点を挙げておきたい。

（1）地域における青年の役割を自治と文化の関係から論じる。本研究の問題意識は、沖縄の地域が抱える様々な生活課題を解決するために青年がどのような役割と意義をもつものかであった。日本各地における青年団研究に関しては、青年団自身の衰退によって地域の役割を喪失し、青年が見えなくなったと結論づける場合が多い。それに対して本研究では、地域の自治と文化を維持可能にするために、なぜ青年の役割が必要なのかという逆説的手法を採用した。つまり、地域の共同性が盛衰することと、青年団の盛衰は同時現象的なものであると考えるからである。青年団の衰退が、地域問題と個別に青年自身の問題だとする理解に、筆者は同調できない。青年教育の課題は、地域の自治と文化伝承の課題として考察する必要がある。

（2）地域における関係性構築をユイマールの思想として論じる。郷田實は宮崎県綾町における自治公民館実践を「結いの心」と表して、地域の共同関係について多くの示唆を与えた[7]。農業における労働慣行から派生した結い／ユイマールは、今日の地域共同体が失いつつある人間関係を再構築するための、いわば地域をつくる人々の関係を結い直す思想であると捉えられる。

ユイマールは地域の習俗・文化を基盤にして、目標を共有し達成しようとする共同＝学習と認識によって形成される民衆の思想である。今日的に求められる結い／ユイマールは、個性的な地域づくりを担う住民の相互扶助関係を表現する象徴的な言葉として意味づけられる。その内実は、一つに民衆的思想であるということ、二つめに目標を立ち上げていくときに民衆が結集していく絆であるということである。ユイマールが民衆的思想とされるのは、権力に頼らない自治の心を志向するからであり、時には自治を脅かす権力支配への抵抗として顕在化する。

(3)青年の学習を民俗芸能の「わざ」の習得過程から考察する。青年団や青少年が地域の行事や祭りを共同で取り組むなかで生みだされる人間関係は、総世代にわたる文化伝承の教育の場である。子ども・青少年の成長・発達に関して、地域の伝統や文化の伝承のなかに教育を見出すことが必要であると考える。なかでも青年と文化を結びつける重要な要素として民俗芸能に注目した。民俗芸能の伝承には、世代間における伝達が必要不可欠であり、伝達のためには、身体を介した継続的な学習を必要とする。このような学習は、地域づくりのための原動力になり、青年が集落の文化を再認識する契機を与えていると考えられる。このような学習活動は、教育学のなかでも学校教育における合理的・系統的学習と相容れないため、さほど重要視されてこなかった。しかし、地域単位で、高齢者から青年、子どもへと世代を超えて受け継がれる文化事象は、維持可能で自治的な地域づくりの基本的軸となりうる。

　以上三点が本研究における研究上の独自性であるが、これらにより青年の学習を地域の自治と文化と結びつけながら、維持可能な地域づくりの方向性を示すことを試みたい。まずその前提として、地域の共同性の基盤である沖縄の集落公民館について概観する。

第2節　沖縄の社会教育研究における地域文化と学習の構造

　1953年11月、当時の中央教育委員会が「公民館設置奨励について」を制定して、既に半世紀が経過した。沖縄で「公民館」と呼ばれる集落公民館は、日本本土の公民館制度とは異なる歴史を経て、今日に至るまで社会教育法における公民館類似施設として普及・定着してきた[8]。2003年度現在、県内の集落公民館数は、976館が確認されている[9]。沖縄の社会教育研究において、公民館が重視されるのは、集落の自治組織と一体化した集落公民館であるという点である。言い換えるならば、公民館はシマ社会において、自治と文化の創造の場であり、空間なのであり、もしくは寺中

作雄が提唱する公民館像、すなわち「一定の地域ないし一定の地域の住民というものと密接に結合した地域的な基盤に立つ教育施設」[10]であると捉えられる。

　本節では、沖縄のシマ社会と公民館が結合しながら、独自の歩みをしてきた集落公民館＝自治公民館＝シマ社会における地域の共同性の諸相を検証する。

(1) 自治の館としての集落公民館

　沖縄が地縁・血縁共同体であるという見方は、一方で日本各地にみられる典型的な地縁集団である町内会・自治会と類似しながらも、他方で沖縄独自の個性をもっていることを示唆している。つまり、地縁・血縁結合が最も基礎的なシマ社会の構成原理として機能しているだけでなく、その結合によってシマ社会の生産、労働、文化、子育て、教育など、人間の生存や生活を支える相互扶助的な関係としても機能している。そのような集落の共同関係、ユイマールが公民館という場・空間と一体化した形で営まれている。

　一般的に集落公民館では、自治会長・区長が公民館長を兼ねていることが多く、集落が大きいところでは普通常勤で職務にあたる。自治会長・区長の選出は、集落住民による選挙で行われるなど、民主的な手続きが取られている。公民館の職員には他に会計や書記等が配属され、自治会長・区長を含め、給与は区費および行政からの補助金によって支給されている。その補助金は、一般的な自治組織がそうであるように、行政の末端機関としての機能を担うために支給されるものであるが、石垣市では、公民館長(無償)と地区プロパーを区別しているところもある。

　図序-1および図序-2(次頁)は、名護市屋部と読谷村波平の集落公民館組織を図式化したものであるが、このように集落の全住民は班(波平ではさらに組に分かれる)の構成員であり、また各団体の会員でもある。最高議決機関として、区民総会が定められており、そこで区長をはじめ各役

序章　集落と青年を結ぶ学習の視角　　19

図序-1　名護市屋部区自治機構図

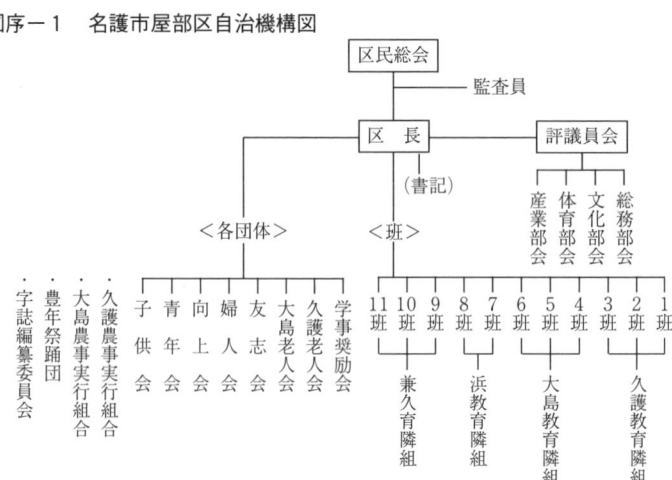

出典：名護市史編さん委員会『名護市史・本編11わがまち・わがむら』1988年、319頁

員が選出され、年間行事が決定されるしくみである。

　教育的機能の典型としては、沖縄に特徴的な教育隣組と学事奨励会がある。教育隣組とは、子どもたちの教育活動のもととなる生活環境を整え、健やかな成長と発達をはかるために、大人たちが子どものために行動する組織である。名護市屋部のように、教育隣組の単位は、隣近所の班を複数にまとめて構成され、大人だけで、あるいは親子ぐるみで、話し合い助け合い、ときには楽しんだりする。子どもをもつ親だけでなく、青年や子育てを終えた世代も含みながら、共同の子育てを実践している。そのような隣組単位の子育て活動のほかに、集落公民館では、毎年子どもの各学校（小学校から大学・専門学校まで）入学を祝って学事奨励会を実施している。たとえば名護市嘉陽は、人口100名規模の少子高齢化が深刻な集落であるが、学事奨励会には住民をはじめ集落の転出者、学校関係者が近くの浜辺に集まり、子どもの向学心を願って祝いが催される。子どもたちは発達段階の節目に自らの成長を振り返り、大人への報告を通して自己と集落との関係を再確認することになる。

字誌の取り組みもまた地域の共同性と緊密に結びついた、住民自身による地域史づくりである。字誌づくりの特徴を要約すると、①住民の素人集団が主体、②字（行政区）の公的事業、③1970年代からの新しい地域文化活動、④沖縄各地に広がる、⑤多くの住民（近年は女性と青年も）の手弁当による参加、⑥成果としての本、⑦市民学習・市民研究・社会教育・生涯学習・地域づくりへの課題と展開[11]、などが指摘できる。言い換えるならば、字誌をつくるという組織や編さん活動は、その構想から発刊までのすべての過程が、住民の主体的な地域史学習によって支えられているということである。生活者である住民が主人公となって、今まで生きてきた時間のなかで起こった共通の歴史や文化を書きつづる行為は、高齢者の生きがいとなるだけでなく、将来の担い手となる次世代へ文

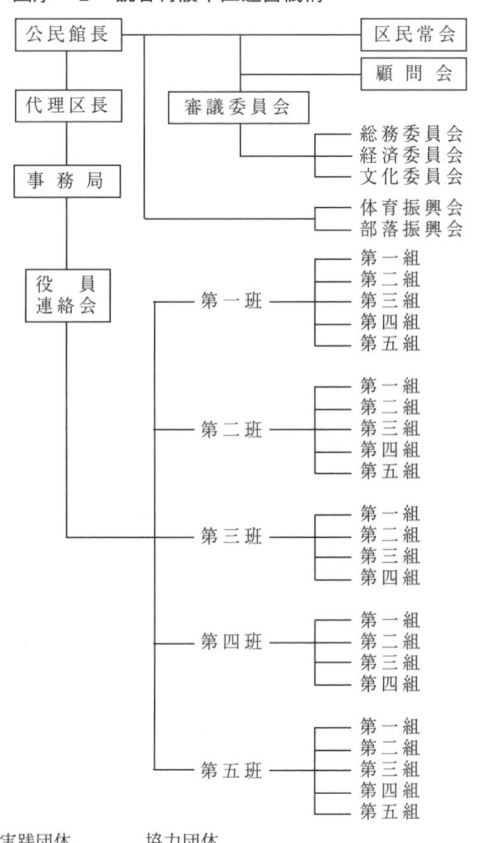

図序－2　読谷村波平区運営機構

出典：読谷村『読谷村字別構想』1995年、82頁

序章　集落と青年を結ぶ学習の視角　　21

化を託す地域づくりでもある。なお、波平では『波平のあゆみ』が1969年に刊行され、屋部では『屋部の八月踊り』(1996年)、『写真集　屋部－ひとびととくらし』(2002)が刊行されているが、編さん作業は継続中である。

　さらに沖縄集落の共同性は、共同店または共同売店(12)にも見ることができる。共同店の「共同」には、その設立にあたって原則として集落の全世帯が平等に出資し、集落が直接店を経営し、経営の収益は全住民で共有する、全住民の日常的共同生活における共同関係の具現化と捉えられる。一般的に集落に本籍のある者は、共同店の組合員資格を有し、集落から転出して県内外の他地域に居住している者でも、出身集落に本籍をおいている限り、集落の住民と同様に組合員資格を有することができる。そのような転出者との共同関係は、郷友会と同義に考えることができる。共同店の住民に対する機能は、玉城隆雄によると①経済的機能、②福祉的機能、③文化的機能をもっており、さらには諸行事、出来事および住民の生活、仕事、社会関係等に関する日常的な情報交換の場であり、老若男女の交流の場であるという。

　共同店による経済的活動だけでなく、各集落公民館では生産活動として、農事実行組合による生産物の品評会や表彰が行われ、波平では「総蹶起大会」と称した生産の向上と集落の繁栄を祝う祭りを実施している。一方、屋部の豊年祭は、「豊年祭踊団」という踊り経験者を中心に運営されているなど、それぞれ行事の取り組み方や運営方法は、集落の伝統に根ざしながら、住民自らが主体的に担っているのである。

　その他にも血縁結合としての門中(ムンチュウ)などがあり、このような集落の人々の共同関係や行事の内実は、各集落毎に個性的に異なっており、したがってシマ社会の数だけ多彩な行事と組織がそれぞれに地域の共同性を基盤に実践されていることになる。

(2)社会教育関係団体にみる地域文化の伝承と学習
　以上のような沖縄のシマ社会の文化は、世代別による社会教育関係団

体によって伝承と学習が構造化されている。その学習には、大別して二つの方法がある。一つは、他者あるいは媒体を介して知識や情報を得ること、もう一つは、身体を媒介とした直接的な相互行為によって得る知識と認識である。従来の学習形態は前者のみが学習とされ、学校教育が典型とされてきた。しかし本研究では、後者の身体を媒介とした学習を重視する立場にある。地域文化の伝承は、書物や古老からの伝聞によって知識を獲得することがあっても、その殆どは身体を伴う学習活動であるといえる。そのような学習観について、ジーン・レイヴとエティエンヌ・ウェンガーは「正統的周辺参加」論のなかで、学習という概念を個人の頭のなかでの認知過程と考えるよりも、実践共同体（community of practice）への参加の過程として、全人格的に考えることを指摘している(13)。端的に言えば、青年が青年会活動を介して地域社会、つまりレイヴらの実践共同体へ参加することは、共同でなす実践に加担するという意味で「正統的」に、また新参者という意味で「周辺的」に学習の過程がすすめられるということである。そして十全な実践の参加者となることによって「一人前」と見なされ、役割を獲得していく道筋となると考えられる。

　具体的に読谷村波平青年会を例に見てみる。全県的には、高校生を含む低年齢化と、青年期延長が進んでいるが、読谷村の青年会の特徴は、今もって年齢制限をもつ伝統的な形態を維持していることである。その今日的意味は、形式化し形骸化する通過儀礼とは違い、青年会に年齢制限があることで、青年の社会化を意識させ、地域でもって「一人前」を育て上げることが大切にされていることにある。青年自身も年齢制限については、自然に受けとめており、卒業年齢までに何を習得すべきか、明確な到達点が示されているように思われる。

　現在の波平青年会は男性が18〜25歳、女性が18〜23歳の同地域に住む者によって構成される。1999年度の会員は、男性29名、女性19名の計48名からなる。青年会の主要活動は民俗芸能の棒術とエイサー、「観月会」の芸能である。これらの民俗芸能の担い手としての役割は、青年会に求め

られ、青年会に参加すると同時に集落の民俗芸能の継承者としての学習が始まることになる。男性の場合、エイサーよりも棒術の継承が大きな比重を占める。棒術は「振興会」という19〜35歳の男性から構成される組織で行われ、たとえ青年会を卒業しても、男性として身につけなければならない棒術の技能は、35歳まで学習が行われる。また「観月会」の民俗芸能は、男女ともにエイサーの踊りで評価された者が、集落の伝承者である「師匠」から直接的に教わる。初めて観月会に参加する青年は、平易とされる芸能から始め、年を重ねる毎に難度の高い芸能へと段階を積んでいく。つまり、周辺的な参加から十全的な参加者へなるための学習過程が、地域の共同関係のなかに埋め込まれているのである。

　このような学習と実践は、知識＝技能と個人、社会の分かちがたい共同性の場として捉え直される。そして地域文化の伝承は、共同体内での相互学習と位置づけられ、伝承は何事かを伝え承けるという狭い定義ではなく、社会を組織化し、維持可能にする学習活動という、より広い文脈で解釈することが可能となる。

第3節　青年教育と沖縄集落研究の動向と展開

　沖縄の集落は、共有地を基盤にした血縁・地縁関係、親族・門中関係、重層的なユイマールと宗教的な祭祀とによって形成されたシマ社会である。そのため、専門化された一つの研究領域だけでは、沖縄集落を全体像として捉えることは難しい。集落の宗教・民俗だけでなく、現代社会の産業化・都市化も、人間を介して密接に関わっているのであり、そのような全体像を見通す研究が必要である。そのようなシマ社会を分析対象とする本研究は、最も狭義には沖縄の青年団研究として分類され得るものである。しかし、より広義には、地域社会教育に関する研究、理論的側面においては、教育と文化、政治と経済に関する研究としての視野も検討の射程に含んでいる。そのため、本研究での考察を進める上で検討すべき

先行研究は、必然的に多岐にわたり複合的である。

　本研究がこれら複合的な研究領域の交錯する地点に位置することを基本的前提としつつ、本節においては、本研究が目的とする地域における青年の学習を検討するために、青年教育に関する研究と沖縄に関する専門研究の側面から、それぞれの展開過程に即して概括し、そのなかに本研究を位置づけることを試みたい。

(1) 社会教育における青年教育研究－共同学習の今日的再検討

　日本の社会教育は、戦前戦後を問わず、農村の青年教育を母体に展開されてきた。戦後の青年教育を牽引してきた研究者としては、宮原誠一、吉田昇、碓井正久、福尾武彦、小川利夫、那須野隆一、等を挙げることができる。これら研究者の問題関心は、農村の近代化と青年の学習問題にあり、主要には戦後から1960年代における共同学習や小集団学習、サークル学習の運動理論として蓄積されてきた。特に社会教育学習論の出発点となった共同学習は、農村青年団を中心にした理論的実践であった。戦後の青年教育において、共同学習論ほど長く議論され、その再構築と新たな展開が模索された学習論は見あたらず、また青年団の盛衰と密接な関係をもつことから、社会教育史研究の重要な領域であるといえる。共同学習論の展開と衰退、総括については、既に多くの論考があり改めて記す余裕はないが[14]、本節では時代の移り変わりとともに共同学習論をはじめとする青年教育研究の到達点を地域の自治・文化との関係から再検討し、本研究の意義について論じてみたい。

　共同学習の思想は、1953年日本青年団協議会（以下「日青協」と略す）の青年学級法制化反対運動のなかから生まれた。共同学習の提唱者である吉田昇は、『共同学習の手引き－青年団と青年学級のために－』のなかで次のように定義している。「共同学習は、15人以下の小グループで、青年の共通の問題の発見と問題解決を軸にした、青年同士の平等な連帯をつくる自己学習・相互学習である。青年の共通の問題は、村・役場・家庭に

おける封建生活の合理化・生産の能率化にかかわる問題である。そして学習の方法は、『困難を感ずる』問題の発見→問題の限定→解決方法の示唆→示唆の根拠の検討→検討の順序が集団的になされることにあり、学習と実践が緊密に結びつくことにあった」(15)としている。その学習方法の特徴は、「共同性をつくりあげるための学習の形態は何よりもまず〈勉強〉という過去の伝統からぬけだすことだ」と共同性の意味を問い、自分の問題を出発点としながら、自分たちの地域社会の問題に共同で取り組んでいくことにあると、その展開の仕方について理論化した。民主的な学習形態は、地域の問題解決を軸とした、青年同士の自己学習・相互学習である。

　共同学習においてめざされたのは、「ムラの古さ、貧しさからの解放」(16)であった。農村青年を中心とした青年団の共通の課題は、ムラの古さと貧しさであり、封建的な地域を民主化しなければ、青年の主体性は確立できないという切実な要求があったのである。共同学習がいち早く普及した長野県連合青年団では、独自に「共同学習とはどんな学習であるか」という解説書を出し、そのなかで「共同学習はひとりひとりが独立の個人として主張すべきは主張し、反対賛成をあきらかにし、お互いの意見を尊重し合って真の共同精神を学びとり、共同体を築きあげてゆくところにねらいがある。部落の共同学習が村にひろがり、部落を住みよいところにすることから村政をよくして行く、民主政治は絶対的な英雄が不必要である」(17)としている。つまり共同学習は、村々に根強く残っていた封建制を克服した個人を育て、村の政治を変えていける青年の主体性を育てようとした。

　そのような要求をもつ青年が生活する当時のムラ社会は、碓井正久によると「戦後、アメリカ占領軍によって、部落会、隣組などの組織が禁じられたが、いっぽうでは、水利権の共同管理のかたちは残されたし、嫁いり、葬式、屋根葺きなど講の形での共同作業形式も消えなかったことが基盤になったり、為政者もまた部落利用といううまい汁の味が忘れられず、

これを取り締まるどころか、かげで利用助長したから、部落的伝統もまたかげをひそめることがなく、いまなお強くつづ」[18]く相互援助的な性格を失った、相互監視的な社会と見なされていた。

学習運動として全国に波及した共同学習は、青年たちが「ムラの古さ、貧しさからの解放」という地域社会の封建制とたたかい、近代化・民主化を推し進める担い手となっていたことを示すものである。しかし、共同学習はいくつかの欠陥をもっていたために、停滞にぶつかった。

これに対し、日青協は『共同学習をさらに発展させるために』(1956年5月)のなかで、共同学習の問題を三つ指摘した。一つめは、流行語として「共同学習」「共同学習のすすめ方」の形式主義を克服しよう、である。共同学習が形式的に単位団へ「伝達講習会」となり、身近な一人一人の問題を疎かにした「純粋共同学習」に陥る可能性があり、リーダーや幹部の問題も指摘している。二つめに、学習および組織活動における無計画さを克服しよう、であり、具体的には「共同学習事例」の模倣、社会活動との混同、青年間の分裂の問題である。三つめに、「共同学習」活動における無勝手流を克服しよう、である。ここでは通信教育および定時制高校の教育と結びついていくことを確認している。

この三つの問題提起から看取されるべきは、一つに共同学習そのものが、青年の生活課題解決のために自然発生的に生まれたのではなく、日青協という全国組織と理論家たちによる合作であったため、各青年団では定着をみせず「形式主義」へと陥ったことである。二つに、学習の方法論は提示されても、どのように展開すべきか、実際の課題を前にしても『手引き』の模倣となり、かつ青年の間に学習理解をめぐって青年間の分裂を生じさせたことであるが、三つめの学校教育との連携の指摘、中核グループの指導性の指摘は、その欠陥を克服しようとするものであった。

しかし、1955年の所得倍増計画にはじまる高度経済成長は、農村中心から都市中心へ、農民中心から労働者中心への転換をもたらし、地域の社会と産業を変化させた。共同学習運動を支えてきた青年団も、こうした

事態に直面し、停滞を余儀なくされた。そのなかで、吉田は「農村の変貌がなぜ、青年の学習運動の曲がりかどをのりきる力とならないのか」[19]という問題提起をした。その上で「なんとしても、これらの困難にうちかち、ねばり強く学習をすすめる青年たちを見出し、その学習の秘密をさぐることによって、農村の本格的近代化の突破口をつくりたい」[20]という社会教育研究者の関心は、青年団の減少と共同学習の衰退とともに、農業青年の労働者化問題から都市へ集う勤労青年のサークル学習へと変容していくことになる。その研究関心は、次の五点へと向けられるようになる。①後期中等教育の確立、②社会科学学習なり系統学習との統合、③学習運動における指導性の確立、④青年運動など大衆運動との結合、⑤封建的な矛盾から、それをくみこんだ近代社会の矛盾を学習課題とする[21]、である。

1950年代後半の共同学習以降、青年団に関する論考は、それぞれ在村通勤青年、中卒青年へと対象が変化し、青年労働者の問題、そこから必然的に生まれた後期中等教育問題へと国家政策的視点からの議論が多数を占めるようになる。そのなかで青年の学習論として注目されたのは、1978年に那須野隆一が『青年団論』(日本青年団協議会)のなかで、都市青年だけでなく青年団にも共通する学習活動として「たまり場学習」を提唱したことである。それは、高度経済成長による「使い捨て」の生活を見直し、人間関係の構築をめざした学習内容論と、「自己紹介学習」や「生い立ち学習」と結びつけた方法論を提示した。「たまり場学習」とは、「問題は、どのようにして青年集団の学習活動を日常化させるかということ、そのために、どのようにして青年集団の内側と外側の学習の場をくみあわせていくかということ」[22]を原点にした、「共同学習の発展的再建」という方向性を示したものである。

このように1970年代後半に、新たに青年団の学習が共同学習との止揚である「たまり場」として提起された。しかし「たまり場学習」以降は、先導的な学習理論は構築されず、青年教育の関心は、居場所論やサブカルチ

ャー論、青年の無業・フリーター論など、社会構造の複雑さによる青年問題研究の専門分化が進んでいるといえる。

　以上、青年教育における共同学習の概括をみてきたが、本研究の課題に即して次の論点だけはどうしても検討しておかなければならない。つまり、先行研究と青年団の実践から少なくとも問題とされるべきなのは、一つは、地域の自治と文化における青年の役割である。これまでの言説に見られる学習内容においては、「ムラの古さ」という全国普遍的な課題が議論され続けてきたことから、ムラ、すなわち地域にかかわる問題については、封建制の民主的な解体をもって解決するとの考え方が一般的であった。したがって、共同学習における地域の自治と文化は、青年が役割を担い継承するものとしてではなく、あくまで封建遺制として理解されてきたと捉えられる。

　具体的に言うならば、同質の青年による学習活動は、自らの生活要求の妨げとなる地域の封建制を克服することが過度に価値化されたため、地域の自治・文化に対する青年の役割や教育的機能についての洞察は、欠落ないしは、軽視される傾向にあったと指摘できるのではないだろうか。

　かつて地域社会は地域住民の土着的な自治によって形成されるものであった。その地域構造には封建的要素が伝統として残されていたとしても、一方で地域という場のなかでは、教育活動が展開され、人間の主体性を確立し、地域が生みだした文化を次代に継承させるなどの教育的機能をもつ。さらには地域の共同作業は、人が生きていく上で欠かせないものであり、前節で確認した「嫁いり、葬式、屋根葺きなど講の形での共同作業形式も消えなかった」ことまでもが問題視されてきた。同様に「相互援助的な性格を失った、相互監視的な社会」であると言うならば、青年の主体性は、地域の変革のためにも内側に向かって確立されなければならない。しかし実際には、民主的で相互援助的な地域社会をつくる前に、産業構造と社会構造の急激な変化と、中央集権型の地域開発の中で、地域社会は崩壊し、これまで培ってきた自治能力を与えられた存在でなくなっ

たのである。

　このような地域文化の創造に関連して、北田耕也は、文化の問題を人間の主体形成との関係で捉えた理論的方向性を示している。北田によると、主体形成とは「大衆が民衆になる」ことであり、そのことと「民衆文化の創造」とは一つであるとしている。つまり、「大衆文化の支配に抗して民衆文化が興ることである。もちろん、新たな創造がなければならない。それは大衆文化を批判し超克するたたかいでもある。(中略)民衆文化の創造は、担い手の創造、すなわち大衆が民衆になるという自己変革の問題と分けることができない」[23]のであり、支配的文化に対する批判と抵抗の意志をもった「対抗文化」の学習を組織しなければならない。そのために、共同学習の再評価が必要であるとして以下の三点、①「私的領域」に固執する積極性、②自己認識と社会的相対との「相互関係性」、③言語を自らのものにするための口承文化の再生と創造、を導きだしている。

　北田の論を捉えて端的に言うならば、青年の学習の視点が青年の生き方の問題や青年団の内部問題に限られたものは、地域の自治を担い文化を創造する主体へとは発展しない。共同学習のなかに地域が否定的に捉えられようとも、それを変革するのはその地域に生活する青年の役割である。しかし、そのような地域の自治と文化を視野に入れた共同学習論は、北田も指摘しているとおり、展開され得なかったのである。

　問題の二つめは、学習形態重視の学習論である。共同学習の普及に際し、長野県連合青年団は「共同学習の進め方」として、次のような進め方を提起した。すなわち、①共同学習の小団を結成する、②共同学習の公約をきめる、③討議の段階、④調査の段階、⑤調査の結果による整理討議の段階、⑥計画の段階、⑦実践の段階…社会活動[24]、である。このような受け止め方は、この時期の一つの典型的な考えであった。このような形式化された学習形態の下で、しかも同質の青年層による話し合い学習が日常性と継続性をもつことは、必然的に困難であると言わざるを得ない。学習とは、必ずしも机上で話し合う形態である必要はなく、むしろ実践の

なかに学習すべき課題が含まれているのである。その実践とは、地域づくりと文化の担い手形成にある。「共同」は、平等、尊重を意味しており、「学習」は生活との密着、実践との関連で理解されていた。共同学習の本質に立ち返るとき、地域青年団であればこそ、その共同には青年以外の世代も含まれ、学習は実践を介して行われるものである。たとえばなぜ「行事青年団」がいけないのか。行事を取り仕切っている青年にとって、それが封建的であっても、他の地域住民にとっては地域行事がなくなることは、世代の継承ができなくなり、文化の消滅を意味することは理解していたはずである。青年の要求を地域にいかす地域づくりとは、「活動の具体的内容が、調査や学習に止まっていても、そのテーマが団員個人や青年団の組織内に止まらず、地域社会に広がったものであれば、活動内容の濃淡に係わらず、地域づくりの活動となる」[25]のである。このような地域の共同性に青年の学習が根ざさなかったために、個人的な問題解決学習の域を出ることなく衰退したのだと考えられる。

　こうした地域の包括的な教育的機能への視点を理論化できなかったことが、共同学習の限界と指摘できる。しかし、共同学習運動は、生活と科学の結合という難題を意識しながらも、運動を担う青年の主体性が熟成するよう、地域の実情に即した学習論をさらに辛抱強く推し進められるべきであった。沖縄の青年会による集落学習への視角は、これまで欠落してきた共同学習の視点の単なる補填を提示するだけにとどまるものではない。日常生活のなかで直接的な相互行為によって伝承される文化こそ学習活動であり、従来の学習の方法論、内容論自体を構造的に転換するための視点を提示してくれるものである。

(2)沖縄研究の整理と到達点－特に集落論を中心に
　これまで筆者が関心を抱いてきた祭祀や儀礼、民俗芸能は、文化人類学や民俗学において主要な対象となってきたものばかりである。これらはいずれも、集落を単位とした人々による、主に身体を媒介とした直接的な

相互行為によって今日まで伝承されてきたものであり、教育学においても人間形成という視点から分析し得るだけの可能性をもつものである。

その一方で民俗学者の谷川健一は沖縄学が成立する条件として次のようなあり方を指す。「沖縄では、歴史と民俗、言語と文学とを明瞭に区別することはむずかしく、政治と宗教の組織、信仰と村落とは、かつて不可分に結合し、情念と論理とは密接に抱き合って存在しているという現象がある。一口に言えば、沖縄ではすべてが未分化であり、沖縄の歴史社会は多面体の結晶のように様々な角度に光を反射している。沖縄は全体として把握することのできる社会であり、また全体として把握する以外に不可能なところである」[26]として、沖縄学の特色は、宗教や民俗の意味を追求するとき、それが政治や歴史と密接不可分にあって分離しがたいところにあると述べている。

つまり、教育学においても、教育の現象的な側面だけを扱ったとしても、集落における教育的機能を分析したことにはならない。沖縄集落に内在する共同性とユイマールの根底的な部分は、住民の生活のなかにあり、しかも基層には岩盤のように固い宗教や歴史、民俗の意識がよこたわっていることを前提にしなければならない。

このように沖縄に関する研究は、歴史・経済・政治・行政・社会・生活・文化などあらゆる分野におよび、その蓄積は膨大であり、すべてを顕在化させることは筆者の力量を遙かに超え出るものである。しかし、本研究の課題に即して、各専門領域の成果に依拠しながら、集落のもつ教育的機能を裏付ける検討作業をしておかなければならない。

①戦後の基地経済と地域開発

沖縄の集落社会に直接的な変容をもたらしたものに、沖縄戦の惨禍と占領下の米軍支配、そして復帰後の地域開発が挙げられる。これらは住民が好むと好まざるに関係なく、外的勢力によって直接行使されたものであり、占領下時代には沖縄の自治思想は、「神話」[27]とされてきた。沖

縄研究を貫く問題は、自治の復権と主体性の回復にあると、まずもっていえる。

このような沖縄の開発・経済に関する論考には次のようなものがある。沖縄タイムス社編『あすへの選択　沖縄経済−実像と展望』上・下、沖縄タイムス社、1979年；宮本憲一（編）『講座　地域開発と自治体3　開発と自治の展望・沖縄』筑摩書房、1979年；真栄城守定『シマおこしの構図』ひるぎ社、1993年；久場政彦『戦後沖縄経済の軌跡−脱基地・自立経済を求めて−』ひるぎ社、1995年；宮城辰雄（編）『沖縄・自立への設計−南方圏の時代に向けて−』同文館出版、1997年；沖縄国際大学公開講座委員会『沖縄国際大学公開講座6　沖縄経済の課題と展望』那覇出版社、1998年；山本英治・高橋明善・蓮見音彦『沖縄の都市と農村』東京大学出版会、1995年；宮本憲一・佐々木雅幸『沖縄　21世紀への挑戦』岩波書店、2000年；松島泰勝『沖縄島嶼経済史−12世紀から現在まで−』藤原書店、2002年；百瀬恵夫・前泊博盛『検証「沖縄問題」』東洋経済新報社、2002年、などである。

なかでも宮本憲一は、内発的発展の立場から戦後沖縄経済を分析した研究者である。宮本は「沖縄の基地の撤去とその経済の自立なくして、日本の戦後は終わらない」[28]と言い、「戦前戦後を通じて、沖縄県は日本政府と米軍民政府の支配の下で地域社会の自主的な発展がみられなかったために、経済発展のための主体が形成されなかった」[29]と、人間能力の歪みこそが、最大の問題であるとしている。そこで、「沖縄の心」すなわち、「平和・基本的人権の確立、基地経済からの自立、政治・行政の自治」を沖縄開発の思想とし、内発的発展による維持可能な社会（Sustainable Society）という考え方を示した。

宮本の言うところの内発的発展とは、「地域の企業・組合などの団体や個人が自発的な学習により計画をたて、自主的な技術開発をもとにして、地域の環境を保全しつつ資源を合理的に利用し、その文化に根ざした経済発展をしながら、地方自治体の手で住民福祉を向上させていくような

地域開発」[30]のことをさす。つまり、沖縄の伝統的な共同体が内発的発展の自治組織として再生し、これらを可能にする主体性の確立を説いており、社会教育における地域づくりと主体性の課題と共通していると思われる。

　沖縄経済と関連する基地問題は、集落の内発的発展の阻害要因であり、研究においても看過できない大きな比重を占める。特に本研究で取り上げる読谷村の山内徳信による『叫び訴え続ける基地沖縄　読谷24年－村民ぐるみの闘い』那覇出版社、1998年；『憲法を実践する村－沖縄・読谷村長奮闘記－』明石書店、2001年、では読谷村行政や集落による基地闘争と、平和を志向する村づくりが記されている。その他に、阿波根昌鴻『米軍と農民－沖縄県伊江島－』岩波書店、1973年；大田昌秀『拒絶する沖縄－日本復帰と沖縄の心－』近代文芸社、1996年；沖縄タイムス社編『沖縄から－米軍基地問題の深層－』朝日新聞社、1997年；同『沖縄から－米軍基地問題ドキュメント－』朝日新聞社、1997年；沖縄国際大学公開講座委員会『沖縄の基地問題』ボーダーインク、1997年；高橋明善『沖縄の基地移設と地域振興』日本経済新聞社、2001年、などがある。

②集落構造と民俗文化
　沖縄集落を把握するにあたっては、いうまでもなく文化の研究が重要である。これには歴史学、人類学、民俗学、宗教学などによる膨大な成果と蓄積がある。そこで本研究がなぜ自治と共同性を集落に求めるのか、それを根拠づけるために、これら先行研究から析出する。
　まず、沖縄民俗学の先駆者である仲松弥秀は、村落共同体を「共存共栄の村落社会」と規定し、その「結びつき」[31]の強弱によって種々の段階に分類できるものとしている。その上で仲松は、我々が否定的にもつ共同体観についても明確な答えを用意している。たとえば「因襲的、排他的であり、自由を抑圧する閉鎖的な縦社会」という見解に対して、「人間性豊かな好ましい村落共同体社会ならば、自己にとって不利なもの、自己を破

壊する如何なるものに対しても防衛しなければならないことは当然であり、これをもって排他的、閉鎖的社会とすることは当を得ないはずである」と、これを否定している。また、村落共同体なるものを「前近代的で社会進歩を束縛しているもの」とする論に対しては、「古代的・前近代的という分類の仕方は、あくまでも歴史的過程の分類であるわけだが、にもかかわらず、これをもって人間社会の幸福の進歩としてとらえ、古代的なものより中世的なものが、中世的なものよりも近代的なものが、より好ましい人間社会と評する」と考えるには疑問を持たざるを得ないとしている(32)。

さらに、沖縄村落社会の形成要件は、①同じ地域に居住している、②血縁によって結びついている、③血縁でなくとも、相互に知り合い、つき合っている、④ひとしく、その地域に生活手段を持っている、⑤共同体で祭祀をしている、⑥村人こぞって年中行事を大切にしている、⑦相助がさかんである、としている。このような地縁共同体社会の育成に欠くことのできない要素の一つは、地域教育、つまりその土地の血となり、肉となっている祖先の築き上げた伝統的文化に関する教育であるという。

以上のような、祭祀を基盤にした水平的横社会の沖縄集落は、沖縄戦による壊滅的な破壊を受けることになるが、村武精一は、仲松の言う「結びつき」によって集落が自治的に再生する原理を次のように書いている(33)。

　沖縄戦の、いわゆる〈鉄の暴風〉によって壊滅の極に落とし入れられた、沖縄本島南部の諸部落は、緑を失った真っ白な岩膚に回帰してしまったかのようにみえた。しかし、戦いの後、旧村落跡の付近にテント小屋を建て、村の生存者が肩を寄せ合い、日常生活の再建とともに直ちに行なったこと、それはその村落の神人と部落幹部が、御嶽やあちこちの拝所において、戦争のため祭祀・行事をおこたったことの御詫祈願であった。そして、村人は、日常生活共同体としての、あるいは祭祀共同体としての、〈シマ〉の再建を誓ったのであった。

　この再建のプロセスを地元の人々から、直接、きけばきくほど、荒廃の原野に再生した民俗文化の論理が、あらわな姿をみせてくるの感を私はもった。この再生活動は、あくまでも沖縄人自身によって、自らの手によって自文化を育て

上げ守り通してきた証であった。

　ところで、集落の年中行事に着目すると、人々の自然観や神観念などを観察し、家族や集落の人々がその行事を行うために、どのように役割を分担し、どのような組織をつくるかを観察することで、人の結びつきや集団の仕組みを理解することができる。社会人類学者の比嘉政夫によれば、年中行事とは「村落や親族など一つの社会集団が伝統的に継承し定期的に営んでいる行事」のことをいい、それらに観察の目をそそぐのは「まつりや儀礼の中に、それを演ずる人間集団の文化が集約的に表現されると考える」からであり、また「その社会の生活儀式＝文化の示差的な特徴をみる大きな材料を提供してくれる」(34)からである。

　このような民俗学・人類学研究の特徴は、集落構造の原理を文化的要素と人間関係の結合から洞察するものであった。これら先行研究には、民俗芸能をはじめ、通過儀礼、祭祀組織、信仰など、習俗の数だけ研究があるといってよい。ひとまず主要なものとして、W.P.リーブラ『沖縄の宗教と社会構造』弘文堂、1974年；比嘉政夫『女性優位と男系原理－沖縄の民俗社会構造』凱風社、1987年；植松明石（編）『神々の祭祀』凱風社、1991年；矢野輝雄『新訂増補　沖縄芸能史話』榕樹社、1993年；沖縄国際大学公開講座委員会『南島文化への誘い』那覇出版社、1998年；松居友『沖縄の宇宙像－池間島に日本のコスモロジーの原型を探る－』洋泉社、1999年；法政大学沖縄文化研究所・沖縄八重山調査委員会『沖縄八重山の研究』相模書房、2000年；大城學『沖縄の祭祀と民俗芸能の研究』砂子屋書房、2003年、を挙げるにとどめたい。

③社会教育における沖縄研究
　沖縄社会教育史の本格的な研究は、小林文人によって着手され、『沖縄社会教育史料』（戦後沖縄社会教育研究会編、東京学芸大学社会教育研究室発行）全7集の編集に次いで、10年余の共同研究にもとづいた『民衆と

社会教育』(エイデル研究所、1988年)をまとめられた。小林は、沖縄社会教育研究を手がけることになった契機を次のように述べている(35)。

　この『日本近代教育百年史』社会教育編の作成過程は沖縄の日本復帰(1972年5月)の頃であった。率直に告白すれば、『百年史』執筆過程において、筆者はたとえば琉球政府下の社会教育法の存在自体について無知であった。『百年史』は曲がりなりにも当時「最も充実した社会教育通史」としての性格をもつものであったが、この本のなかにあれだけの戦禍をこうむり戦後27年間の永きにわたってアメリカの直接占領下にあった沖縄の問題について、一行も書くことができなかった。戦後沖縄の社会教育史は、戦後日本の社会教育通史のなかで完全に無視されたわけである。この本はその後編集・印刷をおわり1974年3月に刊行されたが、このとき沖縄はもちろん正式に日本の一部となっていた。

　小林が指摘する通り、沖縄の戦後社会教育史に関する研究は、当時の日本においては関心の薄いものであり、また沖縄においても、田港朝昭が『沖縄県史4　教育』(琉球政府、1966年)のなかで廃藩置県から昭和初期までの社会教育史の概観がようやく出されただけであった。
　そのような後発の沖縄社会教育史研究の胎動は、「国家的視点」から社会教育の歴史的展開をつづろうとしてきた日本の反省をふまえた上で、①地域には地域の、島には島の、それぞれの歴史があること、②「国家」「中央」の従属として「地域」「地方」をとらえるべきではないこと、③戦後史をとらえる場合、日本(ヤマト)の歴史から沖縄をみるだけでなく、沖縄(そして宮古、八重山など)の歴史から逆に日本をみる視点、その意味で単眼的でなく複眼的にみる視点が重要である、と沖縄集落研究の視座を示した(36)。
　本書のなかで筆者の研究視点に近い個別研究は、小林平造による「祖国復帰運動と青年運動」である。本論は『十周年記念　沖縄県青年団史』(沖縄県青年団協議会、以下「沖青協」と略す、1961)に次ぐ青年団に関する通史の意味をもち、主に祖国復帰運動を通した青年団の学習活動に焦

点化されたものである。1953年から始まる復帰運動は、きわめて政治的な課題となって青年たちの学習活動と結びつき、「地域における青年の生活現実、占領下沖縄であるがゆえの固有の問題と、青年団活動の意義についてを、青年個々の現実を深くみつめることのなかから明らかにしていく共同学習が展開されてきた」(37)経緯があり、日本における共同学習と単純には比較できない占領下という特殊事情が反映していた。

祖国復帰運動という全島レベルにおける大衆運動の分析は、その牽引役となった沖青協の果たした役割は大きく、その結果、「占領下沖青協の諸運動を下からささえるうえでのあと一つの重要な力になっていた」地域共同体とそこを中心に展開される文化・芸能活動の質については、言及されずに課題として残されている。小林文人が前述したように、地域固有の社会教育の内発的な発展過程からその地域の社会教育史をとらえる視点を重視した指摘に対し、本研究も同様な視点を共有するものである。また、小林平造が復帰運動の展開を沖縄島だけでなく、先島までを含めて分析した点は、「複眼的」であり、本研究においても、沖縄の青年団史における復帰運動の広がりと意義を、改めて各集落に即して検討することも課題である。

最後に、沖縄の集落研究において最も重視される書物に、住民が主体的に集落の歴史をつづった「地域史」「字誌」がある。この字誌は、沖縄と奄美に特徴的な住民による地域史づくりといえるもので、近年の調査では637点が確認されている(38)。字誌の内容は、その地域に住んでいる者でしか書き表せない歴史や習俗、儀礼、祭祀など多岐にわたる項目が収められている。中村誠司によれば、「字誌づくりは、住民による地域の再発見と評価を課題とするが、それは現代の自分たちおよび将来この地域を担う次世代にも向けられている」(39)といい、書物の価値もさることながら、字誌づくりが地域への主体性を共同で確認する不断の試みとして、各集落で取り組まれていることに注目したい。

(3)本研究の視点

　それでは、沖縄のシマ社会と青年の学習を考える上で、先行研究が意味することを検討しながら本研究の視点を提示することとしたい。

　沖縄の集落研究に共通する視点は、沖縄が日本のなかでも最も日本的な原形を残しているという基準を予め設けている点であった。土着宗教と結びついた祭祀行事の形態や、集落における共同作業、共同祈願にみられる社会組織、そして青年会や老人会などの年齢階梯的集団の継承などは、日本文化の古層として注目されてきたし、その古いとされる文化の詳細な記録と分析が数多く生み出された。しかし、沖縄の人々がそのような論理を当然視していると考えるのは間違いであって、沖縄が日本の古典的文化を残すために生活しているわけではない。この観点からすれば、沖縄の民俗や言語、宗教に関心を抱く者たちが、自分の研究対象にしか関心を示さず、日本文化の古層を際だたせたとしても、沖縄の人々が集落で生きることの意義を見いだすことはできず、ひたすら文化伝承の方法論が問われ、時には文化が「崩れている」などと悲観的に言い放たれる結果となる。沖縄の日常生活、地域課題を目にしながらも、文化の古層にしか関心を示さないというとき、沖縄は単なる研究材料にすぎない、という疑念と煩わしさを増幅させるだけである。近年の沖縄を対象とした研究の高まりで、次々と研究者が集落を訪れ、それぞれが自分の関心事項だけを調査して帰る。その受け入れに疲れ切っている集落の多くが、現代的な地域課題を抱えながら懸命に生きているにもかかわらず、日常とは異なる非日常の祭りだけを見て評価する。そこには集落に住んでいて素材を提供する者と、外部から調査を目的に入る者との問題がある。

　ここで最も重要な視点は、集落における諸対象が密接な全体を構成している以上、一つ一つの分野に日本との対比を見いだしたとしても、それが真の把握であることを意味しない、という視角である。沖縄が現代日本との影響下にあり、時に対抗関係となりながらも、なぜ地域の共同性に結束を求めるのか、そして文化や祭りを維持するそのエネルギーの根源

は何なのかが、問われ続けなければならないのである。仮に現象的な側面が衰退し、崩れ去ろうとも、その意識は地域の共同性を基盤に伏流し、時代の転機とともに再び意識の噴出を見いだすことになる。このように集落研究は、個々の関心を全体性に意識することを強要する。学問の専門分化を統一する試みが沖縄の集落研究には要求されるのである。したがって、本研究においても教育的機能を析出する作業過程には、人間の営みである自治・労働・生産から、子育て・通過儀礼に至る全体性を重視しなければならない。それは沖縄学の課題であり、それに対する試みでもある。

　沖縄と日本との対比に往々にして見られるまなざしは、同時に沖縄と先島との関係にも当てはまる。首里文化や沖縄「本島」中心の研究は、時に先島に対する差別や搾取の歴史を解き明かそうとしていない。先島の島々が祭りで賑わう時、多くの研究者が殺到するが、沖縄島との経済格差や過疎化によって苦しんでいる事象には関心が向かない。沖縄島中心の研究は、その周辺である奄美の島々を忘れ、先島には沖縄文化の古層を求める姿勢を固定化してきた。先島研究に関しても、集落の全体性を捉える視点、常に沖縄の政治・経済の浸透と不可分な関係にあることを意識せざるを得ない。

　最後に沖縄研究には、教育学によるアプローチが脆弱であるといえる。前述した小林らによる一連の社会教育研究の蓄積があるものの、人間の主体性、言い換えるならばウチナーンチュ意識の形成と集落の相互関係に関する研究は、専門領域の心理学においてでさえ、未だ不十分と言わざるを得ない。社会教育における地域づくりの担い手形成の問題は、青年教育の最も重要な柱であったが、先行研究の分析でも指摘したように、対象が青年から地域づくり集団へと変容し、なぜ担い手となったのかという過程を明らかにしていない。たとえば、祭りで地域集団が踊りを披露する事象では、詳細な運営や進行方法が分析されても、そこには踊り手である人々の思いや成長、一人前としての意識などは、分析されない。教育

学は、地域と人間の主体としての学習過程を明らかにしてはじめて、学問的貢献をなし得る。発達過程にある青年教育研究の乏しさは、地域づくりの先見性ばかりを強調し、それを担う人間の成長・発達と無関係に、方法論的でマニュアル化される危険性を伴っている。「エイサーはどんな衣装を着て、どんな太鼓でどのように踊るのか」ではなく、エイサーを踊ることによって何を感じ、学習し、何を次代に伝えようとするのか、という文化伝承における人間の介在を明らかにすることに、教育学の役割があると考える。

　こうした研究視点が、青年教育と沖縄の集落研究を結びつけ、青年の学習と地域づくりの関連を全体性をもって明らかにするために重要であると本研究では考えている。沖縄を外部の目で分析するのではなく、沖縄人の日常性や普通であることに寄り添いながら、祭りの持つ意義や青年の地域学習のなかに、沖縄的普遍性を導きだすことも研究課題の一つである。

第4節　本研究の構成と内容

　本研究の基礎には、筆者自身の沖縄島での生育経験と青年会活動が基づいている。調査方法は、参与観察、聞き取り調査、質問紙調査を、各集落の字誌や行政資料及び文献によって裏づけ作業を行う実証的方法を用いている。民俗学の分野で言うならば、客観的事実に対する厳しい記述をめざしながら、集落構造と文化要素、他世代層との人間関係という関連のなかから、青年の役割と学習の多面的な理解を試みるものであるといえる。また本研究は、沖縄出身者による沖縄研究の形態を取っているが、沖縄に内在する矛盾や問題点についても指摘していく。特に、少年非行の深刻化は、沖縄社会の負の問題であるが、それについても同郷人として問題の原因を明らかにし、解決策を示すことが必要である。

　さて本研究の構成は、隣接領域の研究成果を包摂しつつ、沖縄集落の歴

史と文化の共有過程を論述した第1章と第2章、先行研究の課題にもとづいて具体的な実証分析を試みた第3～6章からなる。以下、第1章以降の本研究の構成・内容の具体的内実について、分析対象と関わらせながら概要を示しておく。

　第1章では、沖縄における青年会の文化活動そのものを検証する予備的作業として、日本青年団協議会における戦後青年団の文化活動をめぐる歴史的動向を中心に概括を試みた。その上で、日本本土側との格差実態から、沖縄における青年会の文化活動の具体的内実について、戦後沖縄史を時期区分しながら、個々の論点を素描する作業へと進めた。以上の検証を経て、沖縄の社会教育史における青年教育の基礎視角を示した。

　第2章においては、現代社会における青年会活動がどのように地域との相互関係を変遷し、創造させてきたのか明らかにした。そして「消えてなくなるもの」とされてきた共同性が「なくならない」という事実を捉えるために、小学生の父母への質問紙調査による概要と、読谷村楚辺出身のAさんの青年会活動から、民俗芸能を通して集落自治の担い手へと形成していく成長過程を聞き取り調査から明らかにし、地域の共同性を基盤にした青年の生活・文化の共有過程を考察した。

　第2章において実証した集落の歴史・文化共有過程の基礎視角に基づきながら、第3章では沖縄の集落構造と青年の学習について実証的に論じた中心的論考である。今日の教育や文化、福祉、環境における様々な社会問題の根源には、地域で互いに支え合う共同性の喪失が影響しているととらえ、集落の「個性」である年中行事を媒体にした伝承組織の共同性を明らかにし、共同体自治をつくる住民の自治基盤について「時間的普遍性」形成の視点から考察を試みた。

　第4章では、人類学の「伝統の創造」という概念を用いて、集落の伝統を復活させ、創造し次世代へ伝承する活動を分析した。それは、地域文化の変容に対して、人々が伝統を意識化し、実践する過程を通して、伝統の創造による地域づくりの一方途を明らかにする試みである。具体的には沖

縄の都市部・浦添市内間の青年会再生過程における民俗芸能の教育的機能と、青年と子どもが共同で取り組む文化活動の創造を論述した。

　第5章では、島嶼県沖縄を特徴づける八重山諸島の青年会と集落の関係を戦後八重山の社会変動から明らかにした。同時に、今日の青年たちが担う民俗芸能の伝承過程における「わざ」の習得と主体性の関わりを教育学の課題として検討することを試みた。その調査対象として取り上げる八重山の島々は、相互に影響しあいながらも固有の文化をもち、今なお独自性を強く持つ、広範で複雑な島嶼空間を形成している。日本の多くの島々が過疎化と高齢化で閉塞状況にあるなかで、島／シマの維持可能な発展を青年の学習に注目しながら論じることは、きわめて重要な今日的課題である。沖縄島とは異なる歴史的・文化的条件を背景にした八重山集落の研究では、参与観察の他に青年の労働実態・Uターンに関して、そして八重山住民への青年会に対する質問紙調査も行い、八重山の文化的「個性」を考慮した手法を用いた。具体的な対象地は、石垣市宮良集落とその青年会である。

　第6章では、沖縄シマ社会の特徴ともいうべき郷友会に着目し、地域の共同体と切り離されない人間関係の構図を、集落の内と外に暮らす人々の活動から明らかにすることを試みた。シマ社会を形づくるのは、その土地に根拠をもつ共同性だけではなく、シマ社会を離れた人々によって組織された郷友会にも見出すことができる。そのような郷友会活動は、沖縄や奄美の集落に典型的に見られ、特に過疎地における共同性の強さを実証することが可能である。分析対象は、ブラジル沖縄県人会に所属する元沖縄移民青年隊の人々、竹富町黒島の在沖縄郷友会および在石垣郷友会、嘉手納町屋良共栄会、東京沖縄県人会青年部である。

　最後の終章では、各章における分析と考察をふまえて、本研究の総括を行い、そこから導きだされた結論と課題を提示する。

[序章注記]
(1) 本研究では「地域」と「集落」の二つの用語を頻繁に用いるが、「集落」は沖縄における血縁的な同族集団で構成され、祭祀を基盤とした「古層の村」、シマのことをさす。「地域」は学術的に用いられる広がりと多様性をもつ社会という一般的定義にならったものである。同様に「青年会」とは、沖縄の慣習に従って、地域を単位とする「集落青年会」、「字青年会」のことを指し、日本のそれは「青年団」として区別することにした。したがって本研究では、沖縄の地域社会の独自性を示す際は、このような立場で使い分けをしていることを付記しておきたい。
(2) 中西信夫、文沢義永、関崎一『沖縄の青年』福村出版、1971年、48頁。
(3) 「維持可能な地域」とは、宮本憲一によれば「平和、環境と資源の保全、絶対的貧困の防止と経済的公平、基本的人権の克立、民主主義と思想の自由」という柱からなっており、「沖縄のこころ」と同じ思想に立つ。ちなみに「持続可能な発展」が主体的に開発を持続するために環境保全が大きな枠組みになっているのに対し、「維持可能な発展」は、地球という客体を維持できる範囲で経済や社会の発展をすすめることを示している。宮本憲一・佐々木雅幸『沖縄　21世紀の挑戦』(岩波書店、2000年、25頁)、宮本『日本社会の可能性－維持可能な社会へ－』(岩波書店、2000年、14頁)を参照のこと。
(4) 太田昌秀『沖縄のこころ』岩波書店、1972年、6頁。
(5) 仲松弥秀『古層の村・沖縄民俗文化論』沖縄タイムス社、1997年、仲松『神と村』梟社、1990年。
(6) 地割制とは1899～1903年の土地整理事業(全国の地租改正に相当)によって廃止された、耕地その他の土地の割替制度。沖縄では、田畑・山林・原野に対する私有権の成熟が遅く、王府時代から19世紀末まで、村落の耕地・山林・原野の共有制と村民配当地の割替制が存続した。すべての農民は土地の割替えを受け、しかもその土地は原則的には売買・入質が禁止されていたため、純然たる水呑百姓は存在しなかった。そのため、日本近世社会における地主と小作人の間における隷属的な関係や、経済的争いがなく、すべてが貧しい階層内の農民たちであった(「地割制」沖縄タイムス社『沖縄大百科事典・中』1983年、宮城永昌『沖縄の歴史』日本放送出版協会、1968年参照)。
(7) 郷田によると「結いの心」とは、「心と心が通じ合うことであり、心からお世話して人と人の交流を楽しむ、自然を愛し、文化を愛する心」であり、また地域

とは「一定区域内で成り立っている生活共同体のことであり、理想から言えば「邑」(小さな集落)で、日頃、人と人が朝夕の挨拶を交わし、『結いの心』で繋がれる範囲」であるという。郷田實『結いの心』ビジネス社、1998年、173頁、99頁。
(8) 沖縄の公民館の経緯と現在に至る過程、状況、課題等については、小林文人「沖縄の集落自治と字公民館をめぐる法制-字誌・地域史をてがかりに」(『沖縄の字(集落)公民館研究・第2集』研究代表者　松田武雄、2004年、1-16頁)を参照のこと。
(9) 沖縄の公民館を調査するために、沖縄県教育委員会『平成10年度沖縄県公民館関係職員研修資料(平成10年度沖縄県公民館長等研修事業報告書)』の公民館一覧を基礎に、2003年2月から2004年2月までの間、各市町村教育委員会へ郵送し回答を得たものである。なお、具体的な公民館一覧は、『沖縄の字(集落)公民館研究・第2集』(研究代表者　松田武雄、2004年)147-180頁を参照のこと。
(10) 寺中作雄『社会教育法解説／公民館の建設』(復刻版、国土社、1995年、101-102頁)社会教育図書株式会社、1949年。
(11) 中村誠司「沖縄の地域史・字誌づくり」小林文人、島袋正敏『おきなわの社会教育-自治・文化・地域おこし』エイデル研究所、2002年、77頁。
(12) 共同店とは次のような店舗をさす。「地域住民のすべての構成員が出資して運営する部落(字)単位の商店。(中略)利益金は部落の部落の運営資金として使用されるほか、部落内の諸団体や各種行事にたいする寄付金として支出される。(中略)共同店の性格としては、戦前の産業組合や戦後の農業協同組合、漁業協同組合との共通点が多いが、法人ではなく、構成員や幼児や転出者までも含めた全人口であること、部落という一地域の存立と運命をともにする存在であることなどの特徴がある」。「共同店」の項、沖縄タイムス社『沖縄大百科事典・上』1983年、894頁。
(13) レイヴとウェンガーによる「正統的周辺参加」(Legitimate Peripheral Participation：LPP)論の中心的論点は、まずまず学習という概念を個人の頭のなかでの認知過程と考えるよりも、実践共同体(community of practice)への参加の過程として、全人格的に考えるという点である。つまり、学習とは社会的実践の統合的かつそれと不可分の側面であるという考え方である。「実践共同体」とは、「参加者が自分たちが何をしているか、またそれが自分たちの生き方と共同体にとってどういう意味があるかについての共通理解がある活動システム」(80頁)である。ここでは実践的な活動はある種の共同作業である

と定式化され、それへ参加するということが学習という概念の基礎とされる。そして学習が実践共同体への参加の過程であること、その参加とは当初は正統的かつ周辺的だが、単に部分的な技能や知識の習得ではなく、次第に関わりを深め、共同体の社会文化的実践の十全的参加（full participation）へと移行していくことが必要だとされる。レイヴとウェンガーが想定する実践共同体のモデルは伝統的徒弟制にあり、そのため学習と教育は非対照的と見なされている。そこでは学校的な組織的・系統的教え込みは行われていないが、実際的な活動に従事することで参加者は少しずつ学習していく過程と見なされる。同時に学習とは、その共同体のなかで徐々に十全な参加者になっていく過程であり、新参者はその実践共同体の周辺部に位置し、「周辺性というのは、それが生かされるときは、ことのはじまりを意味しており、しだいにのめり込んでいくことにより理解の資源へのアクセスを増やしていくこと」（12頁）とされる。なお、詳細はレイヴ+ウェンガー（佐伯胖訳）『状況に埋め込まれた学習－正統的周辺参加』（産業図書、1993年）を参照のこと。

(14) 共同学習を含めた青年の学習に関する総括は、日本社会教育学会「青年と教育」『現代社会教育の創造－社会教育研究30年の成果と課題－』（東洋館出版社、1988年）を参照のこと。

(15) 吉田昇「共同学習の本質」日本青年団協議会『共同学習の手引き』1954年。

(16) 1950年代の青年たちが地域課題として共同学習に取り上げた内容は、「恋愛と結婚の問題」、「男女のつきあいの問題」、「嫁と姑の問題」、「うわさ話の問題」、「がんこなおやじの問題」、「むらの古いしきたりの問題」、「お祭りの問題」、「一戸一票制による区役員選挙の問題」、「いわゆる部落選挙の問題」、「過重労働の問題」、「わりにあわない農業経営の問題」などであった。このようなムラの厳しい生活を青年の相互学習によって解決するという共同学習の本質は、各地の青年団に受け容れられていった。日本青年団協議会「青年団の運動と学習」『青年団強化の手引き－続青年団のビジョンを求めて－』1978年、参照。

(17) 長野県連合青年団運動史編集委員会『長野県青年団運動史』1985年、100-101頁。

(18) 碓井正久「青年の学習と農村の生活」吉田昇『青年の学習運動』農山漁村文化協会、1959年、195-196頁。

(19) 吉田昇「農村の『近代化』と青年の学習」日本社会教育学会『農村の変貌と青年の学習』国土社、1961年、7頁。

(20) 吉田、前掲書、9頁。

(21)　大串隆吉「青年の変化と青年教育研究のあゆみ」日本社会教育学会『現代社会と青年教育』東洋館出版社、1985年、16頁。
(22)　那須野隆一『青年団論』日本青年団協議会、1978年、87頁。
(23)　北田耕也『大衆文化を超えて－民衆文化の創造と社会教育』国土社、1986年、15頁。
(24)　長野県連合青年団、前掲書、101頁。
(25)　中村攻「声援の要求を地域にいかす」日本青年団協議会『地域青年運動50年史－つながりの再生と創造－』2001年、297頁。
(26)　谷川健一（編）叢書　わが沖縄第5巻『沖縄学の課題』木耳社、1972年、3頁。
(27)　ポール・W・キャラウェー高等弁務官が1963年3月5日に、米国留学帰還者の集まりである金門クラブで行った演説で、沖縄が独立しないかぎり、「自治権」は神話であると述べたもの。
(28)　宮本憲一・佐々木雅幸『沖縄　21世紀への挑戦』岩波書店、2000年、1頁。
(29)　宮本憲一『講座　地域開発と自治体3　開発と自治の展望・沖縄』筑摩書房、1979年、17頁。
(30)　宮本『環境経済学』岩波書店、1989年、294頁。
(31)　その「結びつき」方には、次のような条件、要素とそのかねあいによって共同体に差異が生まれるという。①血縁的、もしくは知友的集団であればあるほど、また②生産財、たとえば土地や海が共有制になっている村落の場合は強い共同体となり、③たとえば農業、漁業、手工業といった同業の者が多ければ多いほど強く、まちまちの業者の場合は弱くなるであろう。それに④「結びつき」が村落民の内部から作為的でなく、自然発生的に形成された場合は最も強く、⑤外部の圧力と、それに追従する内部勢力が発生した共同体は、表面的に強く見えても内部的には多くの矛盾を蔵したものと見ることができる。
(32)　仲松弥秀『うるま島の古層－琉球弧の村と民俗』梟社、1993年、237頁。
(33)　村武精一『神・共同体・豊穣－沖縄民俗論－』未来社、1975年、245－246頁。
(34)　比嘉政夫『沖縄民俗学の方法－民間の祭りと村落構造－』新泉社、1982年、28頁。
(35)　小林文人「戦後社会教育の地域的形成過程－とくに沖縄社会教育史研究に関連して－」日本社会教育学会『地方社会教育史の研究－日本の社会教育第25集』東洋館出版社、1981年、21頁。
(36)　小林文人・平良研一『民衆と社会教育－戦後沖縄社会教育史研究－』エイデル研究所、1988年、3頁。

(37)　小林平造「祖国復帰運動と青年運動」小林・平良、前掲書、367頁。
(38)　字誌の具体的な目録と解説は、中村誠司「『沖縄の字誌等書誌目録』解説」松田武雄『沖縄の字（集落）公民館研究・第2集』（九州大学大学院人間環境学研究院、2004年）を参照のこと。
(39)　中村誠司「沖縄の地域史・字誌づくり」小林文人・島袋正敏『おきなわの社会教育－自治・文化・地域おこし－』エイデル研究所、2002年、76頁。

第1章

戦後青年会における
文化活動の今日的再評価

旧勝連村比嘉青年会

■第1章　戦後青年会における文化活動の今日的再評価

第1節　文化活動における教育的価値の視角－その仮説作業

　今日の沖縄の青年会を理解するにはまず、その歴史的文脈をおさえておくことが必要である。本章の目的は、社会教育における自己学習の重要な要素である地域文化の伝承と創造という視点から、戦後青年団の文化活動の歴史的検証を通して、地域文化とその担い手を形成してきた地域集団とその活動の今日的再評価を試みることにある。

　地域文化の創造主体として期待され、かつその期待に応えてきた地域集団は、歴史的、世代的に振り返っても、青年及び青年集団である。なかでも地域単位の青年団における文化活動の意義は、世代を超えた文化内実の伝承と創造にある。伝統を媒介とした創造の営みがなければ、文化の連続性は保たれない。すなわち文化伝承には、青年の世代性としての役割と、創造主体の課題が潜在的に内包されていると考えられる。

　しかしながら、戦後の青年教育研究の主流は、序章でも検討してきたように、公的社会教育における市町村単位の青年団を対象にした、共同学習に代表される学習内容論や組織強化論が過重と言ってよいほど多くを占めてきた。そしてその青年団が衰退しはじめると、代わって都市部を中心にしたサークルが都市型の青年集団として注目されるが、その多くが小規模であるばかりでなく、盛衰も著しく、青年の文化活動の連続性を捉えることはなかった。結果的には、「地域と青年」の関係が乖離することによって、青年集団が地域に果たしてきた文化活動の教育的価値、特に歴史的分析の研究は、青年団の衰退によって十分に構築されてこなかった。

　そこで本章では、青年教育を従来のような学習内容論、市町村青年団を単位とする組織論のあり方に対し、文化活動が青年教育の一部でありな

がら、問う必要のない自明の前提としてきたことが、看過してはならない欠落を生みだしてきたことを問題提起的に検討することを試みる。こうしたねらいをもつのは、従来の研究枠組みでは、地域文化に内包する学習や本章が実証する沖縄の青年会の本質を捉えきれず、またどうしても取り組まなければならないものであると考えるからである。すなわち青年を地域文化の伝承主体としてもう一度捉え直し、文化活動の過去の事象を目的意識的に再構成する作業を通じて、青年教育における文化活動の全体像を模索することにある。

　以下では、まず沖縄における青年会の文化活動そのものを検証する予備的作業として、日本青年団協議会における青年団の文化活動をめぐる歴史的動向を中心として概括を試みる。その上で、日本本土側との格差実態から、沖縄における青年会の文化活動の具体的内実について、戦後沖縄史を時期区分しながら、個々の論点を素描する作業へと進める。以上の検証を経て、沖縄の社会教育史における青年教育の具体像について、考察を加えることとしたい。

(1) 青年団における文化活動の概括―特に祭りを中心として―

　戦後発足した青年団は、生活を高め、民主主義を守り、発展させようとする青年にとって、「ムラの古さは改革すべき生活課題」からの出発であった。共同学習が目指した共通の目的も、「ムラの古さ、貧しさからの解放」であり、自ずと農業・農村を中心軸とした学習へと発展した。そうしたなか、青年団が地域との関わりで連続性をもって伝承してきた祭り行事も、「行事青年団」として批判的に受けとめられていく。その「行事青年団」は、「すでに長い伝統をもっており、しかも"むら"の生活組織、とくに封建的な"むら"の生活のしくみと深いつながりをもっている」[1]ため、その歴史を改めることが強調されていくのである。

　祭りの伝統には、神事と祭事が不可分のものとされ、その民俗芸能には地域の繁栄と安寧を願う心が込められていた。それは個に埋没すること

はなく、地域全体へと、より一層の連帯感を深めていく機能をもっていた。しかし、このような伝統は、担い手であった青年の学習活動のなかで、批判対象となっていったのである。1960年代当時の「部落共同体」は、「お祭りのミコシかつぎとか、神社や道路の清掃とか、部落共有林の下刈りとかなどは、いずれもこの部落の共同体秩序に奉仕するという性格のものとして考えられ、青年自身の生活を高めるための社会活動という性格のものではなかった」(2)と考えられた。特に、祭りは、「古い部落共同体秩序に奉仕するしくみ」の典型であり、新しい社会をつくるためには、祭りの改革こそが急務であると捉えられていったのである。

たとえば、福島県のある地域事例によると、日吉神社の祭礼に、天文祭念仏踊りを青年会が行っていたが、「原始的な祈りによって病をなくすというのはナンセンスだというので、社会をよくする学習活動を続けてきた青年会は、この天ごい念仏踊りを部落に返上した」経緯が見られる。それに対し、部落の有力者たちは青年に圧力をかけるが、青年団は不当だとして抵抗を続け、「天ごい念仏踊りも青年会ではやらないことになり、青年の活動を通じての正しい主張が、部落の人々に苦しい闘いの中から認められた」(3)とされている。

ここで問題と考えられるのは、共同体の権力構造と文化の伝統を同一次元に議論し、どちらも封建的とされた点である。青年団が共同体の民俗芸能を担うことには、年齢階梯制における役割であったし、また伝統を創造する担い手としての期待もあったはずである。問題は、民俗芸能を運営する共同体的意識の古さなのではないかと捉えられることである。この福島県の事例が示すように、青年団が祭りを返上した際、有力者たちが権力で青年をねじ伏せようとしたことに対し、民主主義を守る青年団としては到底許容できるものではなかった。ところが、その問題と地域全体の安寧を願う祭りをやめることは、同一次元の問題ではないはずである。文化を享受し、自らがその創造に参加し、文化的環境のなかで生きる喜びを見いだすことは、古今を通じての人間の変わらざる願いと言え

るものである。文化の担い手形成という教育の課題は、過去の文化を受けとめ、受けとめた文化に基づいて新たな文化を創造し、創造した文化を次の世代へ伝承することではなかったのか。地域の共同性を基盤にしながら生活・文化創造として展開していく青年の活動視点の欠如は、結局のところ、都市化・労働者化のなかで地域集団の衰退を招いてしまうのである。

(2)地域の文化活動の再評価

　1960年代以降は、農業基本法法制化(1961)に伴う青年の労働者化が、都市部への流出と農村部の過疎化を進行させた。同時に、高度経済成長による豊かさの享受の一方で、地域解体の表面化が深刻となった時期でもある。そしてようやく人々は、物質的豊かさと経済の繁栄が、民主的な思想と文化を抹消することで成立してきたことに気づきだすのである。

　このような物質的豊かさ、「大衆文化」に対抗し、「民衆の労働と生活の中から生み出された行動様式と価値表現の総体」[4]である「民衆文化」論を提起したのが、北田耕也である。北田の視点は、民衆文化の創造が、大衆文化の支配に抗して興らなければならず、そのために、民衆は「学習文化活動」を通して、大衆文化による自己疎外を自覚し、「自己鍛錬」と「相互連帯」を図ることにあるとした。

　この指摘は、これまで地域文化を創造し、主体として関わってきた青年団の衰退問題に呼応すると考えられる。なぜならば、これまでの青年の文化活動は、北田が指摘するような学習活動と結びつけられることが少なく、むしろレクリエーションやサークルの域を出ることがなかったと捉えられるからである。たとえば、「郷土文化を考える時に、青年たちに共通してみられるのは、自分たちがやっている芸能などがどうして発生し、どのような形で現在に伝わってきたかを知っていない」[5]ことが指摘されており、演じることのみを目的とする傾向が顕著となっているのである。

しかし、終戦直後の地域文化軽視の風潮に比較すれば、今日の主体的に伝承しようとする青年の動きは、地域創造に関わって評価されてよい。その意味から、全国青年大会の郷土芸能の部は、地域文化を見直し、伝承しようとする青年団にとって、意義ある大会の一つであろう。郷土芸能の部は1961年の第10回大会から正式種目となり、1970年代前半になると、参加数が40県に達した。当時、社会的にはオイルショックや公害問題など、地域生活の悪化と住民運動が高揚した時代であった。そのような厳しい生活現実に対して、「文化のたたかい」としての民俗芸能が隆盛したことは、注目される。

　同大会の審査員の一人は、「その青年団が、地域の伝承文化をいかに認識し、人々の生活のなかでどれだけそれを生かしているかという普段の活動状況を重視している。それを伝承した地域のなかでその郷土芸能を浮き上がったものにするのではなく、村人全体と提携して生活のなかに位置づけし、リードする役割を青年団に望むのである。その点どんなに面白い郷土芸能で、見物が喜んでも、地域の人々の生活実感から遊離した郷土芸能は、郷土芸能たりえないはずである」(6)と、郷土芸能の意義を示している。

　ところが実際には、消滅の危機にある民俗芸能を復活させるために、青年が中心に位置づいていたとしても、新たな問題が生起している。たとえば、東北のある青年団の実践によると、「従来、郷土芸能の伝承を部落単位で行ってきたという事実があり、これが問題を一層深刻にした。他の部落の人を入れれば『芸を盗まれる』という了見から他の部落との交流を極端に排し、あくまで部落内部での問題として」(7)継承者問題を抱えてきた。その背景には、単位青年団の消滅によって市町村青年団が受け皿にならなければ地域文化もまた消滅するという危機意識と、地域の共同性維持に対する危惧意識の葛藤が看取される。すなわち、文化を伝承する地域基盤と青年団の広域的組織化が、青年団と地域の間に乖離を生みだしていると考えられる。

その他にも民俗芸能をめぐっては、民俗芸能を金銭的な価値に置きかえる考えの流布や、行政からの補助金依存の問題、保存会・伝承者との相克、観光目的のイベント主義、民俗芸能に特化した機能集団化など、「地域から遊離した伝統芸能は果たして民俗芸能とよべるのか」という文化活動の本質的な問いが提起されている。

　文化は、日常生活の基礎基盤である地域と住民とが密接に結びつく自治的な営みである。また、青年と文化の関係も、地域の共同性に関わる限り、教育的価値をもつのである。換言するならば、「一般的にいって青年の世代は、新しい歴史（社会変動）の担い手であり、文化の継承者であると同時にその創造者であり、つねにそのような役割をもつものとして社会構造のなかに登場してくる」[8]のであり、そのような青年像は、歴史を超えて共有されうるものである。そして、青年の文化活動は、地域の特性や地域の課題といったものに根ざしたものである方が好ましいし、また一過性な活動ではなく、継続的で総世代に共有される活動であることが望ましいと言えよう。

　このように、日本本土では、地域文化の衰退・消失と共に、地域単位の青年団も衰微し、代わって市町村単位の青年団が地域文化の受け皿となっていった。しかし、伝承の現実は、その後の全国青年大会の民俗芸能の部（1991年より創作芸能の部と分離）参加数によれば、2000年度には8県にまで減少している。青年団としての存在理由を地域文化の担い手に求めることは、もはや難しい状況であることは否めない。ところが一方の沖縄は、日本本土とは対照的に、依然として地域単位の青年団を基盤に、地域文化の伝承主体として存在している点に特徴が見られる。そこで次に、沖縄における青年会の文化活動の具体的内実について、述べていきたい。

第 2 節　青年会の文化活動の伝承と再生の視点

　沖縄は、「沖縄世」、「大和世」、「アメリカ世」という支配と被支配の構図のなかにありながらも、独自の文化的発展をなしてきた。沖縄の文化は、地域の生活に脈々と息づいている伝統文化を縦糸とし、中国をはじめとする外来文化を横糸として織りなされている。それが、地域単位に異なる文化の織物を再生産してきた。そのような沖縄の文化伝承の教育的価値は、地域の共同性に共有され、ある種個性的であるが故に十分に検討されてきたとは言い難い。たとえば、沖縄における社会教育の先行研究としては、小林文人、平良研一による『民衆と社会教育』(1988)が挙げられるが、民俗学や社会学など他分野の蓄積と比較すれば、格段に希少であると言わざるを得ない。

　そこで、本節の目的は、それらの研究蓄積に着目しながら、沖縄の青年会と文化活動の歴史を素描[9]することにある。そして文化伝承を教育学的手法で扱う限り、文化の担い手形成の解明が当然必要である。この課題に対して、全てを顕在化させることは容易ではないが、少なくとも論点となる地域意識の析出に試みたい。

(1) 青年会の存在理由と再生の諸要因

　沖縄における青年集団の形成過程は、未だ十分に究明されていない点が多い。その一因として「若者のかかる集団が村落の自治組織のなかに組み込まれ、それゆえに潜在的な様相を呈している」[10]からではないか、という指摘がある。一般的には、明治以前の農村には、「二才揃」「二才連中」「二才頭」「若者揃」などと呼ばれる青年集団が、農村の規範・村内法に従ってそれぞれの役割を果たしていたことが知られている。そのような伝統的な青年集団とは、「『二才揃』などという集団をつくり、二才頭という統率者をおいて、村の規範に従い、村の自治(それはきわめて形式的

なものであったようだが)に参加し、風俗、作物の取り締り、盗難、火災、行旅人、ミヤラビなどの締まりにあたっていた。また村の行事(綱引き等)の運営にも参加していた」とある(11)。一方青年会は、このような「二才揃」などを素地としながら、明治期には夜学会などを契機に、自主的に各地で組織化が進行したと言われている(12)。その態様は、「若者による村落自治的機能と、青年会ないし青年団の分離併存」(13)というものであった。つまり、青年会という青年集団は、従来の共同体における自治的諸慣行を継承し、共同体のなかの一存在として形成されてきたと考えられる。

さてその青年会による伝統の継承は、今日の青年会においても確認できる。その一つが民俗芸能であり、表1-1(次頁)は、県内における青年会が継承する民俗芸能を一覧にしたものである(14)。2006年末現在で確認できた青年会は、421団体である。このことから、県内の青年会に共通する点を整理すると次のようになる。

まず一つに、集落、すなわちシマ社会毎に青年会が存在していることである。このことは、青年会の形成過程がシマ社会を基盤に形成していることからも明白である。そして、そのシマに生まれ育った者であれば、誰もが青年会に入会できる平等性をもっている。一方市町村青年団は、戦後復興を第一の目的とし、学校教員が中心となって1957年頃に結成をみたが、「市町村段階には青年団が組織されていなくても、各字には必ずといっていいほど青年会(単位青年会)が組織されているのが特徴」(15)である。別の言い方をするならば、県や市町村の上部組織がたとえ弱体化しても、字青年会がシマ社会という基盤をもち続ける限り、沖縄の青年会自体に大きな変化をもたらさないことを意味している。

二つめに、青年会は、民俗芸能を媒介にして地域との結びつきをもっていることである。特に青年の民俗芸能とされるエイサーは、中部の青年会を中心に各地で展開されている。エイサーの伝統のない青年会は、他の青年会より指導を受け、模倣し、最終的には独自のエイサーを創出した後、集落の住民に「我々の」民俗芸能として認識され、定着することが前

表1-1　沖縄の青年会が継承する民俗芸能

市町村団	No.	字青年会	エイサー	獅子舞	棒術	舞踊・その他
国頭村青年団協議会						
大宜味村青年団協議会			締太鼓			
東村青年団協議会	1	宮　城	手踊り			
	2	川　田	手踊り			
	3	慶佐次				
	4	有　銘				
今帰仁村青年団協議会	5	今　泊	手踊り		○	
	6	与那嶺				
	7	越　地	手踊り			
	8	玉　城	手踊り			
	9	仲宗根	○			
	10	湧　川	締太鼓		○	七福神、路次楽
	11	渡喜仁	手踊り			
	12	天　底	締太鼓			
	13	謝　名	手踊り			
本部町青年団協議会	14	瀬　底				
	15	崎本部				
	16	健　堅				
	17	辺名地	手踊り			
	18	谷　茶	締太鼓			
	19	渡久地	手踊り			
	20	東　区	締太鼓			
	21	伊野波				
	22	山　里				
	23	浦　崎				
	24	北　里				
	25	新　里	○			
	26	備　瀬	パーランク			ミリバ ＊エイサーは屋慶名から伝承
名護市			締太鼓			＊名護市青年団 やんばる船倶楽部
	27	久　志	締太鼓			人形踊り
	28	豊　原				
	29	辺野古	締太鼓		○	七福神、にわか仙人、南ヌ島、ゼー踊り・数踊り
	30	瀬　嵩	○			
	31	汀　間	○			
	32	許　田	○			
	33	数久田			○	
	34	世冨慶	手踊り			
	35	東　江	締太鼓	○		
	36	城	手踊り			国頭捌庫理、上り口説、浜千鳥、湊くり節、四ツ竹、揚作田、下り口説、貫花、前之浜、むんじゅる、鷲の鳥、高平良万才、松竹梅鶴亀、かしかけ、久志の若按司道行口説

市町村団	No.	字青年会	エイサー	獅子舞	棒術	舞踊・その他
名護市	37	宮　里	○			
	38	港　区	締太鼓			*エイサーは辺野古から伝承
	39	大北地域	締太鼓			
	40	源　河				こてい節、四季口説、上り口説、鶴亀
	41	田井等	○			
	42	親　川				
	43	振慶名	締太鼓			*エイサーは久保田から伝承
	44	山　田	○			
	45	伊差川	○			
	46	古我知	○			
	47	屋　部	手踊り			長者の大主、万寿節、ハンタマ、上り口説、浜千鳥、前之浜与那原、手間戸、揚作田、花踊、四ツ竹、五幅乃舞、かせかけ、カナヨー、下り口説、スンドー
	48	勝　山	○			
	49	安　和	○			
	50	仲尾次	パーランク			谷茶前、猩猩 *エイサーは赤野から伝承
宜野座村青年団協議会	51	松　田		○	○	舞方
	52	宜野座		○	○	京太郎、蝶千鳥、港くり節
	53	惣　慶	締太鼓	○		ミジタヤー *エイサーは園田から伝承
	54	漢　那	締太鼓	○		
	55	福　山		○		
	56	城　原				
金武町青年団協議会	57	中　川	ウスデーク			
	58	並　里	締太鼓	○	○	松竹梅、なぎなた・かぎやで風、棒スケー、仲直り三良小、南ヌ島
	59	金　武	締太鼓			
	60	伊　芸	締太鼓			
	61	屋　嘉	締太鼓			*エイサーは越来から伝承
伊江村青年団協議会			締太鼓			
	62	東江上				してな節、萬歳講主
	63	東江前				国頭サバクイ
	64	阿　良				国頭サバクイ
	65	西江上				南島、雨降花染、宮古根、アカキナ
	66	西江前				宮古節、アカキナ
	67	川　平				アカキナ、宮古節、村踊り
	68	西　崎				
伊是名村青年団協議会	69	伊是名				
	70	仲　田	パーランク			*エイサーは赤野から伝承
	71	諸　見				
	72	内　花				
	73	勢理客				

第1章　戦後青年会における文化活動の今日的再評価　　59

市町村団	No.	字青年会	エイサー	獅子舞	棒術	舞踊・その他
伊平屋村青年団協議会	74	田　名				
	75	前　泊				
	76	我喜屋				
	77	島　尻	○			
	78	野　甫				
恩納村青年団協議会	79	名嘉真	パーランク			南の島
	80	喜瀬武原	締太鼓			
	81	瀬良垣	締太鼓			
	82	太　田				
	83	恩　納	パーランク			笠口説
	84	南恩納	パーランク			
	85	谷　茶				
	86	冨　着	○			
	87	前兼久	パーランク			
	88	仲　泊	○			南の島
	89	山　田	○			
	90	塩　屋	○			
	91	宇加地				
	92	安富祖	パーランク			
石川市青年連合会	93	南　栄	締太鼓			
	94	前　原	締太鼓			
	95	山　城	締太鼓			
与那城町	96	西　原	パーランク			
	97	与那城	パーランク			
	98	饒　辺	パーランク			
	99	屋慶名	パーランク			
	100	平安座	パーランク			
勝連町青年連合会	101	平安名	パーランク	○		コッケイ踊り、しゅんどう、テンテンブイブイ
	102	内　間				
	103	南風原	締太鼓	○	○	
	104	平敷屋	パーランク	○		京太郎、国頭サバクイ
具志川市青年連合会	105	具志川	パーランク	○		
	106	田　場	パーランク			
	107	赤　野	パーランク			
	108	宇　堅	締太鼓			
	109	天　願	締太鼓	○		
	110	昆　布	締太鼓			
	111	栄野比	締太鼓			島民ダンス
	112	川　崎	締太鼓			
	113	西　原	締太鼓			
	114	安慶名	パーランク			
	115	米　原	締太鼓			
	116	赤　道	締太鼓			
	117	江　洲	パーランク			
	118	宮　里	パーランク			
	119	上江洲	パーランク			
	120	志林川	パーランク			

市町村団	No.	字青年会	エイサー	獅子舞	棒術	舞踊・その他
沖縄市青年団協議会	121	越　来	締太鼓			
	122	照　屋	締太鼓			
	123	安慶田	締太鼓			綱引
	124	住　吉	締太鼓			
	125	嘉間良	締太鼓			
	126	センター	締太鼓			
	127	胡　屋	締太鼓			
	128	中の町	締太鼓			
	129	園　田	締太鼓			
	130	諸見里	締太鼓			
	131	山　内	締太鼓			
	132	山　里	締太鼓			
	133	久保田	締太鼓			
	134	南桃原	締太鼓			
	135	美　里	締太鼓			スーマチ、綱引
	136	室　川	締太鼓			
	137	東	締太鼓			
	138	知　花	締太鼓	○	○	綱引
	139	登　川	締太鼓			
	140	池　原	締太鼓			
	141	古　謝	締太鼓			
	142	高　原	締太鼓			
	143	大　里	締太鼓	○	○	
	144	比屋根	締太鼓			
	145	与　儀	締太鼓			
	146	泡　瀬	締太鼓			京太郎
	147	泡瀬第三	締太鼓			
	148	海邦町	締太鼓			
読谷村青年団協議会	149	喜　名	締太鼓			
	150	座喜味	締太鼓		○	
	151	伊良皆	締太鼓			
	152	波　平	締太鼓	○	○	長者大主、ハーメー、上り口説、ナカラター、下り口説、ムンジュルー、松竹梅、高平万才、花笠、加那よー天川
	153	都　屋	締太鼓			
	154	高志保	締太鼓			馬舞
	155	渡慶次	締太鼓	○		
	156	儀　間	締太鼓			
	157	宇　座	締太鼓		○	上い口説
	158	瀬名波	締太鼓			
	159	長　浜	締太鼓			作たる米
	160	楚　辺	締太鼓	○		イリベーシ、かぎやで風、松竹梅、女踊り、上り口説、浜千鳥、鳩間節、取納奉行、前ヌ浜、四季の喜び、花笠、秋の踊り、下り口説、可那ヨー天川、貫花、繁盛節、口上、金細工、むんじゅるー、高平良万歳

市町村団	No.	字青年会	エイサー	獅子舞	棒術	舞踊・その他
	161	渡具知	締太鼓			
	162	比　謝	締太鼓			
	163	大　湾	締太鼓			
	164	古　堅	締太鼓			
	165	大　木	締太鼓			
	166	牧　原	締太鼓			
嘉手納町連合青年会			締太鼓			＊海邦船太鼓
	167	東　区	締太鼓			
	168	中央区	締太鼓			
	169	北　区	締太鼓			
	170	南　区	締太鼓			
	171	西　区	締太鼓			
	172	西浜区	締太鼓			
北谷町連合青年会	173	謝　苅	締太鼓			
	174	砂　辺	締太鼓			
	175	栄　口	締太鼓			
	176	上勢頭	締太鼓			
	177	北　玉	締太鼓			
北中城村連合青年会	178	和仁屋	パーランク			
	179	渡　口	締太鼓			
	180	島　袋	締太鼓			
	181	石　平				
	182	荻　道	パーランク			
	183	熱　田	締太鼓			フェーヌシマ
	184	喜舎場	締太鼓			
	185	仲　順	締太鼓			
	186	安谷屋	締太鼓			
中城村青年連合会	187	伊　集				打花鼓
	188	北　浜				
	189	津　覇	締太鼓			＊エイサーは仲順から伝承
	190	安　里		○		
	191	当　間		○		
	192	添　石				
	193	泊				
	194	久　場	締太鼓			
	195	登　又	締太鼓	○		＊創作エイサー
	196	北上原	締太鼓			
	197	南上原	締太鼓			＊創作エイサー
西原町	198	兼　久	締太鼓			＊エイサーは首里平良町から伝承
	199	我　謝				
	200	内間団地	締太鼓			
	201	小那覇	締太鼓			＊エイサーは栄口から伝承
宜野湾市青年連合会	202	野嵩一区	締太鼓			
	203	野嵩三区	締太鼓			
	204	普天間一区	締太鼓	○		
	205	普天間二区	締太鼓			
	206	普天間三区	パーランク			

市町村団	No.	字青年会	エイサー	獅子舞	棒術	舞踊・その他
	207	新 城	締太鼓			
	208	喜友名	パーランク			
	209	伊 佐	締太鼓	○		
	210	大 山	パーランク			*保存会
	211	宇地泊	締太鼓			
	212	大謝名	締太鼓			
	213	嘉 数	締太鼓			
	214	真栄原	締太鼓			
	215	我如古	パーランク			*エイサーは与那城から伝承
	216	長 田	締太鼓			
	217	宜野湾	パーランク			
	218	1 9 区	締太鼓			
	219	中原区	締太鼓			
浦添市青年連合会			締太鼓			*舜天雅エイサー団
	220	仲 間	締太鼓			
	221	牧 港	締太鼓			
	222	城 間	締太鼓			
	223	屋富祖	締太鼓			
	224	宮 城	締・パー			
	225	勢理客	締太鼓	○		
	226	内 間	締太鼓	○	○	長者の大主 *エイサーは牧港から伝承
	227	経 塚	締太鼓			
	228	西 原	締太鼓		○	
	229	浅野浦	締太鼓			
	230	前 田	締太鼓			
	231	浦西団地	締太鼓			
	232	当 山	締太鼓			
	233	仲 西		○		
那覇市青年団体連絡協議会	234	古 蔵				
	235	壺 屋				
	236	若 狭				
	237	国 場				
	238	大 道				
	239	繁多川				
	240	首里石嶺町	締太鼓			
	241	首里平良町	締太鼓	○		
	242	首里汀良町		○		旗頭
	243	首里赤平町	締太鼓			旗頭
	244	真和志	締太鼓			
	245	松 川				旗頭
	246	松 島				
	247	仲井真	締太鼓			
	248	安次嶺	締太鼓			*エイサーは謝苅から伝承
	249	銘 苅	締太鼓			*エイサーは内間から伝承
	250	安 里				フェーヌ島
久米島町青年団協議会	251	具志川		○		
	252	仲 地				角力

第1章 戦後青年会における文化活動の今日的再評価　　63

市町村団	No.	字青年会	エイサー	獅子舞	棒術	舞踊・その他
	253	山　　里				
	254	西　　銘	締太鼓			
	255	大　　原	締太鼓			
	256	仲　　泊				体操浜千鳥
	257	嘉手苅	締太鼓			角力
	258	兼　　城		○		
	259	宇江城				
	260	真　　謝	締太鼓			角力
	261	宇根・真泊	締太鼓			
	262	謝名堂	締太鼓			
	263	比　　嘉	締太鼓			
	264	真我里	締太鼓			
	265	儀　　間	締太鼓			角力
豊見城市青年会	266	与　　根	○			
	267	真玉橋				
	268	保栄茂	パーランク			
	269	豊見城団地	締太鼓			
東風平町青年連合会	270	東風平			○	
	271	富　　盛	パーランク			唐人行列
	272	世名城				
	273	志多伯		○	○	
	274	小　　城				
具志頭村青年会	275	ぐしちゃん	締太鼓			
	276	新　　城	パーランク			＊エイサーは大城から伝承
	277	後　　原				
	278	玻名城		○		
	279	安　　里	締太鼓		○	＊エイサーは米須から伝承
	280	仲　　座				
	281	港　　川				
	282	長　　毛				
玉城村青年連合会	283	親慶原	締太鼓			
	284	百　　名	締太鼓			
	285	玉　　城				
	286	堀　　川	パーランク			＊エイサーは奥武から伝承
	287	糸　　数				
	288	中　　山				
	289	奥　　武	パーランク			
	290	愛　　知	締太鼓			
	291	船　　越	パーランク			
	292	前　　川	パーランク			アヤグ、寄鍬
知念村青年連合会	293	安座真				谷茶前
	294	知　　名				仲里節、花蝶の舞、松竹梅、上い口説
	295	久　　原				
佐敷町青年会			締太鼓			＊連合エイサー。内間から伝承
	296	新　　里				
	297	つきしろ	締太鼓			
与那原町青年会	298	当　　添	締太鼓			

市町村団	No.	字青年会	エイサー	獅子舞	棒術	舞踊・その他
	299	板良敷	締太鼓			
	300	浜　田	締太鼓			
	301	大見武				
	302	上与那原				
大里村青年連合会	303	南風原				
	304	嶺　井				
	305	嶺井団地				
	306	古　堅				
	307	福　原				
	308	島　袋				
	309	当　間		○		
	310	仲　程				
	311	平　川				
	312	稲　嶺				
	313	大里グリーンタウン				グリーンタウン太鼓
	314	目取真				
	315	湧稲国				
	316	大　城	パーランク			
	317	稲　福				
	318	真境名				
南風原町青年連合会	319	神　里	パーランク	○	○	鉦鼓隊、綱引
	320	津嘉山	パーランク		○	鉦鼓隊、綱引
	321	喜屋武		○	○	長者の大主、戻り籠、馬山川
	322	山　川	締太鼓			
	323	兼本ハイツ				
	324	兼　城	締太鼓		○	
	325	宮　平		○		綱引
	326	与那覇	締太鼓			
	327	宮　城				舞方
糸満市青年団協議会	328	座　波	締太鼓			座波太鼓
	329	武　富	締太鼓			旗頭、綱引
	330	大　里	パーランク			旗頭、綱引
	331	潮　平				
	332	阿波根				角力
	333	北波平		○		
	334	米　須	締太鼓			角力、旗頭
	335	真栄里	締太鼓		○	綱引
	336	大　度		○		
	337	喜屋武	パーランク			
	338	賀　数				
渡名喜村						
座間味村	339	座間味				
	340	阿　佐				
	341	阿　真				
	342	阿　嘉				
	343	慶留間				
渡嘉敷村青年会	344	渡嘉敷	締太鼓			*エイサーは内間から伝承

市町村団	No.	字青年会	エイサー	獅子舞	棒術	舞踊・その他
粟国村青年団協議会						
南大東村青年連合会			締太鼓			＊創作エイサー、大東太鼓、相撲甚句
	345	在　　所				
	346	池之沢				
	347	北				
	348	南				
	349	新　　東				
	350	旧　　東				
北大東村青年連合会			締太鼓			＊創作エイサー
平良市	351	島　　尻				
	352	狩　　俣				
	353	久　　松				
	354	西　　辺				
城辺町青年団協議会						＊激波太鼓
	355	保　　良				
	356	比　　嘉				
	357	新　　城				
	358	長　　南				
	359	友　　利				
	360	下　　北				
	361	西　　西				
	362	西　　中				
	363	西　　東			○	西東棒振り
	364	福　　東				
	365	長　　中				
	366	吉　　田				
下地町青年団協議会	367	与那覇				ヨンシー
	368	上　　地				
	369	川　　満				
	370	来　　間				
	371	洲　　鎌				
上野村青年会	372	大　　嶺				
	373	豊　　原				
	374	上　　野				
	375	名加山				
	376	宮　　国				綱引
	377	新　　里		○	○	棒振り
	378	嵩　　田				
	379	野　　原			○	
伊良部町青年団協議会	380	池間添				
	381	前里添				
	382	伊良部				
	383	仲　　地				
	384	国　　仲				
	385	長　　浜				
	386	佐和田				
多良間村青年団協議会			締太鼓			＊創作エイサー

市町村団	No.	字青年会	エイサー	獅子舞	棒術	舞踊・その他
	387	土原				八月踊りの芸能多し
	388	天川				
	389	津川				
	390	宮良				
	391	嶺間				
	392	大道				
	393	大木				
	394	吉川				
石垣市青年団協議会	395	大浜	アンガマ	○	○	大浜節、旗頭、イリク太鼓、与那覇、弥勒節
	396	登野城	アンガマ	○	○	
	397	石垣	アンガマ	○	○	
	398	新川	アンガマ			
	399	双葉	締太鼓			
	400	大川	アンガマ	○	○	
	401	川平		○	○	狂言、川平口説、川平鶴亀、世果報口説
	402	宮良		○	○	ヨウホウ
	403	平得	アンガマ	○	○	稲摺節
	404	真栄里	アンガマ	○	○	真栄里節
	405	白保	道アンガマ	○		ボスポー節、白保節、胡蝶の舞
	406	明石	締太鼓	○		＊エイサーは読谷村楚辺から伝承
竹富町青年団協議会	407	黒島	アンガマ	○	○	黒島口説、ベンガンとおれ、太鼓ばやし
	408	竹富		○	○	
	409	小浜	パーランク	○	○	＊エイサーは平敷屋から伝承
	410	波照間		○	○	獅子の棒
	411	豊原		○		
	412	白浜		○		
	413	上原		○		
	414	舟浮		○	○	
	415	鳩間		○	○	
	416	大原		○		
	417	西表（祖納・干立）	アンガマ	○	○	ブドゥリ太鼓
	418	大富	締太鼓	○		
与那国町青年団協議会	419	祖納	締太鼓		○	棒踊り、ミティ唄 ＊エイサーは西原から伝承
	420	比川	締太鼓			
	421	久部良	締太鼓			

出典：「平成10年度市町村青年会調査書」、「字青年会の活動に関するアンケート」、「青年ふるさとエイサー祭り」出場団体、『エイサー360度』及び聞き取り調査を元に作成。

第1章　戦後青年会における文化活動の今日的再評価

提となっている。民俗芸能はエイサーに限らず、獅子舞や棒術、多彩な舞踊も含み、それぞれが地域的個性を持っている。しかし、民俗芸能の伝承と創造が、青年のシマ社会に対する役割として歴史的に位置づいてきたが、青年会が消滅すると同時に民俗芸能も消滅する危うさももっている。

ところが三つめに、たとえ青年会が衰微し消滅しても、集落というシマ社会がある限り、青年会再生の道は用意されているということである。復帰後、多くの青年会が都市化によって消滅した那覇市や浦添市においても、近年青年会の再生が見られるようになっている。再生する場合、共通の傾向としては集落を基盤に民俗芸能を媒介とする組織化が看取され、シマ社会の一員として認められることが青年会活動を再開する条件となっている場合がほとんどである。一方で、過疎化した集落では、離村した住民によって形成された「郷友会」という同郷結合組織によって、民俗芸能の継承をはじめ、母村の維持可能な再生産を可能としている。

四つめに、市町村青年団の役割は、各集落の青年会と連携を取りながら青年主催の行事を開催し、一方で集落青年会の活動が弱体傾向にある市町村では、代わりに地域課題に応える取り組みを行っていることである。地域の高齢化問題を解決する一つの事例として、大宜味村青年団協議会では、夏祭りに来られない高齢者のために「エイサー部落まわり」を行っている。また同じく浦添市の舜天雅エイサー団や佐敷町、南大東村、北大東村、多良間村の市町村青年団においても、創作エイサーを通じて、字青年会活動の下支え的役割を担っている。

総じて青年会は、シマ社会と一体であることに存在理由を求めることによって、シマにおける文化の担い手としての役割を取得し、地域の共同性に収斂していく道筋をもっていると言えよう。つまり、青年が青年会に入るということは、将来的な地域の担い手を育成することと同義なのであり、したがって青年会による学習も集落生活の全てと密接に関係していることになる。

そのような現代沖縄の青年会の特徴を踏まえた上で、次節では戦後沖

縄の文化的特質を時代背景に即して、①伝統文化、②抵抗文化、③生活文化と規定し、時代の本流のなかに文化的文脈を読み解くこととするが、その前に戦前の青年会像についても触れておく。

(2)戦前における青年会の文化活動史

戦前の地域と青年に関する様態については、佐喜眞興英の『シマの話』(大正14・1925年)に触れられている。現在の宜野湾市 新城(あらぐすく)を分析したもので、それによると「島の政治は男子によつて行はれた。島の男子の間には年齢による階級があつた。即ち若者組、主組、大主組之である。若者組は更にUttungwa(弟兒)とWakamun-gashira(若者頭)に分れ、餘の二階級の命令を奉ずべきものとされ、殊に弟兒に至つては如何なる賤務と雖も長上の命とあれば拒むことは出來なかつた」(16)のとされている。このような年齢階梯制に位置づいた青年集団の他に、不定型的青年集団として毛遊(もうあし)びがあったことも知られている。

視点を祭り行事に移してみると、毎年旧6月の綱引の時には、「大綱には男子は多少飲酒して殺氣立ち、女子は正装して躍り歌ひ狂うた。綱引の晩は島の青年男女にとつて楽しい時の一であつた」し、7周年毎に行われる村芝居が近づくと「島の青少年は四五十日も前から一生懸命に練習」し、村芝居をやらない年も、「舊九月の稲種子撒きの日(俗にタントイ、種子取り)には島の男子はタキの前のタントイモウ(種子取原)と云ふ廣場で祭禮を行ひ、三味を彈じ歌を歌つて神をなぐさめた」のである。新城には旧盆のエイサーはなかったが、「他の島ではエイサーと稱する盆躍りがあつたので、若い男女は此を見に出掛けた」と記述されている。このような祭り行事は、多少の相異はあったとしても、基本的には沖縄の共同体全体を通じてほとんど同一であったと考えられる。そのことについて、安里彦紀は「土俗宗教と仏教さらに道教とを混淆した独特の信仰・習俗の生活行事」(17)であったからだとしている。

当時の青年集団は、地域からの統制力は強かったものの、祭り行事に

関しては、生き生きとした青年の姿が想起され、後述する今日の青年会活動と精通する文化の連続性が看取される。しかし、祭り行事が行われる背景には、シマの生活と労働、自然環境が厳しいが故に、神に祈願しなければ生きてゆけない現実が内包されている。その現実が厳しければ厳しいほど、信仰は生活のなかに深く浸透し、人間形成にも大きな役割を演じ、シマ社会を強固にしてきた。しかもそれが今日まで、人々の精神的基盤となっている。ところが、このようなシマ社会が、沖縄の近代的自覚を阻み、琉球処分（1879）という封建制からの解放に遭遇しても、それを享受するだけの精神的準備を欠き、近代教育が著しく立ち後れる原因になる(18)。

　青年会の文化活動は、1897（明治30）年以降に顕著となる風俗改良運動の対象とされていく。風俗改良運動とは、大城立裕が指摘するように、「旧藩時代までの風俗＝沖縄的なもの＝後進的なもの」とみなし、沖縄を日本と同化させるために行われた改廃運動である。毛遊びは禁止され、ユタや入墨（ハジチ）の禁止、トゥシビーなどの行事の簡素化など、日常生活のあらゆる面に及んだ。たとえば読谷村では、「当村は青年会の決議に依り一昨年以来字芝居及び盆踊を全廃致し綱曳、闘牛、運動会の如き健全なる運動娯楽を盛んに行ひ居り候」(19)として、青年会自らが民俗芸能だけでなく、集落の娯楽まで中止する動きにまで発展している。しかし実際には、青年たちはエイサーをやりたいばかりに、隠れて練習していたという逸話も伝えられている(20)。

　概して、風俗改良運動がシマ社会を基盤に強化され、同時に戦時体制が厳しくなるにつれ、舞踊を習い、音楽を習うのに人目をはばかり、村芝居の役者は身分的にも低く見られていく。このような偏見は、旧時代の同化政策によってゆがめられた社会構造のなかでもたらされたものであることは言うまでもない。

　一方沖縄県は、1910（明治43）年に県訓令「青年会婦人会設置標準」を制定し、1916（大正5）年2月には沖縄県青年会を結成し、次第に官主導に

表1-2　青年団に関する調査

郡市別	団体数	団長種別 団員	団長種別 団員外	団員数 総数	団員数 正団員	団員数 其他団員数	年齢範囲
那覇市	5	—	5	1,141	1,141	—	14-25
首里市	1	—	1	1,060	915	145	12-30
島尻郡	23	3	20	10,675	9,075	1,600	14-25
中頭郡	11	—	11	7,752	5,820	1,932	14-20
国頭郡	11	—	11	5,023	4,290	733	14-30
宮古郡	5	—	5	4,286	3,582	704	14-25
八重山郡	4	—	4	2,659	2,343	316	15-30
計	60	3	57	32,596	27,166	5,430	12-30

出典：「社会教育概要」、1926年(『沖縄県史4　教育』より抜粋)

よって各地の青年会を取り込んでいくことになる。その「設置標準」制定は徴兵忌避対策の一つとして、そして沖縄県青年会結成は、県産業十年計画の実施機関として、県の施策を地域で実施していくための手足として期待されていたのである。しかし、会長である県知事大味久五郎が同年4月に更迭され、産業十年計画も頓挫し、県青年会は実質的活動のないまま、1917(大正6)年に解散となる。その要因として、産業十年計画の実施機関としての青年会が、国の「青年団体ハ青年修養ノ機関」であるとする政策と相容れないものであったことがあげられよう[21]。

　このように県の思惑によって結成された沖縄県青年会は、知事の更迭、国の政策との不一致、官制への反感・非難などによって解散させられたが、修養団体の性格が強化され、その結果集落の青年会は郡青年団、町村青年団の末端組織として、県当局の勧誘、督励に従って活動していくことになる。1926(大正15)年ごろの青年団は、表1-2のとおりで、このころには、どの町村にも青年団が組織されるようになった。

第3節　戦後沖縄青年会の文化活動の展開

(1)伝統文化の復興—敗戦直後(1945－1952年)

　今次の大戦において、沖縄は郷土を戦場化された唯一の島として終戦を迎えた。廃墟と化した土地を復興させたのは、青年たちであった。砲弾の処理と遺骨収集から始められた村おこし運動は、住民の心身の慰安にも応え、青年会による村芝居が各地で催されるようになる。次第に住民からの要求により、また青年自身の課題解決のために青年会が再生されていく。1946年には、ニミッツ布告によって言論、集会、結社の自由制限が解かれ、同年7月の正式通知によって青年会も米軍政府の公認団体となった。そして1948年には各地区青年団の連合体として、沖縄青年連合会(現沖縄県青年団協議会)が結成される。

　復興間もなく、青年会が共通に取り組んだ文化活動に民俗芸能の復活があった。たとえば読谷村楚辺青年会では「活動として最初に芸能部を設置して字民の心を和らげるために村芝居、生年祝いの余興、エイサーを復活し、この時金城輝清氏によって楚辺青年会歌もつくられた」[22]としている。同村喜名青年会では「戦後初めてのエイサーは昭和26年(1951)旧暦7月16日に行われた。戦前まで3カ所で行われていたエイサーが喜名青年会という名の下に統一したエイサーとして催されたのである。終戦直後の混沌とした時代だったが、民俗芸能を復活しようと意気込みは強く、毎晩練習を重ねた」[23]と、回顧されている。また、伊江村青年会は、1946年、疎開先の久志村において「多分、村当局とともに青年会も共催団体になっていたと思うが、戦後初めての演芸大会が開催され盛況をきわめ」[24]、翌年に島へ帰村できた際にも「伊江島への移動祝賀会」が青年会による大演芸会で賑わったという。

　このように、沖縄における戦後青年会の再組織化の契機は、シマ社会を復興させる過程から、民俗芸能がいち早く青年の手で再現されたことに

あった。厳しい自然と歴史の運命のなかで、伝承され創造されてきた民俗芸能の、たくましさ、力強さは、継承しようとする青年会の主体的な活動によって支えられてきたのである。

このように見てくると、戦前における風俗改良運動、皇民化教育によってもたらされた民俗芸能の禁止や、日本への同化政策の思想は、戦後、住民の声から感得できない。終戦直後の時点では、沖縄人が民俗芸能に精神的癒しを求めてきた姿からは、「日本」をまるで意識せずに、沖縄(自分)への帰属を自明のこととして受け取っているように思われる。その点に関して、大田昌秀は「過去一世紀におよぶ『日本化』が、民衆レベルでは底の浅いものでしかなかったことを露呈したともいえようし、逆に古来からの伝統的な民衆文化の底力、たくましさをまざまざとみせつけた」(25)とし、血肉化した土着文化に回帰するのは必然としている。

一方、戦後初期における沖縄の社会教育政策の制度的な原初形態は、沖縄諮詢会(1945)のなかの文化部に求められる。諮詢会が発展解消して沖縄民政府文化部(1946)となり、その後は文教部琉球成人教育課(1948)、群島政府の文教部社会教育課(1950)へと変遷していく。民政府文化部における社会教育実施事項は、「宗教方面」「教化方面」「体育方面」「芸術方面」「博物館」となっているが、なかでも「芸術方面」については、「沖縄人の俳優、素人芸能団をもって米軍慰問演芸会31回、民間慰問演芸会、各地区映画会を開催、更にジョン・ハーバー氏を中心に芸能団、音楽部員と合同研究その他研究会延べ15回、栄野比軍政府において沖縄音楽大会を開催した。なお1946年2月10日沖縄芸能連盟が結成された」(26)とある。このような芸術方面は、米軍政府の占領政策の貫徹と同時に、住民側の文化に対する渇望とが相まって、前述のように各地で民俗芸能が復活し、村芝居も活発となり、戦後復興の一役を担ったことは確かな事実である。

このような終戦による大和世からアメリカ世へという時代の転換のなかで、沖縄の人々は、方言や土着文化、民俗芸能に対する蔑視感を一掃し、裸になって自分の目、自分の心でシマをながめ、固有の民俗文化を考えら

れるようになったと思われる。そして、青年たちは、民俗芸能に一つの文化活動として新たな価値を見いだすようになる。

(2)抵抗と文芸復興―「アメリカ世」とのたたかい(1953―1971年)

　沖縄青年連合会は、結成初期、まず何よりも荒廃した郷土再興を優先課題とした。村おこし運動をはじめ、遺骨収集活動、環境浄化・生活改善運動、青年会館建設運動、産業開発青年隊運動などに取り組んだ。一方で1950年頃から、奄美において青年会を中心にした復帰運動の先駆的な動きが始まり、沖縄でも同年11月24日の対日講和条約第3条の公表を直接的契機として、祖国復帰が県民運動へと展開していく。そのなかで沖青連では、初期復帰運動の中心的役割を担い、1957年には第1回祖国復帰促進県民大会を開催し、全国的には日本青年団協議会との連携により、全国的な運動へと発展させている(27)。

　この時期の米軍政府と県民による復帰運動の相克は、多くの研究成果と蓄積があり、運動的にも政治的にも関心の高いテーマである。しかし、ここでの主眼は、占領下という一種の鎖国状態のなかで、確実に復興してきた民俗文化にある。復帰運動が初期的隆盛をみる1954年から、沖縄タイムス社は、「新人芸能祭」を催し、民俗芸能の魅力を広く一般に認識させると同時に、数多くの創作舞踊や創作組踊を生みだしてきた。また琉球新報社でも「古典芸能コンクール」を1966年から開催し、民俗芸能普及運動の場となってきた。市町村行政では、コザ市が1956年から「エイサーコンクール」、現在の「全島エイサーまつり」を始めている(28)。

　沖縄県青年団協議会(沖青連を1957年に改称)は、1964年に「全沖縄青年エイサー大会」(現在の「青年ふるさとエイサー祭り」)を開催した。1969年の第6回大会の趣旨は、「毎年各地で行われているエイサーを地域毎にえりぬき一堂に集めて、各々の地域の特性を披露し合い、青年の交流と組織の強化を図り併せて郷土文化の保存に役立てること」を目的としていた。このような青年のエイサーへの取り組みについて、小林平造は「仲

間づくりをとおして青年団組織を強固にする文化活動であり、地域民衆の文化要求にこたえる」ものとし、同時に「沖縄固有の高い文化の質を青年たちに自覚させることから民族意識を形成し、祖国復帰運動を支える少なからぬ力となっていた」[29]と指摘する。

　そして何よりも確認したいことは、青年自身に民俗芸能に対する鋭い姿勢と、その民俗芸能が立脚する地域課題を解決する学習がなければ、この純粋さと新鮮さを長い間保ってくることはできなかったということである。祖国復帰運動は、米軍政府から公布された無数の布告、布令、指令、書簡、覚書等々に対抗し、統制・拘束された地域自治と主体性を回復する学習を必然的に用意した。要するに、民俗芸能を単なる遊戯としてではなく、民俗芸能を通して支配に抗するための意志を結束し、民俗芸能の展開される場が学習の場の役割を果たし、自己変革を図るはたらきをもったと考えられる。

　たとえば、米軍の補助飛行場をもつ読谷村座喜味では、復帰運動の最盛期である1959年に、エイサーが29年ぶりに約200名の青年によって復活された。同年、読谷村青年会（1960年より協議会へ改称）では、各青年会の民俗芸能を披露する「青年祭」を、1965年には第1回エイサー大会を開催している。座喜味青年会では、1950年頃から活動のなかに月一回の常会を催し、「その場で指名し、強制で意見発表させた」と、話し合い学習の歴史をもっていた。その蓄積が、1960年から復帰前の1969年まで刊行された『風車』に結実している。『風車』の創刊号が発刊された1960年という年は、当時の青年にとって「一生忘れられない年」であった。すなわち「その年に安保闘争というのがあり、それをきっかけにして我々の世代は社会に目を向け、国の政治というものにも注意を払うようになり、いわば社会開眼をした」[30]時期であったからである。同じく楚辺青年会においても『青い年』が、「青年の思想や感情を文章に表現する力を高めると共に青年会会員の会活動の様子を知らせ、会員相互の親睦を図り、会活動に関心をもつ」[31]ことを目的に発刊された。このように、復帰運動の高揚期

に青年会の文化活動も高揚している諸事実から看取されるのは、「たたかいとしての文化」であり、青年の文化の担い手としての自己変革であるといえる。

　米軍政府の沖縄に対する文化政策は、沖縄の人々に固有文化に対する自信と誇りを回復させ、「沖縄人」としての主体性の確立を保証してきた。そのことが、米軍政府の意図とは逆に、理不尽な支配に対抗する力を帯び、集落単位による草の根的な復帰運動へと昇華した。米軍基地の強化や多発する基地関連事件、事故を契機として、沖縄の人々は生活文化を脅かす米軍支配を拒否し、「沖縄の心」を具現化するために、平和憲法を謳う祖国復帰を希求したのである。

(3)生活文化の創造―祖国復帰後(1972年以降)
　1972年に祖国復帰を果たした沖縄は、沖縄人の想像を遥かに超えた「本土並み」を目指す地域開発が国家主導で施行された。そして復帰後もなお残された米軍基地の重圧に対して、国は「アメとムチ」の理論に沿い大量の金を公共事業に投資し、自然破壊のみならず、消費文化を志向する人間破壊をも性急にもたらしていった。宮本憲一によれば「復帰以降、日本政府は、ある意味でいうと、沖縄の基地を買い取った感じすらある。米軍基地を残しながら、そのかわり、補助金で公共事業をやるという形で沖縄政策を進めてきた」[32]と、復帰後四半世紀に約5兆円の公共資金が投資されながら、経済効果をもたらさない政策を批判している。

　学校教育においても、本土法の適用を契機に、学力問題が提起された。復帰によって琉球大学が国立に移管されると、他府県の受験生が増加し、彼らとの対等な学力が要求されるようになった。「本土並み」の学力を身につけるために、沖縄の子どもたちも日本の学歴社会へと組み込まれていったのである。

　復帰前1967年当時、読谷村喜名青年会会員の最終学歴は、中学卒が53％と最も多く、次いで高校卒33％、大学卒3％、短大卒1％となっており[33]、

会員の学歴は、必ずしも高いとは言えない。そのような状況から復帰後の学歴偏重は、青年の間に階層分化をもたらし、青年会の弱体化に少なからぬ影響を与えた。次第に青年会でエイサーをすることに対して、大人の意識にも変化が表れ、エイサーしかやらないことを否定的な意味合いを込めて「エイサー青年会」と呼ぶ時期さえあった。

　しかし、復帰後も青年会は青年会であり続けたと言ってもよい。大衆文化が「本土並み」に溢れ、青年の生活環境が物質的に豊かになっても、青年の多くは地域文化の担い手として、その役割を果たし続けてきた。その主な要因は、青年会が集落の文化的価値を伝承する組織として、地域の共同性と切り離されない存在であるからと言えよう。つまり社会変動のなかにあっても、地域の文化伝承が、地域の普遍的課題として追求されてきたのは、それが「人間のより高い次元の欲求に基づくものであるので経済的豊かさとか生活の安楽など、より低い次元のもので補償できるような性質のものではない」(34)からである。これまで述べてきたように、郷土の文化財に対する沖縄人の誇りは、演劇・音楽・舞踊など、文化的価値に根ざしており、それが特別な人々の独占的特権ではなく、誰もが自ら立って踊り、三線を弾くなど、民俗芸能と生活が一体化した形で文化が存在している。復帰後から今日に至るまで、青年会の文化活動が盛衰しながらも生き続けているのは、経済的価値とか物質的価値とは全く違った、地域の共同性にその活動の本質が根ざしているからと考えられる。

第4節　今日の沖縄における青年期の光と陰

　今日における全国的な沖縄文化の人気は、完全に定着した感がある。1990年代から始まった沖縄音楽のブームに続き、映画やドラマなどによって、日本人の沖縄文化への認識は、復帰直後に比べかなり高まっているといえる。なかでもエイサーの波及・拡大は、今や全国各地に浸透し、海外においては、県系子弟によって積極的に担われている。このような沖

縄文化のイメージは、「青い海」「南の楽園」「癒しの島」等と相まって、イメージ自体が一人歩きする現象が起こっている(35)。

しかし、沖縄の現実が、依然と解決されない基地問題や深刻な経済・雇用問題を抱えていても、そのような「沖縄イメージ」とは別次元のものとして分断されてきたのも事実である。したがって、「沖縄の青年が何の問題も抱えずにエイサーを踊っている」というイメージの裏にある実際生活を分析し、その上で文化活動に取り組む意義を確認する作業が必要となってくる。

(1)若年世代の就業構造と労働の実態

　全国的に若者の就業問題が深刻視されている。1990年代の経済的不況に、高学歴化に伴う職業的自立の遅延など様々な要因が考えられるが、特にフリーターや失業者の増加が顕著となり、「パラサイト・シングル」という言葉も登場した。そして今日では、「ニート」という就職も進学もしない無業の若者が2003年で約40万人にものぼるという(36)。このようなフリーターやニートに象徴される、将来に希望を見いだせない人と、希望を見いだせる人に、つまり「勝ち組」と「負け組」へと二極化・分裂化していく日本社会を山田昌弘は「希望格差社会」とまで呼んだ(37)。

　沖縄問題の深刻さは、若年層の失業率に表れているといえる。1972年のいわゆる「復帰」によってインフラ整備や公共事業の大規模投資によって、本土格差は埋まりつつあるものの、依然として格差が縮小されないのが若年層の進学率と無業率である。たとえば、文部科学省の『学校基本調査報告書』を元に中学校卒業者の進路状況を全国と比較してみると、復帰前の1970年における高校進学率の全国平均が82.1%なのに対し、沖縄は67.5%である。無業者率は、全国平均4.9%に対し、沖縄では14.0%と約3倍もの開きが見られた。復帰以降は、少しずつ格差が是正されてきたものの、1990年を比較すると、高校進学率は全国平均95.1%で、沖縄が91.0%とそれぞれ上昇しているのに対し、無業者率は、全国平均が0.9%ま

で低下したが、沖縄では依然6.0%となっている。つまり、復帰前から近年に至るまで、中学校卒業後に進学せず、特定の仕事ももたない「無業者」の割合が全国平均と比較しても極めて高いということが指摘できる。こうした今日の無業者論が注目される以前から、沖縄では復帰以降も失業者や無業者という問題が、経済基盤の構造的欠陥と結びついて、ますます困難なものとなっているのが現状である。

　沖縄の雇用問題が、必ずしも一過性のものではないことが蓋然的に指摘されるが、ここでは具体的に沖縄県がまとめた「平成14年度就業構造基本調査結果の概要」[38]（企画開発部統計課、2003年）をもとに、主に15～29歳の若年世代を中心に分析を試みる。

　まず、継続的、安定的に仕事をしていないと答えた「無業者」が前回調査の1997年より40,000人（9.1%）増加し、15歳以上人口に占める割合を表す「無業率」は1.3%上昇の44.4%となっている。一方、仕事に就いている「有業者」も20,000人（3.5%）増えたが、15歳以上人口に占める割合「有業率」は55.7%と全国平均を3.8ポイント下回り、全国44位と低迷し、依然と厳しい雇用環境をうかがわせている。

　産業別の就業動向では、サービス業の有業者が20,700人（11.3%）と、1974年の調査開始以降堅調な伸びを示したが、製造業は1997年と比べ8,000人減少し、調査開始以来初の減少となり、建設業も1,000人減少している。

　パートやアルバイトなど非正規就業者の雇用者全体（493,000人）に占める割合は23.8%で全国5位であり、そのうち女性が39.4%、男性が12.0%で、前回調査に比べてそれぞれ2ポイント、1.2ポイント上昇している。正規の職員・従業員（302,000人）のうち、年間所得が500万円以上の人は男性の24.4%に対し、女性は13.5%である。パート・アルバイトでは男女とも200万円未満が8割を超えた。

　調査時点から過去1年間で転職をした「転職率」は6.2%で全国一位であり、同様に「離職率」も7.2%で全国4位と、依然厳しいことがわかる。特

表1-3　就業構造の全国比較

項　目	沖縄県 （全国の順位）	全国平均	1位	最下位
有業率	55.7%（44位）	59.5%	福井県（63.5%）	奈良県（54.9%）
転職率	6.2%（1位）	5.2%		和歌山県・青森県（3.7%）
離職率	7.2%（4位）	6.4%	大阪府（7.7%）	新潟県・山梨県（5.0%）
再就職率	46.2%（14位）	45.1%	新潟県（50.0%）	和歌山県（38.0%）
就業可能求職率	12.8%（1位）	8.9%		島根県（5.8%）
就業希望者比率	32.8%（2位）	28.5%	大阪府（34.5%）	島根県（19.8%）
求職者比率	17.2%（1位）	13.5%		島根県（8.9%）
正規の職員・従業員 （雇用者に占める比率）	61.3%（43位）	63.1%	富山県（69.9%）	東京都（59.6%）
パート・アルバイト （雇用者に占める割合）	23.8%（5位）	22.0%	京都府（24.8%）	山形県（16.1%）

出典：沖縄県企画開発部「平成14年度就業構造基本調査の概要」

に、15～19歳の離職率は、男性33.5%、女性35.0%と最も高く、同様に転職率も15～24歳の女性が最も高く、約25.0%となっており、若年世代における労働力の流動化が問題となっている。

　有業者のうち、別の仕事に転職を希望する転職希望者は84,000人で、年齢階級別にみると15～24歳で20%を超える高い割合となっている。転職理由としては「収入が少ない」「時間的・肉体的に負担が大きい」「一時的についた仕事だから」の順になっている。以上のような沖縄の就業構造をまとめると、表1-3[39]の通りになる。

　同統計課による「平成14年度労働力調査」によると、2002年度の完全失業者は52,000人で前年に比べ1,000人（1.9%）減少している。同じく完全失業率は8.3%で前年に比べ0.1ポイント低下しているが、表1-4に示すように、年齢階級別では、15～24歳の失業率が最も高く、さらに女性よりも男性の失業率が高いことから、沖縄の雇用状況は若年世代の「無業者」排出を助長する構造的問題を抱えている。したがって、沖縄で働きたくても働けない、働けても非正規就業である若年世代の増加は、地域活動よりも青年自身の自立課題解決が最優先されるために、青年会活動への影

表1－4　年齢階級別失業率

単位(%)

区分	総数	15-19歳	20-24歳	25-29歳	30-34歳	35-39歳	40-54歳	55-64歳	65歳以上
男女計									
1987	5.2	25.0	11.8	5.9	4.0	3.8	3.3	3.4	0.0
1988	4.9	18.2	13.2	5.9	5.3	3.7	2.5	3.3	0.0
1989	4.4	22.2	10.9	5.8	3.9	3.5	2.4	3.1	0.0
1990	3.9	20.0	8.9	5.9	4.0	3.7	2.3	1.4	0.0
1991	4.0	22.2	10.2	4.6	4.1	3.6	2.7	2.8	0.0
1992	4.3	25.0	10.5	4.8	4.3	3.8	2.2	2.7	0.0
1993	4.4	27.3	11.3	6.3	4.5	4.1	2.2	1.3	0.0
1994	5.1	27.3	13.8	7.8	4.6	4.1	2.7	2.6	0.0
1995	5.8	25.0	13.6	7.7	4.7	4.2	3.7	2.7	0.0
1996	6.5	27.3	15.7	8.7	6.5	5.7	4.0	3.9	0.0
1997	6.0	27.3	11.9	9.3	6.0	4.1	3.9	3.9	0.0
1998	7.7	25.0	15.9	11.4	7.4	7.1	4.8	5.3	0.0
1999	8.3	27.3	18.8	11.0	8.7	5.9	5.7	5.3	3.3
2000	7.9	25.0	16.9	10.6	7.2	5.8	5.5	5.5	0.0
2001	8.4	33.3	17.4	11.8	8.2	6.0	5.8	6.0	0.0
2002	8.3	25.0	15.8	11.0	9.1	7.4	6.1	5.9	0.0
男									
1998	7.8	33.3	16.2	11.4	4.9	7.0	5.6	6.4	0.0
1999	8.4	33.3	19.4	13.0	7.3	4.8	6.3	6.4	5.0
2000	8.3	28.6	18.4	10.2	7.1	4.8	6.2	8.7	0.0
2001	9.1	42.9	18.4	12.2	9.1	7.5	6.7	9.5	0.0
2002	8.4	28.6	16.7	8.7	8.9	7.3	6.6	9.3	0.0
女									
1998	7.7	33.3	15.6	11.8	11.1	7.4	3.6	3.6	0.0
1999	8.0	20.0	18.8	11.1	11.1	3.8	4.8	3.4	0.0
2000	7.5	20.0	15.2	11.1	7.4	7.4	4.6	3.7	0.0
2001	7.5	16.7	16.1	11.1	6.9	7.7	4.4	4.0	0.0
2002	8.2	20.0	14.8	13.5	9.1	7.1	5.5	4.0	0.0

出典：沖縄県企画開発部「平成14年度就業構造基本調査の概要」

響も小さくはない。青年の参加が難しくなるということは、エイサーの担い手の減少をもたらし、年齢制限を設けている青年会においても、会存続のためやむを得ず年齢規定を見直し、学生である高校生に依存する状

況まで起こっている。

(2)青少年の非行問題を解決する地域活動の取り組み
　大人社会の閉塞状況は、それを映し出す子どもたちへ大きな影響を与えている。サービス産業の肥大化は、夜型社会を助長し、皮肉なことに非正規就業で働く青年の雇用の場を生みだしている。それだけではない。このような夜間に特化した産業の波及は、青年だけでなく青少年の健全育成に悪影響を与えていることは明らかである。青少年の非行問題は、大人社会の反映であることを考えるために、沖縄県警察本部による深夜はいかい(40)の状況を確認し、地域ぐるみで非行問題を解決する大人の実践を見ていく。
　深夜はいかい少年の推移を示したのが表1-5である。これによると、毎年増加傾向にあることが指摘でき、2003年度は17,909人が補導されており、前年度に比べ1,087人増加していることになる。女子の補導も増加傾向にある。また飲酒や喫煙、暴走行為、深夜はいかいなどの不良行為で補導された少年は、2002年度で32,173人に対し、2003年度は36,396人で、4,223人の増加である。これらの少年に占める深夜はいかいの少年は49.2％にあたり、不良行為の半数が深夜はいかいということになる。
　次に補導される深夜はいかい少年の学職別の推移を表したのが、図1-1のグラフである。最も増加しているのは、高校生であり、2003年度では8,387人、全体の46.8％を占めている。児童生徒・学生でもない少年の補導をみると、有職少年よりも無職少年の補導数は高く、同じく2003年度で比較すると、有職少年1,614人（9.0％）、無職少年4,407人（24.6％）となっている。また補導された時間帯は、午前0時から4時に占める割合が高く、67.3％となっている。
　以上の結果を要約すると、深夜はいかいをする青少年は毎年増加傾向にあり、主に高校生や無職少年が午前0時以降に補導されている、ということになる。つまり、将来への不安を抱える高校生や、学歴社会・就業構

表1-5　深夜はいかい少年の年度推移

	1998年	1999年	2000年	2001年	2002年	2003年
男子	7,196	9,423	6,720	10,420	13,629	14,164
女子	2,246	2,986	1,938	2,548	3,193	3,745
計	9,442	12,409	8,658	12,968	16,822	17,909

出典：沖縄県警察本部統計各年度

図1-1　深夜はいかいの学職別推移

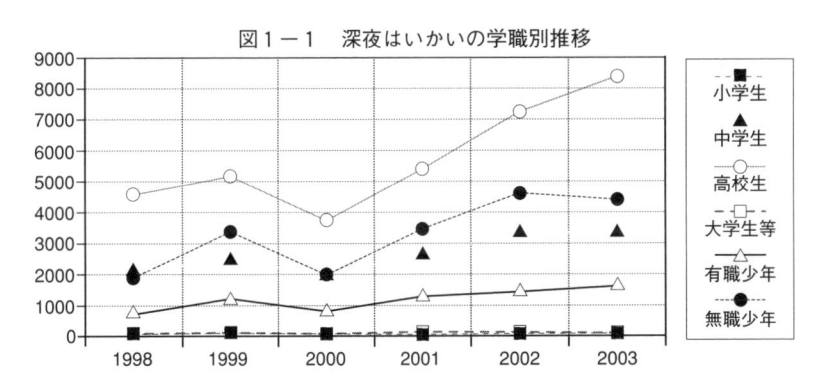

出典：沖縄県警察本部統計各年度

造から落ちこぼれた無職少年が、拠り所となる仲間との居場所を深夜の街に求める姿が浮かび上がってくる。また、青少年のはいかいを容認する大人社会の有り様も批判されなければならない。

　高校生による深夜はいかいの背景を知る手がかりに、2003年に県教育委員会が実施した「完全学校週五日制に関する調査」結果がある。同調査は、完全学校週五日制が導入された2002年4月から1年間に、土曜日をどのように過ごしているのかを県内の幼稚園児、小中高校生らを対象に実施したものである。特に高校生に焦点を当てて結果を見てみると、土曜日に地域行事へ参加したことのない高校生は82.1％、参加しなかった理由は「どこで何をやっているか、わからなかったから」が41.4％となっている。また土曜日休みに「何をしたらいいか分からない」という高校生が21.8％もいる。このことは、何をしていいか分からず深夜はいかいなど

の要因につながっている可能性が指摘される。しかし、一方で土曜日に地域行事に参加したことのある人のなかで、36.0％が「エイサーなどの伝統文化活動」と答えていることにも注目したい。

　深夜はいかいが多く、しかも何をしたらよいのか分からない高校生は、地域への情報も関心も薄いことが分かる。そういった彼らに、声をかけエイサーを指導する青年会が各地で見られるようになった。不良行為や不登校など問題を抱えた青少年が、エイサーをきっかけに変わっていくことが証明されている(41)。青年会は、シマ社会の文化伝承の役割を担うだけでなく、青少年の健全育成という今日的な地域課題を克服する集団として、期待と責任が問われているのである。このことについては、第4章で実証していく。

　沖縄の青少年の置かれている現状は、決して安心できるものではない。深夜はいかいに止まらず、未成年者による集団暴行も増加している。これら問題の根源には、青少年が地域から遊離し、浮遊することにある。地域を拠点に活動する青年会には、新たに子どもたちへのエイサー支援や非行防止に取り組むことが重要な課題となっているのである。

第5節　青年集団の文化活動の今日的到達点と研究課題

　矢野輝雄は、沖縄の文化伝承過程について、「過去から現在に至るまで、沖縄には、南方から、中国から、大和から多くの文化と民俗芸能が渡来しているが、その受容の仕方をみると、完全に沖縄のものとして消化されきっていることに驚かされる」(42)と述べている。このことは、一つに沖縄の地域に関して、それが画一的でなく個性的であることと、歴史的連続性の上に成り立っていることを示し、そしてもう一つは、人間に関わって、文化を受動的なものから能動的なものへ転換しうる、担い手としての主体性と創造性が培われていることを指し示している。

　今日の青年会による文化活動は、青年たちの地域学習を助長してきた、

と言うことができる。そのような地域に対する学習は、地域住民に「一人前」として認められる場面、その多くは旧盆や村芝居などのハレの日において、強く認識される。青年は自己満足のために踊るのではない。その祭り空間には、かつて同じ踊りを経験した高齢者や、これから受け継ぐであろう子どもが集まる。住民の視線は、厳しくとも期待に満ちたものであり、青年が集落との関係において、緊張と自らの成長を感得できる唯一の場面である。地域の共同性は、青年集団を文化活動を介して地域に位置づけながら、青年個々人の主体性を形成してきたのである。このような青年と地域の関係は、沖縄の青年会が伝統的に受け継いできた重要な「個性」であり、今なお「一人前」としての教育的価値を有している。祭り行事の本質が形骸化し、一方でイベント化、大規模化していく今日において、青年会の文化活動は、地域の共同性と密接であるが故に、個々人の主体性に働きかけることができると言えるだろう。

その上で、今日新たな動きとして、青年会が子どもたちにエイサーや民俗芸能を伝える役割が創出されており、文化活動を軸とした異年齢集団による地域学習として注目される。青少年の居場所としての青年会が、そして指導者としての青年が、集落に必要とされているのである。

本章では、沖縄における青年会の文化活動が、戦前・戦後一貫して地域の共同性と一体化して継承発展してきたことを実証し、また青年の学習がそれらと不可分に結びついていることを考察してきた。しかし、それら事実に対する分析視角や歴史検証において、本研究には未成熟な点が依然数多く、残された課題も多い。特に本章では文化活動の歴史的流れを追う努力は払ったものの、史料の制限から断片的となり、十分に実証できたとは到底言えない。あくまでも素描であり、系統づけられていない先行研究の穴埋めをしたに過ぎないことは承知している。それらの課題を克服した上で、今後の研究に継起する根本的課題は、沖縄の社会教育の史実を掘り下げながら、日本の社会教育の枠組みと比較していくことであると考えている。別言すれば、日本の歴史から欠落してきた沖縄を主

体として位置づけ直す作業であり、それは少なくとも、戦前の沖縄人差別や内国植民地政策、沖縄戦、戦後の異民族統治、復帰運動を経て、今もなお続く基地問題等を社会教育の課題として、再定義することである。その上で、地域文化創造がこのような社会変動とどのような連関をもつのかを、検討する必要があろう。

[第1章注記]
(1) 日本青年団協議会『昭和30年度勤労青年教育に関する資料　共同学習をさらに発展させるために』1956年、3頁。
(2) 日本青年団協議会『日本の青年　昭和35年度版』1960年、125頁。
(3) 前掲書、127頁。
(4) 北田耕也『大衆文化を超えて』国土社、1986年、9頁。
(5) 日本青年団協議会『'86日本の地域青年運動−第31回全国青年問題研究集会−』1986年、36頁。
(6) 第25回全国青年大会報告書、郷土芸能の部講評、1976年。
(7) 日本青年団協議会『地域青年運動50年史−つながりの再生と創造−』2001年、435頁。
(8) 小林文人「青年期をどうとらえるか」日本社会教育学会編『青年期の教育−教育社会学研究第22集−』東洋館出版社、1967年、11頁。
(9) 本論が検討対象とする地域を「沖縄の文化」という用語において限定的に事象化したのは、「琉球」という奄美地域を包含する概念とは区別したいからである。つまり、沖縄という用語を使用する際、沖縄地域と先島地域を包括していると規定するためであり、奄美地域は含まれない。しかし、奄美地域を含む「琉球文化圏」を単純に行政区域でもって峻別せざるを得ない限界を認めた上で、奄美地域が沖縄との類似性から統一的に検討すべき事象であることは、今後の克服課題としたい。
(10) 平山和彦『青年集団史研究序説　上巻』新泉社、1978年、280頁。
(11) 田港朝昭「第6編　社会教育」『沖縄県史4教育　各論篇3』1966年、606頁。
(12) 明治期における青年会の成立過程については、玉木園子「沖縄の青年会−夜学会から沖縄県青年会まで−」沖縄県教育委員会『史料編集室紀要』第26号、2001年に詳しい。
(13) 平山和彦　前掲書、298頁。

(14) 本調査は、筆者が沖縄県青年団協議会の事務局員を担当していた時に実施した「平成10年度市町村青年会調査書」及び「字青年会の活動に関するアンケート」を基礎に、「青年ふるさとエイサー祭り」の出場団体と民俗芸能、そして聞き取り調査を元に、2004年末時点で集計したものである。エイサーに関しては、太鼓の種類を分かるだけ記載した。獅子舞と棒術については、青年会独自のエイサーと違って、ほとんどが保存会による継承が行われている。エイサー祭りにおいても、青年会名ではなく、保存会としての出演を強調する団体もあり、線引きが難しいところである。実際に演技するのは青年会の会員であっても、なかにはOBとの混在であったりと、その境界を引くことが判然としない。また、指導者や地謡、保存会員の同意と協力がなければ、青年がやりたくても演技することができない。したがって、獅子舞があったとしても、保存会としての出演しか認められない場合は、青年の芸能として認定できない状況がある。聞き取りによって、青年会でもよいというところは、印を付けているが、まだ未完成であり、記載方法については今後の作業としたい。
(15) 沖縄タイムス社『沖縄大百科事典　中巻』「青年会」の項、1983年。
(16) 佐喜眞興英『シマの話』東京堂書店、1925年、9頁。
(17) 安里彦紀『近代沖縄の教育』三一書房、1983年、73頁。
(18) 具体的には、安里彦紀「近世琉球の社会形態と教育　とくに庶民の生活を中心として」『近代沖縄の教育』三一書房、1983年、59-90頁に詳しい。
(19) 琉球新報、大正5年8月18日。
(20) 読谷村楚辺『楚辺のアシビ』1993年、63頁。
(21) 日露戦争前の青年団体の状況については、玉木園子「沖縄の青年会－夜学会から沖縄県青年会まで－」(『史料編纂室紀要』第26号、2001年)にまとめられているので参照されたし。
(22) 読谷村楚辺『字楚辺誌・民俗編』1999年、146頁。
(23) 読谷村喜名『喜名誌』1998年、238頁。
(24) 伊江村青年会『伊江村青年会創立40周年記念誌』1991年、9頁。
(25) 大田昌秀『沖縄人とは何か』green-life、1980年、40頁。
(26) 沖縄県教育委員会『沖縄の戦後教育史』1977年、717頁。
(27) この点につき、小林平造「祖国復帰運動と青年運動」小林文人、平良研一『民衆と社会教育－戦後沖縄社会教育史研究－』所収、エイデル研究所、1988年、348-366頁、並びに日本青年団協議会『日本青年団協議会二十年史』、1971年を参照のこと。

(28) 全島エイサーまつりの歴史的変遷とエイサーの展開については、同実行委員会『エイサー360度－歴史と現在』1998年を参照のこと。
(29) 小林平造「沖縄の祖国復帰運動と青年団運動」『月刊社会教育』国土社、1992年6月号。
(30) 玉城栄祐「『風車』の発刊について」の項、読谷村座喜味青年会『座喜味青年会40周年記念誌』1988年。
(31) 読谷村楚辺『字楚辺誌・民俗編』1999年、147頁。
(32) 宮本憲一『日本社会の可能性』岩波書店、2000年、176頁。
(33) 読谷村喜名青年会「文教局指定研究発表会」中間発表資料、1967年、12頁。
(34) 東江平之「意識にみる戦後沖縄の社会」『大田昌秀教授退官記念論文集 沖縄を考える』1990年、342頁。
(35) 多田治は、「沖縄イメージ」が定着するのは、1972年の復帰イベント・海洋博が契機となり、「青い海」「亜熱帯」「文化」の沖縄イメージを立ち上げる起爆剤となったとしている。詳細は、『沖縄イメージの誕生－青い海のカルチュラル・スタディーズ』東洋経済新報社、2004年を参照のこと。
(36) 玄田有史・曲沼美恵『ニート－フリーターでもなく失業者でもなく』幻冬舎、2004年、20頁。
(37) 山田昌弘『希望格差社会－「負け組」の絶望感が日本を引き裂く』筑摩書房、2004年を参照のこと。
(38) 本調査は、5年に1度実施され、無作為抽出による約8,400世帯の15歳以上を対象に、2002年10月1日現在の就業動向を調査したものである。
(39) 項目の解説については、以下の通りである。有業率：15歳以上人口に占める有業者の割合、転職率：転職者の1年前の有業者に占める割合、離職率：離職者の1年前の有業者に占める割合、再就職率：前職を辞めた者全体に占める転職者の割合、就業可能求職率：就業可能求職者の現在の無業者に占める割合、就業希望者比率：現在の無業者に占める就業希望者の割合、求職者比率：求職者の現在の無業者に占める割合。
(40) 深夜とは、沖縄県青少年保護育成条例によると、午後10時から翌日の午前4時までをさす。
(41) 本研究では、第4章で内間青年会と非行少年のことについて取り上げたが、内間青年会に限らず、城間青年会や、勢理客青年会、豊見城団地青年会などでも、青少年への健全育成としてエイサー指導を行っている。
(42) 矢野輝雄『新訂増補　沖縄芸能史話』榕樹社、1993年、388頁。

第 2 章

地域の共同性をつくる青年の生活・文化共有の過程分析

読谷村楚辺のイリベーシ

■第2章　地域の共同性をつくる青年の
　　　　生活・文化共有の過程分析

第1節　文化と共同性の回復をめざして

　地域の文化は、日常生活のあらゆる領域を覆う文明に規制されながらも、青年に対して技の伝承という教育的意義を含意し、青年会の存在を必要としてきた。伝統が培われてきた時代と異にする現代社会では、特に文化を継承する青年の人間形成の基盤がどこにあるのかを探り、地域の共同性をつくりだす内実を問い直さなければならない。今日の地方分権の流れのなかで、住民の主体的な参加による自治が求められているが、地域の共同性には、文化的営みによって形成される主体性と創造があること、そして教養主義的でない、生活に根ざした生涯学習が行われていることを地方分権と関わって改めて確認したい。

　日常的に青年と地域との共同性を確認することは、青年の経済的生活の多様性によって容易なことではない。しかし青年が地域の一員として必要とされ、それに応えてきた青年会は、時代とともに地域への役割を変遷させながらも地域の共同性から切り離される存在ではなかった。本章では現代社会における青年会活動がどのように地域との共同関係を変遷し、創造させてきたのか明らかにしていく。そして「消えてなくなるもの」とされてきた共同性が「なくならない」という事実を捉え、その共同性を基盤にした生活・文化の価値創造の本質に迫りたい。

　その地域とは、生活・文化を生産・普及・再生産する基礎的基盤であり、固有の伝統を世代を越えて伝承される最小の単位である。固有の文化として意識化するには、異文化接触による差異や、新しい文化の普及に対する抵抗感、あるいは習慣化し伝統化したものの考え方や感じ方、行動の

仕方や態度など、際限なく挙げることができるだろう。そうした文化も、時代とともに変化してきたことは言うまでもない。

しかし、少なくとも文化の「個性」とも言うべき中核は、簡単には変わらない。伊波普猷によれば、その「個性」とは「どうしてもなくすることが出来ない」ものであり、なくすことは「精神的に自殺」したことと等しく、「国家の損失これより大なるものはない」(1)と考えられるものである。同様に「個性」とは、人間の「個性」でもあり、学習の基本的目標である。たとえば、日本人としての主体性(National identity)は、自明性をもって付与されていくが、文化にもとづく主体性(Cultural identity)は、人間を介した共同性による生活・文化の伝承過程における学習がなければ獲得できない。文化と人間の「個性」発揚を考える場合に、次の三点が重要と思われる。まず①言語であり、②地域住民のものの考え方や感じ方であり、③その形成・維持に影響を与える共同の教育である。

文化をもつということは、同時に①言語をもつということであり、言語が民族を表す一指標であるために看過してはならない要素である。文化の伝承は言語によって行われ、コミュニケーションも言語を媒体とする。しかし、情報化による一言語への統一と合理化は、「標準語」が絶対的なものとされ、「威信の言語」の位置につくことが少なくない。それ以外の言語は少数言語になり、しばしば「方言」や「地方語」と呼ばれ、区別され、さげすまれるようになる。地域文化の伝承に不可欠な言語を失うとき、その文化のもつ大きな要素は失われたに等しい。「方言」と呼ばれるものは「具体的言語として精神の極限まできめこまかく表現しうる唯一の生きた言語」(2)なのであり、人々が心の奥から思いを表現できる手段でありえた。「方言」への誇りの回復がなければ、地域文化に対しても主体的行為者になることは難しい(3)。

日常的な生活・文化では、②人々の価値観・思考・行動においても文化的「個性」が作用し、地域的規範を産出する。たとえば子育ての習俗や諺、自然に対する構え、地域共同の年中行事や祭り行事に対する価値意識

は、慣習も相まって内面化され、生活様式の一部となっている。また、その価値意識の獲得は、文化の大衆化のなかで、自らの文化的価値を正当に比較・評価できる目を育て、文化に働きかける行動を起こす。人間関係を合理的に考え「煩わしい」と感じる思考には、文化創造の可能性は見いだせない。

　そして、③共同による教育は、文化的平準化・均質化の傾向をもつ変化に対して、「個性」を発揚する力として形成されるものである。それは「かつての文化は、上流文化であれ民衆文化であれ、個々人を現在・過去・未来的地平の他者、つまり社会的、歴史的他者に結びつけられる教育的機能を持っていた」(4)ものを回復させることである。地域の生活・文化には、異世代による共同の教育的営みの豊かな蓄積があり、文化創造と主体性の形成は一つの問題として追求されている。その教育は、社会教育の使命として生活・文化全般にわたる人間形成への影響を考えなければならない。他方、文化には閉鎖的な古い共同体の習俗や慣行によって人間性を抑圧し、その可能性を現実化することができないような働きをもったものもあった。共同による教育は、それらを克服し、新たな抑圧的な文明に対抗できる文化活動を模索する必要にあり、同時に社会教育に求められる課題である。なぜなら、「学校は、その多様な文化のなかからある部分を選択し、それを一定の原理にしたがって編成し、公式カリキュラムとして伝達・教授」(5)するだけで、どのような文化が選択され、それが人々の日常生活とどのように関わり、どう主体的に創造できるかは問題とされていない。社会教育は、日常生活の無意識な教育的機能に光を当て、「選択」されない文化に対して価値と正当性を付与する役割をもっている。

　以上のように、文明の発展過程と文化の衰退過程が当然視される事実に対し、沖縄の「個性」を維持可能としてきた文化の諸相は、多くの示唆を与えてくれる。沖縄は、文明と異文化接触の歴史が一世紀にもわたって連続した地である。にもかかわらず、沖縄が沖縄として存在しうるのはなぜか。文化の伝統と変容を考える上で、沖縄の問題は等閑視すべきでない

重要な側面をもっていると考えられる。

第2節　地域の共同性の実態とその課題

　地域の共同性において、文化は人々を結びつける重要な要素であると述べた。それでは、実際生活において、文化はどのように捉えられ、またその文化を継承する青年会はどのような存在なのかを客観的に示す必要がある。

　そこで本節では、小学生の保護者に対して実施した集落自治と青年会に関する質問紙調査を分析することによって、それらを明らかにしたい。この調査は、「読谷村における地域の生活・文化創造に関する調査」として、九州大学大学院生涯学習論研究室が2000年12月に読谷村内の5小学校において、小学5、6年生とその保護者を対象に行ったものである[6]。本節では、特に読谷村楚辺集落の保護者の回答を中心に、青年会活動の意義と集落行事への参加形態をみていくこととする。なお、保護者の回答数は818人、世代別では、20歳代0.5％。30歳代41.3％、40歳代50.1％、50歳代6.7％、60歳代以上0.4％となっており、世代的には復帰前生まれの保護者が多いことに留意したい。また、読谷村については、次章においても具体的に実証していく。

(1) 親世代にみる青年会活動の経験歴

　まず、楚辺の保護者の青年会活動の経験があるかどうかを尋ねたのが、図2-1(次頁)である。

　この結果によると、楚辺の保護者が青年期に青年会へ参加したと答えたのは、総数で37.8％であり、残りの6割は参加経験をもたないという回答である。読谷村全体でみてもほぼ同じような傾向にあり、30～40代の保護者世代で青年会に入った経験のある者は、4割にも満たないという結果となった。また「全く知らない」と答えた人が楚辺で20.3％も存在し

図2−1　青年会への参加度

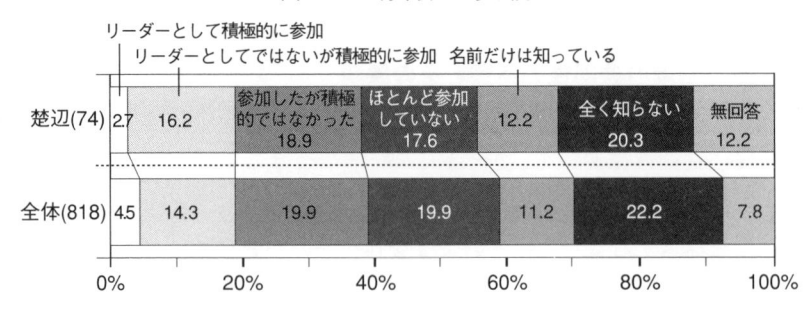

	リーダーとして積極的に参加	リーダーとしてではないが積極的に参加	参加したが積極的ではなかった	ほとんど参加していない	名前だけは知っている	全く知らない	無回答
楚辺(74)	2.7	16.2	18.9	17.6	12.2	20.3	12.2
全体(818)	4.5	14.3	19.9	19.9	11.2	22.2	7.8

た。読谷村は、県内でもエイサーどころとしても有名な村であり、村内の青年会では、たいてい18歳になると青年会へ入ることが習慣化されていることからも、この結果には、いくつかの疑問が想定される。

　ここで考慮すべきは住民の移動と村外からの居住者である。楚辺の場合、回答者の55.4％が村内で生まれ育っているが、41.9％が村外からの移住者となっている。このことからも、村外から新しく移り住んだ人のなかに「名称だけは知っている」や「全く知らない」が多く含まれていたとも推察できる。あるいは、楚辺出身者でも、高等学校卒業後に就職や進学で、沖縄を離れたために、「ほとんど参加していない」と回答したとも考えられる。しかし、いずれにせよ既に親世代で青年会経験者が半数に満たないことは、現在の青年会活動への理解や支援に、少なからず影響を与えるものと考えられる。

(2)地域の共同性のひとつ、集落行事への参加

　それでは、保護者世代の集落行事への関心についてはどうか。図2-2と図2-3は、主に楚辺の集落行事に関する参加を聞いたものである。図2-2に示した楚辺で毎年旧暦1月に盛大に催される「生年祝い[7]（ショーニンユーエー）」については、「いつも行っている」と「何度か行ったことがある」を合わせると55.3％となり、村全体と比較しても高い関心と参加を示す結果となっている。また「知らない」人はわずか16.2％で、生年祝いの認知度は高いといえる。

図2−2 生年祝いへの参加度

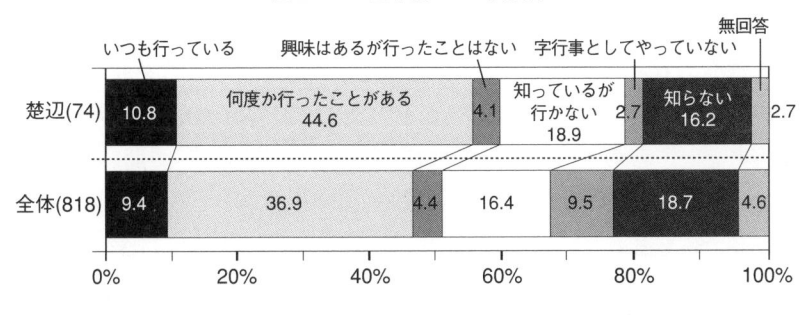

	いつも行っている	何度か行ったことがある	興味はあるが行ったことはない	知っているが行かない	字行事としてやっていない	知らない	無回答
楚辺(74)	10.8	44.6	4.1	18.9	2.7	16.2	2.7
全体(818)	9.4	36.9	4.4	16.4	9.5	18.7	4.6

図2−3 旧盆のエイサーへの参加度

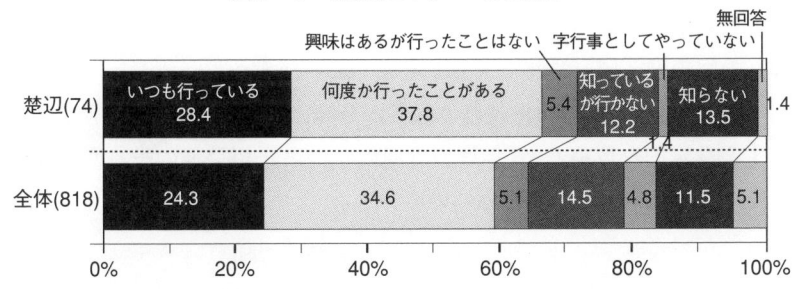

	いつも行っている	何度か行ったことがある	興味はあるが行ったことはない	知っているが行かない	字行事としてやっていない	知らない	無回答
楚辺(74)	28.4	37.8	5.4	12.2	1.4	13.5	1.4
全体(818)	24.3	34.6	5.1	14.5	4.8	11.5	5.1

　同様に図2-3の「旧盆のエイサー」についても、「行ったことがある」が66.2％と、生年祝いより約10ポイントも高くなっている。読谷村全体と比較しても、エイサーへの関心の高さを裏付けている。これらの行事には、いずれも青年会が民俗芸能を披露するという役割を担っており、青年会活動の経験のない保護者に対しても、青年の存在を示す機会になっていると思われる。

　また楚辺の子ども会では、青年会と同様にエイサーに取り組んでいること等から、青年会を経験していない保護者も子どもを介して、旧盆のエイサーや集落行事に関心を寄せているとも考えられる。しかし、エイサーどころの読谷村において、13.5％の保護者がエイサーを「知らない」という結果は、読谷村における都市化と人口流入の問題、シマ社会のあり様にも問題を提起している。

(3) 現青年会に対して期待する活動

　青年会の存在は、青年たちが演舞者として参加する行事を介して保護者においても認識されている。では、そのような読谷村の青年会の活動に、保護者としてどのようなことを期待するのかを複数回答で聞いたのが、図2-4である。最も高かったのは、「伝統芸能の継承」で392人、回答者全体の48.0％を占めた。次いで「地域行事への積極的な参加」35.3％、そして「地域の子ども世代との交流」と「スポーツ活動」が23.3％となっている。保護者の期待には、青年会活動の経験有無を問わず、青年へ民俗芸能の継承者として役割を担うことが求められおり、それは少なくとも自らの子どもの将来像と同じ意味であると考えてよいだろう。

　このように、読谷村の保護者の回答からは、現在の集落自治と青年会に対する肯定的な認識と、青年期の課題の一つに民俗芸能の役割が位置づいていることが明らかとなっている。

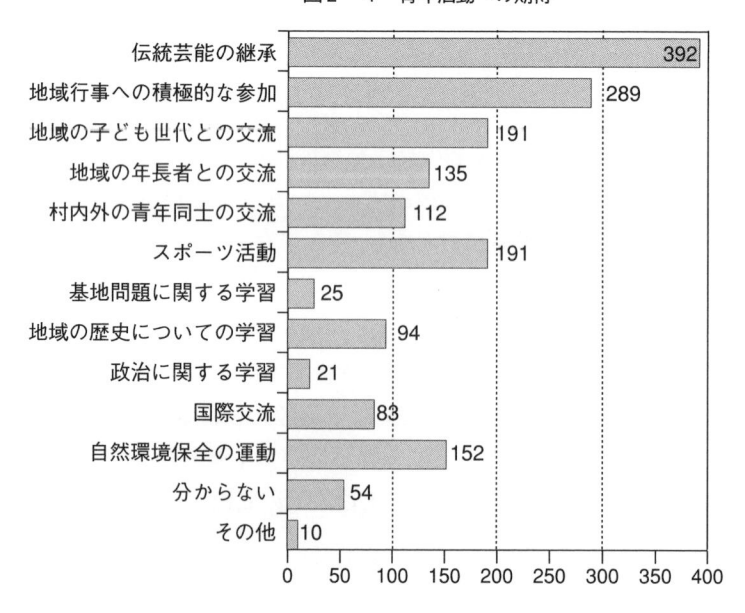

図2-4　青年活動への期待

項目	人数
伝統芸能の継承	392
地域行事への積極的な参加	289
地域の子ども世代との交流	191
地域の年長者との交流	135
村内外の青年同士の交流	112
スポーツ活動	191
基地問題に関する学習	25
地域の歴史についての学習	94
政治に関する学習	21
国際交流	83
自然環境保全の運動	152
分からない	54
その他	10

第3節　楚辺青年会にみる民俗芸能の伝承過程
　　　　－Aさんの活動を手がかりに

　それでは、青年会に入って以後、青年たちはどのような過程を経て継承者となり、そして青年会卒業後、どのように集落自治の担い手として成長していくのか。本節では、楚辺の青年会会長の経験をもつAさんとの聞き語り[8]を手がかりに、課題に迫ることにする。

　Aさんは、1965年読谷村楚辺生まれ、楚辺育ち。5人兄弟の2番目、次男として育つが、結婚後も楚辺に土地があったため、他シマへ出ることはなかった。1997年に結婚し、二人の子どもの父親である。青年会には18歳から入会し、卒業前年の24歳の時、一つ上の先輩たちが会長を擁立できなかったため、例外的に会長を務めた。エイサーをはじめ、トゥシビーの「松竹梅」、イリベーシを継承する。青年会卒業後は、イリベーシの指導者として関わっている。

(1) 日常生活の中の民俗芸能—幼少期

　表2-1(次頁)は、楚辺の主要行事を示したものである。特に民俗芸能が披露される行事は、旧盆エイサーに楚辺まつり、赤犬子まつり、生年祝い、そして村行事の読谷まつりがある。それ以外にも個人的な祝い事にも民俗芸能が欠かせない。これらの芸能は、本番約2、3ヶ月前から練習が行われるため、楚辺公民館は、年中を通して唄と踊りの練習風景が絶えないところである。

　そのような大人の自治活動は、子どもにとっても日常生活の一部になっている。Aさんは、幼少の頃から旧盆エイサーが待ち遠しかったと語る。「(エイサーへの憧れは)ありましたよ。僕達の前(の世代)は特にかな。エイサーが好きで。楚辺は飛び入りがあるんですよ。一回青年会が踊った後に、全員でまた飛び入りで踊るんです。小学校(生)からもう(飛び入りに)

表2－1　平成10年度楚辺区主要行事

月	公民館・班長会	年齢階梯集団	委任事務
4月	楚辺区清明祭 キビ他収穫審査 臨時区民総会（決算） 連絡協議会	(遺)清明祭	
5月	農業満産祝い 奨学会理事会 赤十字募金 班長会宿泊研修 連絡協議会	(老)アブシバレーGB大会 　　村老人クラブ大会 (婦)役員研修・講演会 　　花園手入れ (農)視察研修	固定資産税（1期）
6月	区民大清掃 慰霊祭 家族調査 運動会選手選考 連絡協議会	(青)ユシカーガマ清掃 　　七御嶽清掃 　　社会見学 (婦)字内主張大会 (農)バッタ共同防除	村・県民税（1期）
7月	社協会員証販売 夜間補導開始 連絡協議会	(婦)ミニスポーツ大会 　　村主張大会 (青)エイサー練習開始	健康保険税（1期） 固定資産税（2期）
8月	区民大運動会 連絡協議会	(ク)子ども会との交流	健康保険税（2期） 村・県民税（2期）
9月	楚辺まつり 村陸上競技大会 連絡協議会	(青)エイサー	健康保険税（3期）
10月	区民ソフトボール開始 赤い羽募金 赤犬子大主前ウンチケー 連絡協議会	(ク)社会見学	健康保険税（4期） 村・県民税（3期）
11月	イモ他収穫審査 区民負担金（前期） 区民駅伝大会 生年祝いムスビー小 連絡協議会	(老)花卉園芸・農産物 (婦)村演芸のつどい	健康保険税（5期）
12月	山イモ他収穫審査 年末助け合い募金 生年祝いスーダチ小 公民館職員忘年会 連絡協議会	(老)村老人会サッカー大会 (婦)料理研修会 (ク)保育園児との交流 (産)視察研修 (青)生年祝い余興練習	健康保険税（6期） 固定資産税（3期）
1月	新春初走り 生年祝い合同祝賀会 連絡協議会	(老)新春GB大会 (子)鳥取県淀江町交流研修 (青)青年会員成人式祝賀会	健康保険税（7期） 村・県民税（4期）
2月	区民負担金（後期） 人参、ジャガイモ審査 緑の羽募金 連絡協議会	(老)講演会、映写会 (青)収支決算、予算案提出	固定資産税（4期）
3月	選挙管理委員会 定期区民総会 （職員選挙、予算） 新旧役員引継会 連絡協議会	各団体定期総会	

＊(老)老人会(婦)婦人会(青)青年会(農)農事実行組合(遺)遺族会(子)子ども会育成会(ク)クラガー会(産)産業部

入っていましたから、僕は。これが楽しみで」と述べている。その飛び入りには「意外と40代、50代の人が多いですよ。婦人会の人もだいたいもう入ってきて。だからもう楽しくて、待ちきれなかったですよ、青年会になるのが。思い切り踊れるから」と、青年会への憧れを語っている。

楚辺のエイサーは、他とは趣が異なり、伝統を重んじ、昔ながらの踊りと唄を継承している。新しくアレンジすることはない。そのことについて「僕達がこのみんなにこんだけ(全12曲)教えるのに精一杯だったからね」と述べているが、一方で、民俗芸能が時代が変わっても変わらないものとして価値を付与され、伝承されていることが、全世代を民俗芸能という共通体験で結びつけることになっていると考えられる。飛び入りに「40代、50代の人が多い」のは、かつての青年会時代を思い起こし、当時の様々な苦楽体験を思い出させるからに違いない。あるいは、自然と身体が動くのかもしれない。

(2)青年会を支える同級生集団と通過儀礼―青年期

楚辺青年会を構成する青年は、同級生のつながりを強固にする。18歳で同時に入会した後、その関係は青年会を卒業しても、集落における共同関係の基礎基盤になっている。そのつながりを維持可能にしているのが、一つに「アガイエイサー」であり、二つに「同級生模合」、そして同級生によって演じられる三つめの「トゥシビーの芸能」である。

①アガイエイサーと卒業年限

アガイエイサーとは、青年会を卒業する年限者による最後のエイサーのことである。この最後のエイサーは特別な通過儀礼的意味合いを持ち、楚辺の男性25歳、女性23歳ならば、誰もが通過していく過程である。

「アガイエイサーも僕たちの場合は、その日(旧7月16日)の朝からやっていて、午後3時ぐらいに終わるんですよ。その後全員と合流して、道ジュネーして、最後は運動場」という手順である。朝、アガイの青年は、同級生

の家々を踊り回り、これで青年会を卒業する旨を家族や親戚に知らせて回る。そして青年たちは、アガイエイサーを経ることによって、集落の他の大人と同じ立場になり、青年会を一人前に卒業することを認めてもらうのである。青年期における通過儀礼が希薄化している今日において、集落の人々の祝福を受けて、アガイエイサーの体験を通して、同級生全員が一人前として認められることは、人を育てる集落の社会教育であると言える。

　アガイエイサーが一人前という通過儀礼であるため、青年会の卒業年限については自然に受けとめられている。「それは当たり前、当然でした。僕たちも、言っているようにアガイエイサーもあって、トゥシビーには、『松竹梅』は、そのトゥシビーシンカがやるんですよ。要するにその年の数え24で。こういうのもずーっと昔から決まっていて、そのようにやっていたから、だからもう25になって卒業しても当たり前だと、そういう風な感じでやっていたもんだから」と述べている。このような意識形成は、全国一斉に20歳を祝う成人式とは対照的である。生活基盤に根ざした人間関係から一人前として認められるための手段として、民俗芸能が位置づいていることは、民俗芸能と担い手の関係を象徴的に表している。

②同級生模合

　楚辺では、青年会入会を契機として同級生模合を行う伝統的慣行がある。下は現役の青年会から上は長老の代まで、毎月同級生が模合に集う。つまり、青年会卒業後も同級生のつながりは、模合によって維持されるシステムがどの年代においても見られるのである。

　Aさんの場合は次のように模合のきっかけを述べている。「僕たちの一つ下の年代は、(高校)卒業してから模合をやっていたんですよ。それで先輩たちも早くやれーと、下の方から言われてからに、じゃ、やろうかというような感じでやったんですよ。ま、先輩たちがずっとやってきているから言われてはいたけど、いいさーというような感じだったんだけど、一つ

下の方から先輩ターやらないとどうにもならないよ、ではないけれど、やっぱしいろいろありますよね。この年だったらまだ結婚は一人二人かもしれないけど、結婚式があったら何か（余興を）やるとか、こういうもんでみんな模合、模合で集まっていたら話もすぐできるし、また色々何かあったときに協力できるさー、という感じで早くやれ、やれー言われてからに、このくらいにじゃやろうかと」ということで模合を20歳から始めている。

　字における同級生のつながりについても、「模合が一つあると思います。同級生のつながりがね。各同級生模合やっているのは楚辺だけかな」と、模合によるつながりの意義を述べている。また、同級生とはどのような存在であるかについては、「同級生っていうのは、やっぱし青年時分のエイサーから集まりだして、一緒に活動やって、で模合やろうかとか、いろいろやって、団結して。これが要するに一生続くような感じ」なのである。

　そのため、集落活動の場面においても同級生のつながりが表面化する。たとえば「もし役員に当たるとするでしょ、子ども会の役員とか。僕からしたら、下とか上使うよりか、同級生が使いやすいから、やれとか言うような感じのが多いんじゃないですかね。やっぱし、一つ上知っている人、下知っている人、同級生知っている人をみんな巻き込んでですね、僕が会長だから手伝ってくれと。みんなはずっと青年会をこういう風にやってきたし、じゃ、お前のためにがんばるよという風な感じで、だから団結もそういう意味であるんじゃないかな」と述べるように、集落活動においても、青年会で培われた同級生のつながりは、役員や選手の選出、次に述べる民俗芸能の配役、行事の役割分担など、人間関係を基盤とした活動において重要なつながりとなっている。

③トゥシビーの芸能「松竹梅」にみる通過儀礼

　楚辺で最大の祝い行事がトゥシビーである。毎年1月に、その年の干支生まれを集落全員で祝う行事で、そこで披露される民俗芸能の全ては、戦後から青年会によって演じられるようになった。青年たちはエイサーが

終わると、11月頃から毎晩芸能の練習を「師匠」と共に行う。本番1週間前になると、「スーダチグヮー」という予行演習が行われるが、集落の「審査員」が点数をつけて、細かく指導するという、芸の到達度を見極める日が設けられている。
　芸能の配役には数が限られており、青年会員誰もが全てを経験できるというものではない。Aさんも青年会に入ってしばらくはその経験をしていなかった。ところが、「恥ずかしかったときがあったんですよ。各同級生同級生でトゥシビーの時に（踊りを）やっていますよね。僕たちが21の時だったかな、結婚式があったんですよ。家の方で、式場を借りないで。それで、じゃ同級生から一つ踊り出せ、って言われたときに、まだその時誰も習っていなかったもんだから、誰もできなくて。このとき恥かいたと言ったらおかしいんだけど、僕の方もやっぱし一つくらい習っておかないといけないなぁ、っていうような感じがあったんですよ」と、宴の席で踊れなかった恥ずかしさをこのように述懐している。
　「僕はその時に、やっぱしこんなの習っておかないといけないなって。みんな同級生の祝いの場合は、同級生が踊って見せてっていうのが昔からの当たり前であったと。結婚式では、『松竹梅』を踊るっていうのは決まっているんですよ、楚辺は。男が結婚するときは、入れるんですよ、『松竹梅』を同級生が。だから、みんな23歳にやっているもんですから、その後結婚する人も『松竹梅』は同級生で…」と述べているように、楚辺では民俗芸能を習得することが同級生にとっても、また社会的な場面においても重要な価値をもっているのである。それができないと「恥ずかしい」という思いを持つことに、象徴されている。
　そしてAさんはようやく22歳の時に配役が回ってくるが、「僕もエイサーとかはやっていたんですけど、トゥシビーは『松竹梅』からやったんですよ。それもいきなり」の抜擢であった。

（3）民俗芸能の継承者から伝承者へ―青年会卒業後から今日まで

　楚辺の青年は18歳でエイサーを習い、23歳で「松竹梅」を習い、25歳でアガイエイサーを迎えて、青年会の活動を卒業する。その一つ一つの民俗芸能は、年長者による絶え間ない指導と本人の技の獲得という文化伝達の相互学習が成立してはじめて、表舞台に立つ。青年会を卒業した青年は、その後OBとして、伝承者である「師匠」の補助的役割を担いながら、後輩の芸能指導に当たっていく。

　Aさんは、現在トゥシビーの踊りの他に、イリベーシの指導的立場にある。その担い手への経緯は次の通りである。「僕も青年会を卒業して1、2年経ってちょっと習わす人がいないということで、お願いされて。僕の方も上手くないですよ、ま、少しはできるんですけど、ある程度手数とかは教えるんですけど、ちゃんとした視線とか、手の運びとかは、ちゃんとした先輩の『師匠』に習ってちょうだいという風に。僕たちが習っていた『師匠』がまだ習わしていますからね。だから、そういうのがあって恥ずかしいけど、お願いされたら一所懸命できる範囲で教えていますけど」と、青年会時代に学習した技を今は、後輩たちに伝える立場にある。

　また、「イリベーシの場合も、僕が公民館書記になってからに、『師匠』から習わせたりして、太鼓ギリも一緒に。で、1カ年、2カ年ぐらいは（師匠は）教えに来ていたんだけど、3年目からは見つからないか何か分からないけど、僕が教えていて、じゃ、『師匠』が来るまで僕が教えておこうという感じで、ずっと教えていたんですよ。したから、ずーっとずーっと僕が教えるようになって、今もずーっとずーっと教えているような…」状況にあるという。

　「師匠」と呼ばれる方々も、青年会時代に民俗芸能を学習し、それを何十年と教え続けてきた世代である。常に「師匠」が指導するのではなく、次の「師匠」を育成するために、Aさんのような青年会OB世代が期待されていることが分かる。Aさんは「僕はまだまだ『師匠』までは到達して

いないはずよ」と述べているが、今後、民俗芸能を伝承する世代であることに他ならない。なぜなら、民俗芸能や文化は、それを維持可能にする人間関係のつながりと継承がなければ、消えてしまう危うさと常に隣り合わせであるからである。楚辺の場合は、民俗芸能が通過儀礼として認識されていることが、青年のその後の人生においても、集落活動という豊かな取り組みと役割を与えていると考えられる。

そして、以上のような人間関係と文化的価値を共有する楚辺においては、後継者育成についても楽観的であり得る。Aさんに自分の子どもも成長したら青年会に入って欲しいかと尋ねたところ、「入って欲しいではないけれど、入ります。入らすではないけど、これが当たり前かな、というような感じですけど、僕としては」との回答であった。これは、青年会に入ることが「当たり前」とされる文化的環境が、楚辺には存在していることを暗示したことばである。

第4節　地域の共同性と民俗芸能を継承することの意義

民俗芸能に取り組む青年の意識は様々であるが、Aさんよりも10年若い現役の青年会によると「伝統を受け継ぐという意識はないが、青年会の役割でもあり、やるのは当然。強制はされていないし、青年会であるうちにみんな一度はやっている」[9]とのことであった。彼らもまた「やるのは当然」という意識にあり、そう思える生活環境が子ども時代の体験を踏まえて形成されてきたと思われる。

楚辺に住むほとんどの住民が青年会時代にエイサーを経験し、民俗芸能を「みんな一度はやっている」という、通過儀礼と共通体験を持っていることが、総世代にわたって民俗文化に対する価値認識を深めさせていることを示している。エイサーにおける年齢階梯毎の役割を確認するならば、図2-5のようにまとめることができよう。

民俗芸能は「それを共有する地域社会の構成員に連帯意識をもたせる

図2−5 集落における年齢階梯集団別役割

年齢階梯	社会的役割	集落的役割		旧盆エイサー
子ども会	児童・生徒	集落行事の参加者	隣保班による相互扶助	観客 （一部高校生は参加）
青年会 （18〜25） 二才頭 （26〜30）	労働・生産 経済的自立 （結婚・育児） 社会奉仕	伝統芸能の演舞者 集落行事の協力 相互扶助・模合		エイサーを演じる エイサーを指導する エイサーの運営
壮　年 婦人会	労働・生産 子育て 社会奉仕	公民館の事業運営 集落組織の役員・班長 相互扶助・模合 子ども会の育成 伝統芸能の伝承者		観客 炊き出しの協力 地謡 寄付者
老人会 （65歳〜）	労働・生産 社会奉仕	集落の相談役 相互扶助・模合 伝統芸能の伝承者 御嶽の清掃・管理		観客 寄付者

ことを通じて地域社会をひとつにまとめる役割を果たし」[10]、同時に集落の歴史的文化的価値を大人が青年へと伝える場面を創出していると言われる。そのような楚辺の集落活動は、文化の担い手形成に関わって、通過儀礼と人間関係の構築という今日的な意義をもつものとして確認される。

　今から約20年前に書かれた書物によると、読谷村の民俗芸能は「現在の激変していく社会の中で、後継者である青年たちに、現在ではその意義を失いつつある民俗芸能（昔はその共同体の豊作祈願と唯一のレジャーでもあった）が果して、スムーズに継承されていくのか」[11]が課題として提起されていた。この間、住民の創意工夫によって子ども会への民俗芸能の伝承が精力的に行われ、学校教育でも導入されてきた。現在では子ども会出身者による青年会員も増えてきている。楽観はできないが、20年経っても民俗芸能が存在できる共同性があると、事実が物語っている。

　文明による文化の模倣と大衆化の威力は、エイサーを青年会の特権から様々な場所で年中通して見られる民俗芸能へと普及させた。その結果、

人々に忘れていた文化的価値を与えた功績の反面、「その意義を失いつつある芸能」へと消費・消耗させている。また、青年会のエイサーとサークルで踊るエイサーの違いが分からない状況も起きている。青年会の伝統的な踊りよりも、もっと華美なエイサーに魅了される青年も少なくない。青年会の民俗芸能の継承意義は、青年はもとより地域の共同性の本質に関わるものとして、再構築しなければならない時期にきている。同時に青年の存在証明としての民俗芸能の機能が、廃れさせることなく地域の共同性に青年を位置づけていることも再認識する必要がある。よく沖縄には「古い伝統が残っている」と言われるが、それは「残っている」のではなく、危機的状況に瀕しているからこそ、地域の共同性を確認するために「残す」ことを主体的に選択したというのが真相である。

　文化は、高度に発達した文明社会のなかで忘れ去られた共同性の回復に重要な要素に満ちている。その可能性を切り拓くためには、文明がもたらす物質主義が人間性と労働の孤立、疎外要因になっていることと、地域文化の喪失との関連を再考することにある。人間の成長過程における文明の影響は必ずしも良好な結果を生みだしていない。地域の生活・文化的営みにも教育的価値があること、そして文化がもつ主体性と共同性の創造によって、支配的な文明を抑制することが求められているのではないか。

　「アメリカ軍の基地化や日本の政治、経済への統合、つまり軍事と文明によって根底的に改造され、なおも続行するなかで、人々の生活も日本人としての生活に抽象化され、もう、いかなる差異性を生まなくなるだろう」[12]という危惧が、杞憂で終わるための方策は、地域の共同性に託されているのである。

[第2章注記]
(1) 伊波普猷「琉球史の趨勢」『伊波普猷全集』第7巻　平凡社、1975年、9頁。
(2) 中本正智『日本語の原景−日本列島の言語学−』力富書房、1981年、198頁。
(3) この点において、「大阪弁」は、マス・メディアを通して全国的な市民権を得た数少ない言語であり、それによって「大阪人」という文化的アイデンティティに対する誇りを強固にしていると考えられる。
(4) 北田耕也『大衆文化を超えて−民衆文化の創造と社会教育−』国土社、1986年、12頁。
(5) 宮島喬、藤田英典『文化と社会』放送大学教育振興会、1993年、77頁。
(6) 詳細な分析結果は、同研究室紀要『地域生涯学習研究』第3号、2001年を参照のこと。
(7) 生年祝いとは、自分の生まれた都市と同じ十二支の年を生まれ年といい、その年の正月始めの同じ十二支の日に、無病息災を先祖や火の神に願い、祝宴を開く。このことを沖縄島ではトゥシビー、または生年祝いという。楚辺では、赤子から高齢者まで同じ十二支生まれの人々を集落合同でお祝いする習慣がある。
(8) Aさんの聞き取り調査は、2001年10月21日に、楚辺公民館において、トゥシビーに向けた芸能の練習前に行ったものである。
(9) 1999年度の副会長のことば。1999年10月20日の聞き取り調査による。
(10) 山本宏子「沖縄読谷村のエイサーの伝承組織−民俗芸能の伝承組織と社会・経済構造との相互規定関係−」東京国立文化財研究所芸能編『芸能の科学21　芸の論考XVI』1993年、151頁。
(11) 上地正勝「読谷の民俗芸能の現状」『月刊社会教育』国土社、1979年2月号、43頁。
(12) いれいたかし「差異性と生存」『執着と苦渋−沖縄・レリクトの発想−』沖縄タイムス社、1994年、18頁。

第3章

地方分権下の共同体自治をつくる
民俗文化の伝承と集落行事の役割

読谷村楚辺青年会

■第3章　地方分権下の共同体自治をつくる民俗文化の伝承と集落行事の役割

第1節　共同性の再認識と可能性を求めて

(1)地方分権下における地域の共同性への着目の意義

　今日の教育や文化、福祉、環境における様々な社会問題の根源には、地域で互いに支え合う共同性の喪失が影響しており、本章では地方分権下における共同性の可能性を改めて明らかにすることを主題とする。今日、教育の共同性が活発に論議されるようになったが[1]、本研究で述べる共同性とは、地域課題の解決や生活・文化をつくりだす住民の生活圏における基礎的な人間関係と捉える。そのような住民の集合が一つに全体として調整、統合された共同体自治に注目し、住民の文化的・創造的活動を対象として取り上げる。そのうえで、今日的な共同性をもつ沖縄に着目するのは、以下のような理由からである。

　一つめに、沖縄社会は「シマ」と呼ばれる小地域社会（行政単位としては字、ここでは集落と呼ぶ）毎に自己完結した世界を構成していることである。「シマ」の人間は「シマンチュ」であり、「他シマンチュ」とは区分される精神的紐帯をも表現している。そのような集落は、それぞれが独立した歴史と文化に与えられた性格も共有しており、共同体的人間関係を維持する基盤となっている。二つめに、集落の共同性がもつ歴史や文化は、価値ある意味での普遍性をもっていることである。それは時間を超えて普遍的なもので、その再構築は現代的課題でもある。この「時間的普遍性」[2]は、集落の共同性と密接に結びつきながら、時代が変わっても変わらない価値として継承されている。三つめに、沖縄の集落は、市町村行政にとっても尊重されるべき「個性」であり、自治機能をもつ個々の多

様な集落が独自に社会参画する基盤をもち、住民による自治・計画化の活動が住民と行政を結びつけていることである。

このような「個性」と「時間的普遍性」、自治機能をもつ沖縄の集落は、共同性の可能性を拓き、基地や開発、平和問題に対して生活圏を守り抜こうとする防御機能も一方で果たしてきた。たとえば反基地闘争において、個々人の身体の「安全保障」問題が、集落の共同を介して平和を希求する運動へと継続展開してきたことや、教育隣組における子どもの安全を守る取り組みにも、共同性の一端を見ることができる。

地域の歴史的・文化的伝統、すなわち個性の発展と、人間の自立的・主体的発達との相関には、共同体的人間関係が存在することではじめて、自己の立脚基盤である歴史的・文化的伝統を通じた自己認識の深化がもたらされる。一定の地域的空間における近隣関係、年齢階梯集団によって形成される共同体は、住民を様々に規制してはいたが、同時に人間としての主体性と参加することの喜びを与えてきた。ところが、現代社会の資本制経済の理論と進展は、そうした共同体的人間関係を切断し、家族や地域といった本来の共同体を縮小させてきた。地域と人間の個性は、主体性を失い画一化され、文化的伝統の衰退は、地域の崩壊とともに生み出されている。住民たちに人間としての主体性と参加の喜びを与え、住民同士の一体感と地域への愛着・帰属感を共同体の質に関わって高めることが問われている。

一つの解決策として、機能別集団による広域的取り組みが注目されているが、崩壊した地域的枠組みを広域化せざるをえないとしても、やはり住民、特に子どもや高齢者の生活圏は空間的近接によって限定されている。しかも、そうした限られた生活圏でしか家族や隣人への愛情、愛着、社会参加などという人間関係は見いだすことができない。更には、生活と文化を維持する住民の自治活動は、現代の高度情報社会においても、他者や集団に依存しなければならず、同時に自分自身が他者にとってそのような者として存在している事実関係を改めて深めることが求められ

ている。そういう「見守る他者」(3)がいる人間関係を再構築する共同体の存在と要求は、「個と共同体」の主体の回復と、個性を発現する文化創造の基盤となり得るのではないか。

地方分権への動きのなかで、小さな共同体はこれまでの画一的で無個性な存在から、多様で個性的な主体を展望しなければならない。そのためには、現代社会の関係不全を克服する地域の共同性の基盤を再構築することが必要とされる。こうした人間関係に対応する沖縄の集落の共同性から、地方分権下の新たな共同体再生へとつながる道筋を探り出してみたい。

(2)沖縄集落研究の視点─「個性」と「時間的普遍性」─
　地方分権下の共同性を考えるうえで、沖縄の集落の共同体的基盤に着目することは、現代社会の関係不全という病理現象に対して一つの処方を示すことができよう。具体的な実証は後述するが、ここでは沖縄集落研究において重要とされる視点について二つ指摘したい。

一つは、伊波普猷の唱えた「個性」論の現代的解釈である。沖縄は1879年の琉球処分以降、日本への「同化政策」と「歴史湮滅政策」によって、沖縄の歴史・文化に対する徹底的な価値剥奪が行われた経験をもつ。生活全般にわたる民俗文化が卑しいものと教化されることで、沖縄人は自己卑下、人間性喪失へと陥らされた。更には、地方自治、住民の主体性は認められるはずもなく、「内国植民地」の様相を呈していたのである。抑圧された沖縄の歴史・文化の復権と沖縄の自立的な発展を希求した伊波は、次のように述べる。

「各人がもってゐる所の個性は無双絶倫であります。即ち各人は神意を確実に且つ無双絶倫なる状に発現せる者であります。換言すれば各個人はこの宇宙にあって他人の到底占め得べからざる位置を有し、又他人によって重複し得べからざる状に神意を発現するものであります」(4)

伊波の言う「個性」とは、人間にとって「どうしてもなくすることので

きないもの」であり、その「個性」の喪失は「精神的に自殺」することを意味した。そして人間にとって「個性」が不可欠なものであると同様に、地域や民族の「個性」もまた不可欠なものと考えたのである。このような伊波の地域「個性」論は、現代の地方分権の動きのなかで人間と地域の「個性」を基軸とした自立・自治のあり方を示しており、評価すべき視点である。

　二つ目は、その地域的「個性」の質に関することである。伊波は、「沖縄人なかりせばとうてい発現し得べからざりし所を沖縄人によって発現する」として、地域の歴史的・文化的遺産にもとづいた人間の文化創造による「個性」の尊重と擁護を提唱した。そのような地域が本来的に保有する歴史的・文化的遺産は、内山節が述べる「時間的普遍性」につらなるものと捉える。内山は、普遍性には「場所的普遍性」[5]と「時間的普遍性」の二つの概念があるとし、「時間的普遍性」は時間を超えて普遍的なもの、いつの時代でも通用するものとして、「場所的普遍性」の偏重から自然や人間の労働のなかに従来保有している「時間的普遍性」を回復させることを指摘している。

　この論理は、伊波の「個性」論とも共通し、本章の課題に示唆を与えるものである。つまり、地域の歴史・文化の根源にあるものは、「時間的普遍性」であり、人間の営みは、時代を超えて変わることはなかった。しかし、「場所的普遍性」を肯定する現代の資本制経済は、「合理主義・個人主義・科学主義・発達主義」の精神を肯定し、同時に「時間的普遍性」と言われるものの否定と合致している。各地域に残る伝統文化や産業、工芸、それを支える技は、その地域の「個性」として尊重すべきものであったが、実際には「場所的普遍性」による合理的大量生産システムに飲み込まれ、日常生活からも切り離されている。人間もまた伝統技の追求をやめ、「場所的普遍性」の下で不安な個としてシステムに従属させられている。

　以上の二つの視点から沖縄を概観するならば、地域的「個性」である歴史的・文化的遺産に固有の新しい価値を付与する「時間的普遍性」を軸

とした再生産基盤の存在-共同体自治-が看取される。集落の「個性」は、一旦その集落から離れると「場所的普遍性」は持たないが、それでも共同体内部に収斂される普遍性である。その共同体を支える人と人の結びつきは、沖縄の地域的「個性」にもとづきながら、「時間的普遍性」を維持可能にする共同体的人間関係によって世代を超えて伝承される価値をもっている、と考えてよい。

　今日の地方分権下の共同体自治のあり方を模索するとき、その自治を支える集落の個性発揚が単に沖縄に限られるものではなく、沖縄の事例から日本全体の有数の地域個性を再認識する方向性を示すものである。では具体的に、集落の「個性」である集落行事を媒体にした伝承組織の共同性を明らかにし、共同体自治をつくる住民の自治基盤について「時間的普遍性」形成の視点から考察を試みる。

第2節　読谷村の共同体自治をつくる集落の構造

(1)沖縄の縮図・読谷村の村づくりと「字別構想」

　読谷村の村づくりの歴史は、戦前から続く基地との闘いであり、それ故「沖縄の縮図」と呼ばれている。基地の存在を無視できない戦後の村づくりは、「焦土廃墟の中から生きていくための生活の場、生産の場を求めての活動であり、基地に囲まれた生活のなかでの生命の安全を確保するための道程」[6]であった。読谷村は、歴史と戦争の経験を踏まえて、「基地-戦争-破壊」に「文化-平和-創造」を対置して、「基地の中に文化のクサビを打ち込む」村づくりの歩みを続けてきた。平和主義を貫きながら、集落の歴史・文化・自然を基盤とした住民による創造的・主体的自治のあり方を追求している。それは「村づくりへのエネルギーは、字を中心に存在する人々の共同体の中から生まれてくる」[7]ことを信念とした読谷村の「地域民主主義」の実践でもある。

　村内には23の集落があり、それぞれが自治機能を有した共同体である

と言うことができる。各集落が共同体自治として「時間的普遍性」を軸に組織活動をしていることから、自ずと個性的で多様な集落行事を生みだし、字民性も異なってくる。それぞれが小社会を形成し、その集合体が読谷村としての個性を発現させているのである。

村行政は、集落の個性に着目し、村づくりに反映させようと新たに取り組んだのが1995年の「読谷村字別構想」[8]である。この構想は「各字は集落を基礎に発展し、今日においても意思決定力のある地域社会を形成」していることから、村行政を行う上でも集落の自治機能は看過できない存在と認識している。そして「村民と村行政との共同（協働）むらづくりの入り口」としながらも、実施に移すなかで「読谷むらづくり方式」が創造されることをねらいとしている。

「字別構想」では、各集落の歴史・文化・自然に即した地域づくりの目標を掲げ、生活の充足に向けた施策を提案している。その内容には、生活者の目から集落の住環境を見直し、より個性的で自立的な地域づくりの方向性が込められている。施策として特徴的なのは、①居住環境整備、②文化の発掘と継承、③集落の個性づくり、であろう。①は軍用地跡地の整備や返還後の構想も含んでいる。②では特に民俗芸能の継承を取り上げる集落が多く、瀬名波や渡慶次、儀間、波平などでは、芸能の継承と復活の取り組みが継続されている。③は集落のイメージを実体として形成しようとする動きである。「新喜名番所づくり」（喜名）や「"やちむんの里"全体計画づくり」（親志）、「読谷のヒンプンづくり」（大湾）など、各集落の歴史、文化、自然を目に見える形で残そうとする計画づくりがなされている。

構想策定までの過程には、住民参加による地域懇談会が設けられ、生活レベルでの課題認識の深まりと、新しい共同生活を模索する学習が継続された。その住民の学習成果は地域計画づくりへと結実し、村の指針へと反映されている。読谷村の村づくりが上意下達的、行政主導的ではなく、個性的な方法で進められてきていることは、村づくりのなかに集落の主体的自治を押し進め、住民の共同性による創造的活動を基盤にしてい

ることを表すものである。それは、日本全体における地域づくりにとって注目できる先進事例の一つとして考えられるだろう。

(2)共同体自治の基盤を支える属人的集落組織

　沖縄における戦後の集落復興は、歴史的文化的条件によって形成されてきた。一つには、戦前の旧慣温存による土地の共同所有、租税の共同責任制(9)等が集落の共同体自治を強固にし、また歴史的に継承される御嶽信仰や祭祀行事の温存も集落の結束の一因としてあげられる。戦後の復興から日本本土復帰に至る時代では、行政機能の弱さから、結果として集落の共同性に依存せざるを得なかったことも考慮される。

　読谷村の戦後は、基地建設と集落復興という相反する地域づくりからはじまった。収容所から帰村できたとはいえ、当時の様子は「見渡す限り米軍施設で、戦前の面影は全く消え失せていた。木は切り倒され、石垣や垣根は破壊され、すすきや雑草が延び放題にはびこり、部落の中に山鳥が巣食い、マングースーが徘徊し、山羊や牛馬の骸骨などもあって全く廃墟と化していた」(10)のである。また殆どの集落が基地建設によって元集落への復帰を阻まれ、強制立ち退きを強いられた経緯をもつ。長田と牧原、親志の元集落は半世紀を経ても未だ土地返還が実現していない。

　生活の再建は、集落公民館という拠点づくりから始まり、公民館が中心となって収容所からの移動をはじめ、強制立ち退きに対する陳情、立ち退きの手続き、共同土地購入、補償金の陳情、新集落の建設など殆どが集落の共同性に依拠して執り行われている。その後の基地被害への対処、基地内耕作、基地内墓参など生活に関わる要求や抵抗運動も住民を結束させてきた。このように、集落の結束は、集落公民館を中心に住民参加による共同の運動を通して、現代的な共同体自治としての役割をもって再生してきたと考えられる。

　住民の結束が元集落単位であることから、土地のない読谷村では集落形成も「属地的」ではなく「属人的」にならざるを得ない。つまり、元集落

に戻れない住民は、現在の居住地に関係なく、元集落の自治組織への所属が認められており、これは読谷村各集落に見られる特質である。たとえば楚辺には実数として4,511人（字属地人口）が居住しているが、楚辺の集落組織に加入している住民はその内の2,365人で、集落外からの加入177人を合わせて区加入人口は2,542人となる(11)。すなわち、同一集落に住んでいても必ずしもその地の集落組織に属しているとは限らず、むしろ旧来の共同性によって集落組織は成立しており、それ故に「属人的」であると言える。それは、「共同体の結束の基盤としての土地たる地域は失ったが、公民館を住民の生活の拠り所とし、伝統行事を執り行い、住民自治組織としての実体を伴っている」(12)ため、外部に生活拠点を持っていようと、元集落の共同性が働くのである。

　集落を全て奪われた長田や牧原は、基地に土地の全てを失っても自治基盤となる公民館を別集落に建設し、公民館を拠点に区加入者と共に自治活動を展開しているのである。そこにはいずれ基地が返還され、元の集落に戻れることを願う気持ちが大きく働いていると考えられる。

第3節　読谷村における集落行事の役割と「個性」の創造

(1) 民俗文化の伝承と集落公民館の活動

　集落の「個性」が「時間的普遍性」の継承によって成立していることを具体的に表しているのが、集落行事である。表3-1（次頁）は、各集落の年間行事であるが、一瞥しただけでも多種多様な伝統的行事が各集落において行われていることが分かる。祭祀行事に農業行事、慰霊行事、スポーツ行事、旧盆行事、字祭りなどは、住民の生活と密接に結びついた自治的な行事である。これらの行事は、公民館事業として伝統的な年齢階梯集団を基礎にしながら組織運営が行われている。しかしそれらが単に伝統行事であるために継続してきたわけではない。時代の変遷と共に行事の合理化、簡素化が進んでいるとはいえ、それぞれの行事が未だに集落の共

表3-1　読谷村の主な集落行事

集落名	4月	5月	6月	7月	8月	9月
長浜	字清明・旗スガシ・野国総菅祭・牛の審査会・キビ終了満産祝	平和行進団引継式・農事実行組合総会	学事奨励会・慰霊祭・農業視察	ラジオ体操開始・綱引・区民運動会	旧盆エイサー・旗スガシ・学事奨励会	敬老会・十五夜・出産合同祝・カンカー
宇座	字清明・キビ満産祝	学事奨励会	合同慰霊祭		旧盆行事・エイサー	敬老慰安会
瀬名波	産業共進会総会・清明・大祭・共進会	学事奨励会・カンカー	大祭・父の日ソフトボール・慰霊祭	大祭・区政委員会・戸主会・瀬名波泉海浜清掃	区民運動会・旗スガシ・旧盆行事・大願	敬老会・カンカー大願・大祭
渡慶次	字清明祭・三月御願	カンカー祭・甘藷御主祭	区民一斉清掃・慰霊祭・堆肥審査・産業視察	区民運動会実行委員会	旧盆行事・エイサー・区民運動会	獅子の御願・渡慶次まつり・敬老会
儀間		学事奨励会	慰霊祭	区民清掃作業	ＰＴＡ地域懇談会	区民運動会・旧盆御願
高志保	キビ満産祝	イモ主祈願	慰霊祭・部落内清掃検査	学事奨励会	旧盆行事・区民運動会	敬老会・カンカー祈願・出生祝い
波平	公民館清明・部落一斉清掃・甘藷多収穫審査・甘藷満産祝	学事奨励会	部落共同清掃・部落慰霊祭	堆肥審査	区民運動会・旧盆行事（波平棒・盆踊り）	敬老会・観月会
上地	清明祭	赤十字社募金		区民清掃・親睦会・子ども会行事	御願・学事奨励会	社会福祉協議会募金
座喜味	清明祭・ウマチー・ソフトボール大会・区民総会	春の清掃・学事奨励会・球技大会	合同慰霊祭・住民検診・ウマチー	豊年祭・七夕祭・夏の清掃・ウマチー	区民運動会・旧盆エイサー	敬老会・観月会・旗スガシ・ウマチー
親志			学事奨励会	夜間パトロール	エイサー・子ども会海水浴	敬老会
喜名	清明祭・キビ満産祝	さくら之塔、梯梧塔慰霊祭	各種団体ゲートボール大会		区民運動会・カーサレー・旧盆エイサー・旗スガシ	敬老会
都屋			区民共同清掃・学事奨励会	ラジオ体操・夜間巡回指導	区民運動会・旧盆エイサー	敬老会
楚辺	農業満産祝・家族調査表回収	班長会宿泊研修・赤十字募金	区民大清掃・慰霊祭	婦人会ミニ運動会・区民大運動会準備	区民大運動会・エイサー	楚辺まつり
大添			区民大清掃・ゲートボール大会	ビーチパーティ・夜間補導開始	納涼盆踊り大会	青年の集い・ビーチパーティ

集落名	10月	11月	12月	1月	2月	3月
長浜	庭御願・豊作祈願	出生祝	キビ生産者の集い・農道草刈作業・各班合同忘年会	新春トリムマラソン・生年合同祝・御願	総合展示会・馬鈴薯坪掘審査	二月大願・公民館職員選挙
宇座		部落産業視察	子どもまつり	初御願祭・生年合同祝		産業共進会・出生祝・敬老祝
瀬名波		区政委員会・戸主会	甘藷坪掘多収穫審査・用心燈・山芋スープ	新春ゲートボール大会・フトチ御願	区政委員会・総合展示会・馬鈴薯坪掘多収穫審査・総合展	大願・各種団体総会
渡慶次	門中ソフトボール大会・芋掘審査			初御願	馬鈴薯審査	
儀間	敬老祝・出生祝		解御願	初起し	産業共進会	
高志保	高志保まつり・マチの祈願・水の祈願・イモ坪掘審査・共進会	農道草刈作業		生年合同祝賀会	年末御願・初祈願・馬鈴薯坪掘審査	
波平	甘藷坪掘多収穫審査・家畜審査	部落共同清掃・波平まつり	キビ生産農家会・総蹴起大会	生年合同祝	馬鈴薯多収穫審査・部落役員選挙	部落初御願祭・原料甘藷搬出終了祝賀会・緑の羽共同募金
上地	御願・赤い羽募金	結核予防シール募金	年末募金・子ども会クリスマス	野国総菅の御願祭		
座喜味	山田御願	秋の清掃	農産物展示会・総合共進会・献血・霜月カンカー	生年合同祝・初御願・新春トリムマラソン、ゲートボール大会	馬鈴薯審査・初ウガン	ウマチー・全御嶽・公民館役員選挙
親志	土帝君祭	区民スポーツ大会		読谷山焼陶器市バザー	トリムマラソン・お願ぶとち	
喜名	観音堂祭	農業総合展示会	字向上会	新春マラソン大会	初御願・馬鈴薯坪掘検査	
都屋	区民共同清掃					
楚辺	赤犬子まつり・生年者と話し合い・赤い羽根募金	甘藷掘審査・区民駅伝・区民ソフトボール大会・区民ゲートボール大会	山芋審査・公民館役職員忘年会	新春初走り・生年合同祝賀会	人参、馬鈴薯審査会・区民スポーツデー・緑の羽根募金	区民定期総会・新旧役員引継式・キビ刈り審査
大添	八月あしび・敬老会	親子農場ブロック積み・区民運動会	青少年センター夜間補導	青少年センター定例会	グランドゴルフ大会	公民館まつり

集落名	4月	5月	6月	7月	8月	9月
大木		共同清掃作業	慰霊祭・共進会		区民運動会・旧盆行事・共同清掃作業	敬老会
長田				海水浴	旧盆行事	敬老会
牧原					エイサー大会	敬老会
伊良皆	清明祭	五月ウマチー・部落拝所清掃	六月ウマチー	七夕・旧盆エイサー	鶏カンカー・十五夜・観月会・トーカチ祝・区民運動会	敬老会
比謝	字清明祭	学事奨励会	字内一斉清掃共同作業	子ども会・父母海水浴	字内一斉清掃共同作業・旧盆行事	敬老会
大湾	字清明祭	河清掃	慰霊祭	旗スガシ		敬老会
比謝矼	区民大清掃		環境の日清掃	学対地域懇談会	区民運動会・学事奨励会・学対地域懇談会	敬老会
古堅	神清明祭・一般清明祭	井戸清掃・部落共進会		山田拝み・防犯連絡協議会	区民運動会・獅子旗・スガシ・エイサー	敬老会
渡具知	拝所共同草刈作業・三月ウマチー・キビ満産祝	字清明	五月ウマチー	共同草刈作業・六月ウマチー	区民運動会・旧盆行事	敬老会・月別れ遊び・拝所共同草刈作業

同性を必要とするものとして機能し、純粋に生活の一要素であるが故に維持可能であると捉えるべきである。

　このような行事運営を維持可能にする集落構造の内実について、楚辺公民館を例に見ていこう。楚辺公民館の運営は、一つは住民の合意形成の場である議決機関と区長兼公民館長を中心とする執行機関からなる。執行機関の活動は、公民館事業を運営する各部と、老人会や青年会などの年齢階梯集団、そして農事実行組合、体育振興会などの目的別集団の活動である。もう一つは居住地別の班とその下部に約20～50戸で構成される隣保班による活動がある。組織的にはこのような地域網羅的な形態によって公民館事業は決定・運営され、年間を通して集落の生活に関わる多彩な活動が行われる。特に集落の伝統行事である楚辺まつり（9月）、赤犬

集落名	10月	11月	12月	1月	2月	3月
大木	徳武佐祭・比嘉修平先生銅像清め・カジマヤー祝	共同清掃作業		初集り・青年合同祝賀会	井戸御願	
長田牧原	区民健康づくり大会・御願			新年会	年末御願	初御願
伊良皆	生励改め	火ゲーシ・部落拝所清掃	キビ多収穫審査・部落共進会・忘年会・牛カンカー・七廻る	初御願	馬鈴薯坪掘多収穫審査・豚カンカー・二月ウマチー	
比謝			字内一斉清掃共同作業	新年会・餅つき大会	旧正月初御願・馬鈴薯坪掘多収穫審査	
大湾		出生祝・農道作業			生年合同祝	学事奨励会
比謝矼	拝所の清掃・御願					
古堅	出生祝	防犯連絡協議会・字展示会	字忘年会	ナンカヌシーク拝み		学事奨励会
渡具知	御嶽拝み			生年合同祝	初拝み	共同草刈作業・二月ウマチー

出典：「読谷村字別構想」および各公民館への聞き取り調査

子まつり（10月）、生年祝い合同祝賀会（1月）では、集落内外の楚辺人が集い、民俗芸能が披露されるハレの日である。その他に、行政への協力や生産支援、共同清掃などの相互扶助が行われ、いずれも住民の集落に対する主体的な活動であることが、共同体自治の基盤強化につながっている。

「時間的普遍性」の追求という課題は、集落の歴史を綴る字誌づくりによって明らかにされている。沖縄各地で精力的に取り組まれている字誌づくりは、歴史的遺産を住民自ら語り、自ら綴る歴史認識学習の結晶である。それは、地域的「個性」を口承で伝えることの限界を克服し、「時間的普遍性」の本質を文字化し、後世に伝え受ける共同作業として成立している。楚辺では字誌をつくるきっかけを次のように述べている。「私たちも何時かは年を重ねて老人になる、老人になれば記憶力が衰えてくる、

そうでなくても人間は常に新しい事柄を覚えるために古いものは忘れがちであります。用のないものは忘れてもよいが、私たちの祖先が苦労して築き、そして歩まれた当時の姿こそは、決して忘れてはいけないと思うものであります」(13)。

言い換えるならば、字誌づくりは、地域情報を歴史的変遷から正確に記述し、住民の立脚基盤の存在価値と「時間的普遍性」を再認識する学習活動であると言えよう。更には、住民相互による編集作業だからこそ、達成し得る歴史的掘り起こしを可能にしてきた。『楚辺誌「戦争編」』は、戦争体験者がこれまで閉ざしてきた重い口を開き、それぞれの言葉で語った戦争体験記である。それを可能にしたのは、「語り手にとっては最も身近な存在で同体験を持つすびんちゅ（楚辺人）が聞き手となったからではないだろうか。それと同時に、字楚辺誌は庶民が語る場、体験記を書く場を与えた」(14)からにほかならない。地域文化の伝統に自らを位置づけ、地域の「時間的普遍性」を貫く地域づくりという課題を自覚した学習活動は、世代を越えた地域住民相互の共同性を強めていくうえで、重要な意味をもっている。

(2) 集落的民俗文化の伝承組織とその教育的機能

祭りは共同体にとって不可欠である。祭りは、日常生活で目に見えない共同体のしくみを非日常という場面で目に見えるものにしてくれる。つまり、祭りという文化的遺産を媒体とすることで、日常生活における住民の関係性、共同性が可視的になる。それは、祭りへの住民の主体的な参加と文化伝達の関係を見ることで、実体的な共同体基盤を確認することにもなる。祭りの中核をなす民俗芸能は、集落の「個性」を如実に表している。たとえば旧盆のエイサーをとっても、衣装や唄、踊りの型に「個性」が反映され、二つとして同じものはない。民俗芸能には、画一化を進める「場所的普遍性」の論理ではなく、「時間的普遍性」が働いているのである。

このような民俗文化の伝承を可能にするのは、異世代間の共同性によ

る「文化の伝達」という教育的機能の意義が大きい。戦後沖縄の芸能は、異民族支配に対抗する「沖縄人」としての人間性回復として勝ち取ったものである。しかしそれを受け継ぐ世代がどのように受けとめ創造させていくのか。全体として復帰以降の民俗芸能を取り巻く環境は、伝承者の高齢化、急激な過疎化による若年層の減少、産業構造の変化によって、従来の維持可能にしてきた地域基盤を危うくしている。それでも民俗芸能を絶やさずに伝承し続けてきた内実に、集落と共同性の関係、そして教育的機能を現代的に創造してきた事実に突き当たる。

　それはまず一つに、民俗芸能の習得と伝達には、集団的な行動が求められ、祭り行事において披露されるということである。特に青年会は、民俗芸能の継承者としての役割を歴史的に果たしてきている。沖縄の青年会は、主に旧盆のエイサーを中心にした活動を行っており、その躍動的な踊りは、各地に青年会を復活させるほどの魅力を伴っている。エイサーは、青年会が取り仕切ることのできる集落行事であり、全ての運営が青年会の主体性に任されている。集落行事に青年会が位置づいていることは、青年が集落へエネルギーを提供する能動的立場にあり、その役割を通して集落の共同性が青年たちの間に内面化していくことであると考えられる。また、芸能の習得と伝達は、年齢に関わらず上手な者がリーダーとなり指導していく社会教育的な学習の場であり、同時に集団の結束という役割も果たしている。

　二つめに、芸能の技は、人間の発達段階に対応する学習内容を伴い、大人になるための通過儀礼的側面をもっていることである。青年たちは、エイサーが終わるとムラアシビ（豊年祭）に向けた練習に取りかかる。旧暦8月15日前後に開かれるムラアシビは、農閑期を利用した豊年祈願の祭りで、集落最大の娯楽であり文化活動である。その芸能の多彩さは、獅子舞に棒術、「長者の大主」、端踊、狂言、組踊、歌劇、史劇と大別できるが、棒術一つとっても、その形態は集落毎に「個性」を放つ。殆どの演目が青年を踊り手としており、青年の参画が祭りの共同性を完成させるの

である。波平は、約240年の伝統を誇る「波平棒」を伝える集落であり、ムラアシビは毎年盛大に行われている。ムラアシビは、振興会という19〜35歳の男性によって運営され、それぞれ年齢によって役割が決められている(15)。ムラアシビの配役は、棒頭、遊び頭が青年のエイサーの踊りを見て判断し、決定する。配役が決まると、「師匠」と呼ばれる経験者から毎晩指導を受けるが、その練習の場は、青年のみのエイサー練習と異なり、異世代が交じり合う共同の空間である。踊りには平易なものから熟練を要するものまであり、男性の場合「高平良万才」、女性の場合「松竹梅」が踊れるようになると一人前として集落から認められるという、通過儀礼的側面も併せもつ。

　ムラアシビの芸能に取り組む青年の意識は様々であるが、「エイサーにはない面白さがあり、一つ一つ演じることによって芸の奥深さを知ることができる」(16)という。殆どの住民が青年期にエイサーを踊り、棒術を体得し、ムラアシビの芸能を舞う経験をもっているのである。子ども会においても、棒術の継承は精力的に行われ、幼い頃から民俗芸能へ参画する基盤が成立している。年齢階梯毎に芸能技の熟練度による習得と伝達が行われ、民俗文化に対する価値認識が経験を通して獲得されているのである。それは、青年や子どもが先行世代から集落の歴史的文化的価値を学習する貴重な体験となっている。

　三つめに、芸能の演者と観客が必ずしも明確に分けられないことが、祭りの共同性を端的に表しているが、一方でひとたび芸能の伝承が途絶えると消えてなくなる危うさをもっていることである。芸能を披露するために、外部からその道の玄人を呼び寄せるのではなく、集落に暮らすごく普通の住民が演者になり観客となるが、そこには境界がなく「見る人は演ずる人」にもなる。それは年齢階梯的に体験した芸能の学習蓄積や、日常生活における芸能や唄の潜在的学習などによって、集落の民俗文化を感覚的に受容していることを物語っている。たとえば結婚式やお祝い事で誰も彼もがごく自然に喜びを踊りで表現する姿が想起できよう。

一方で失った民俗芸能を復活させることは、住民の歴史認識学習と共同性による文化創造がなければ困難である。しかし、民俗芸能の復活は、地域文化の抜け落ちた部分を埋め直す共同作業であり、文化の原点に回帰するものである。楚辺では、復帰後から青年会と当時の踊りを記憶する高齢者が共同で「組踊」の復活を目指した。それは、字誌づくりでの情報蓄積や地道な聞き取り作業などをもとに、高齢者の脳裏に記憶された芸能を現代に蘇生させていく取り組みである。復活までの道のりには、住民の期待と芸能復活にかける青年の思い、そして高齢者の生きがいが交錯し、芸能を育んできた先代への共感能力の高まりによって、労苦をいとわない学習と労働が行われたのである。一度失った民俗文化を再びよみがえらせる必要性は、純粋に住民の生活にとって必要不可欠だからであり、それゆえにこそ「文化は人間が生きている限り滅びない」といえよう。
　民俗芸能は「それを共有する地域社会の構成員に連帯意識をもたせることを通じて地域社会をひとつにまとめる役割を果たし」[17]、同時に集落の歴史的文化的価値を大人から青年、子どもへと伝える場面を異世代間の共同性によって創出していると言うことができる。そのことは、集落の共同性を基盤とし、歴史的文化的遺産のなかから、民俗文化の成果を青少年に豊かに伝える取り組みであり、生活と体験による教育実践の価値を結合するものである。

(3)「字別構想」を具現化する楚辺の「きらめくユーバンタ夕焼け
　　コンサート」

　このように、集落の「個性」にもどついた生活の営みは、集落行事のなかに息づき、近代的な生活・労働形態に変化しても、歴史・文化における「時間的普遍性」の軸は貫かれ、文化の再生産が行われていることを示してきた。一方で、「場所的普遍性」による近代的な生活を享受するなかで、自然の変化は著しく、環境問題は現代的課題として取り組まなければな

らない状況にある。楚辺のユーバンタ浜もかつては区民を育ててきた重要な海浜環境資源であったが、1960年代から生活排水等による海浜汚染が進み、1996年に公共下水道が整備されるまで汚染が広がった。ユーバンタの復活は、楚辺の「字別構想」でも憩いの浜辺にしようと区民の目標として掲げられている。そのようななか、子ども会活動を支援する親の会「あけずの会」の例会で、「子どもたちにきれいな浜を残し、自然を愛する心を育てたい」という話をきっかけとして、浜の活性化をめざす取り組みが区民主体で行われることになった。「きらめくユーバンタ夕焼けコンサート」と称した手づくりイベントは、あけずの会に加え、従来の年齢階梯集団、ラン愛好会など10団体で実行委員会を組織し、2000年8月にユーバンタ復活をめざして開催された。シンポジウムでは、区民各層の代表がかつての豊かな海を語り、漁業関係者、自然観察員、専門家が環境汚染に対する問題提起を行い、包括的な海に関する学習が行われた。その後のコンサートでは、出演者全てが区民であることに活性化への勢いが伺える。子ども会のカンカラ三線演奏をはじめ、婦人コーラス、ジュニアリーダーのダンスなど、それぞれが今までにない新しい取り組みに挑戦したのである。

　従来の集落行事には、子どもが主役となるものが少ない。そのなかで、子どもを主役にうち立て、親と子が共に楚辺の自然を見直す学習と「心のふるさと」を形成する空間を創出したことは、これまでの集落行事や組織活動ではカバーしきれない部分であった。その点において、同コンサートの取り組みは、楚辺に自然と親しむ新しい文化を創造するものであると言えよう。「事業は終わっても組織は残る」[18]ということばは、区民の共同性の可能性を更に高められることを示唆している。

第4節　民俗文化の伝承と集落行事における共同体自治の創造

　以上、地域の文化創造と住民の組織化という問題を「時間的普遍性」を

縦軸に、現代における地域的「個性」という横軸を交差させて、その接点に住民の共同性を見ようとした。そして、「時代が変わっても変わらない」もの、そして「なくなるものがなくならない」ことの意味の探求を試みた。産業構造が農業以外へと多様化しても、集落行事における豊年の祭りは、その本質を変えずに受け継がれていく。青年の価値観が多様化すると青年会は当然衰退するはずが、民俗芸能への価値認識の高まりが逆に青年会を復活させていく。いずれにも共通することは、共同性の創造と発展が継続的に行われているということである。集落における共同性とは、行事までの過程にある労働や各世代が交じり合う共同作業のような、利潤を追求しない本来的な労働のなかに見いだすことができる。青年会や婦人会、老人会の組織化も、共同性を求める真のボランタリーな人間関係を結ぶ。そのような共同性、関係性は、集落という単位を基盤にすることによって、「時間的普遍性」による地域的「個性」の創造が可能となる。そして文化を受け継ぐためには、熟練を要する地道な技の継承と、その技の背景を学習する教育的機能も重視されなければならない。

　現代社会は、「文明」ということばに象徴されるように地球的規模で一般化していく傾向にあり、画一性と無個性という性格をもっている。これに対し、「文化」ということばは、耕作から派生する生活に根ざした人間の営みを表し、個性的で非画一的である。共同性は、技術の進展と共に非地域化し非個性化する「文明」とは相反し、各地域にうち立てられる「文化」のなかに存在するのである。そのような「文化」の発信が地域の内部から創り出され、また地域間における交流の形で外からももたらされることが大切である。「文明」の情報が氾濫する現代の高度情報社会で、いかに地域の「文化」情報を獲得し、それを伝えるのか。沖縄においても楽観できない状況であることは変わりなく、共同体内部からの自発的な「文化」の掘り起こしと継承・発展に向けた学習が今後更に求められなければならない。

　こうした反面、沖縄の集落を基盤にした共同性は、集落の内外に対する

閉鎖性と結びつく可能性があると指摘される。しかしそれは拒絶ではなく、「文明」にさらされた地域の「文化」を維持するための最小の装置として機能するもので、全て否定的側面をもつものではない。なぜなら地域の「個性」を個性として残すためには、外部に開かれ、比較して異なるものを析出し、磨く学習がなければ地域の「個性」を生かすことはできず、必ずしも閉鎖的とは言えない。また地域基盤を弱体化させる区未加入人口の増加は、少なくとも「文明」の受容者、消費者を多く生みだし、地域から切り離されても表面的には生きていけるようになったことが起因している。しかし「文化」による自らの日常生活を基盤とした人間的な共感、豊富な生活体験が、人間形成の価値として求められる限り、総世代的な地域の共同性は、「文明」の矛盾を変革していく「文化」創造の主体として発揮されよう。このような共同性の回復が求められるとき、沖縄の集落事例は、地方分権の時代に向けて今日的な存在意義をもつものとして確認されるものである。

[第3章注記]
(1) 2000年九州教育学会第52回大会の総合部会においても「少年事件を考える」と題して、子どもの成長を支える大人の共同関係を地域に創り出すことが必要だという討議がなされている。
(2) 内山節『自然・労働・協同社会の理論-新しい関係論をめざして-』農山漁村文化協会、1989年を参照。
(3) 田中孝彦「子どもの成長を支える新しい共同」『教育』2000年8月号、国土社、11頁。
(4) 伊波普猷「琉球史の趨勢」『伊波普猷全集』第7巻　平凡社、1975年、9頁。
(5) 内山の述べる「場所的普遍性」とは、場所を超えて普遍的なもの、すなわち国を超え、場所を超えて通用するものを指す。例えば、国境を超え地域を超えて同一の生産形態をもつ近代産業は「場所的普遍性」をもつが、気候や自然の力を活かして生産をしていく場合には当てはまらないとされる。「場所的普遍性」は、常に古いものを否定し、発展し続ける資本制経済と深く結びつき、人間が自然を克服することを前提条件としているため、「時間的普遍性」の回復こ

そが重視されなければならないとしている。
(6) 山内徳信「序にかえて」、読谷村役場『平和の炎』Vol.1、1988年。
(7) 山内徳信のことば。山内徳信、水島朝穂『沖縄・読谷村の挑戦－米軍基地内に役場をつくった－』岩波書店、1997年、22頁。
(8) 同構想は、個性的で自立的な村づくりを進めるためには、村民参加と行政協力が必要であるとして取り組まれたものである。集落毎に3～4回の懇談会を開き、住民から直接住環境に関する現状と将来像が議論された。同構想は、その後「読谷村第3次総合計画基本構想」（1998年）に「地区別将来方向」として位置づけられている。
(9) 明治政府による旧慣温存政策では、土地制度、租税制度、地方制度等の存続を決定し、そのことが土地の共同所有を前提とした租税の共同責任も温存させた。それらの制度は、本土に比べて共同体的な性格のきわめて強いものであったが、一方で沖縄の近代化を大きくたち遅らせた要因の一つとされている。
(10) 読谷村役場総務部企画課『平和の炎』Vol.1、1988年、21頁。
(11) また宇座は、土地返還を経た後も住民の居住地が疎開先の長浜に依然残されているため、字属地人口は189人と少ないが、区加入者は分散居住していても1,289人を数える。なお、人口統計は1994年9月21日現在。
(12) 仲地博「属人的住民自治組織の一考察－沖縄県読谷村の事例－」和田英夫先生古希記念論文集編集委員会『裁判と地方自治』敬文堂、1989年、213頁。
(13) 「編集にあたって」のことば。読谷村字楚辺『記念誌』、1962年。
(14) 村山友江「字誌への挑戦－楚辺誌『戦争編』編集を終えて－」沖縄タイムス、1993年3月9日。
(15) 男性の場合、青年会は25歳で卒業するが、棒術は19歳から35歳まで演じる。30歳は見習い役員、31、32歳はやぐらの設営係、33歳は旗頭と手踊り、34歳はナイムンと呼ばれる銅鑼とボラ吹き、35歳は振興会役員を務める。年齢を重ねる毎に役割も重要性を増し、同期生とのつながりも深まっていくと考えられる。
(16) 芸能を練習する波平青年会員へのヒアリングによる。2000年8月30日。
(17) 山本宏子「沖縄読谷村のエイサーの伝承組織－民俗芸能の伝承組織と社会・経済構造との相互規定関係－」東京国立文化財研究所芸能編『芸能の科学21　芸能論考XIV』1993年、151頁。
(18) 実行委員会事務局を担当した池原栄順氏のことば。2000年9月4日。

第4章

伝統の創造による
共同性の再構築

浦添市内間青年会

■第4章　伝統の創造による共同性の再構築

第1節　文化伝承と教育との関連

(1)伝統を創造すること

　地域文化は、生活上の必要性から「もの」や「こと」が創り出され、次にはそれを望ましい属性や性能にするために、再生産され、伝承される過程で洗練されていく。そのような地域文化の伝承過程は、文化の内実を個人に「望ましい」価値として内面化させ、自己実現の要素となると同時に、地域の共同性を培うという相互依存性が前提になっている。この場合の教育の課題は、文化の価値を生かす人間の意識形成にあると言える。

　シュプランガーは、「それぞれの文化領域は自己増殖の衝動を内に蔵している。それは、幾多の世代や社会的結合の中にある孤独な心から種々な価値が生れ、文化という客観的な世界の中へ形成されていくことによって成長する。それは、これらの価値形成物が再び主観的な体験や態度に帰されることによってその生命を保持していく。すべての文化創造は自動的に教育意志を喚起するのである」[1]と論じている。これを地域の教育実践と結びつけるならば、人間が過去から現在まで世代を超えて創造し伝えてきた価値を意識化し、その内実を理解する能力を育て、価値の伝承を地域の共同性と関連して遂行することにある。

　ところが、伝承すべき文化は、映像・音響の登場とともに内実ともに変化し、担い手から受け手へ、地域から個人へ、人間から金銭を介する消費文化が多勢を占めるようになった。その結果、人と人が直接的に何かをする機会と場所を減少させてきたのである。同時に教育の基盤である地域も、社会変動によって解体を余儀なくされ、伝統文化の崩壊をまねき、新たな再生の道を模索しなければならなくなっている。このような地域

教育の回復は、地域の共同性と伝統の創造(invention of tradition)と同義に考えなくてはならず、文化の担い手をいかに育てるかという学習課題でもある。

　伝統は、その地域に時間的な連続性を保つことを可能にする。伝統を媒介としての創造の営みがなければ、この連続性は保たれず、空間的な共同性も発展の土壌を失う。伝統の創造には、数世代にわたる人々の参与が必要である。今日、試みるべきことは、現在生きているのに気づかれていない、或いは埋もれてしまった伝統を再発見し、それを地域の共同性を基盤に創造する学習実践であろう。本章は、地域文化の変容に対して、人々が伝統を意識化し、実践する過程を通して、伝統の創造による地域づくりの一方途を明らかにする試みである。

(2)地域の「無意図の教育作用」

　筆者は、沖縄という島、そしてシマ社会で生まれ育った。その経験がシマ社会の教育研究に駆り立てた大きな要因である。そして、シマ社会が今でも自己を大きく規定している経験に基づいて、シマの「無意図の教育作用」[2]を次のように認識している。

　第一に、教育作用は、総世代の交わりによる日常的な文化伝承の中に見いだされるということである。それは、学校教育とは対照的に、普遍的な知識よりも土着的な知識を、観念的な知識よりも身体的な知識に比重を置くことによって、いわば生活の場でおのずと学習する教育がなされている。たとえば、子守歌や遊び歌、民謡、昔話、芸能などは、成長の段階に合わせて先行世代から後続世代へと伝承されている。また民俗の舞踊と音楽は、年齢に応じ、上達の手順と目的がはっきりしており、一定の手順を示しながら体験を重ねることで、習得へと近づく道を共有することもできる。このような文化伝承は、言い換えるならば総世代による共同体の伝統を創る教育と言える。同時に、シマ社会の文化は、全ての人が担い手であり、見る者と演ずる者の間に境界がなく、誰もが行き来できることが

一層の連帯感を深めていると考えられる。

　第二に、その教育が人間形成を連続的で未分化にしていることが、細分化・専門化された世代毎や課題毎の学習活動では補充できない生活の全てを貫いていることである。つまり、生活や文化、教育、福祉、環境等の地域課題は、現在ではその筋の専門組織や行政に解決を委ねることもできるが、それらを地域生活全体の課題として捉え、主体的で自治的な解決を図っていることである。一例として、後述する浦添市内間で起きた青少年事件に対し、学校だけでなく、シマ社会が解決の基盤として動いた事実が挙げられよう。

　第三に、が伊波普猷が「孤島苦(シマチャビ)」と沖縄の住民生活の宿命的な悲惨さを表したように、民俗文化は、生産、労働条件の厳しさに対抗するために、或いは共同で生きていくためになくてはならないものだということである。すなわち祭祀行事や芸能の呪術、祈りなくしては、天の恵みである食糧の確保がおぼつかなかったのである。その伝統芸能は、シマ社会の生活に密着して発展し、それを担っている人々を取り巻く環境、世界観を反映し、人間とともに生きてきたものである。祭りを行うということは、そのシマ社会全体の、さらに全ての構成員の無事と安寧、そして五穀豊穣を祈ることに他ならない。今日においても、市場経済による競争原理がそうした地域の共同性を破壊し、文化を消滅させている厳しさに対して、沖縄では地域の共同性を従来と同じく民俗文化を通して維持し、かつ生活防衛機能を果たしてきたと考えられる。そのような生きる知恵と技能は、経済社会においては非生産的で非合理的と批判されるが、シマ社会においては、充分に教育的価値をもつのである。芸能の「能」というのは、能力もしくは才能を指し、つまり芸能とは「芸をする能力」を意味するものである[3]。地域の共同性には、非生産的な技能－芸能の技能や三線を弾く技能、綱を編む技能など－や、労働－沖縄でいうところの「ユイマール」－を価値の対象として今日的に再評価し、それを伝承しようとする人間関係があるのである。

そして第四に、文化内実の伝承過程では、必ずしも先行世代は伝えるべきものの全てを、後続世代に伝えているとは限らないということである。伝える内実は、先行世代の判断に任され、また何を受け継ぐべきかは後続世代の学習と判断に任されている。そして地域で共有すべき価値と判断されない場合、その内実は伝達されない。地域文化の価値伝承は、社会変動に対応しながら、何を価値として伝えるべきか取捨選択されているのである。文化の再創造とは、伝えられなかった内実に改めて価値を与える行為である。

　このような「無意図の教育作用」が、シマ社会の風土的個性を背景に、シマ社会に対して特定の帰属意識をもち、自治的自律性と文化的独自性を生みだしていると考えられる。そしてその教育作用は、技能に誇りを持つ「一人前」の人間を形成し、かつ「自分とは何者か」に応えうる原点としての「シマンチュ」[4]意識を他者との関わりにおいて獲得されている。換言すると、共同性という地域の最小限の人間関係と文化を基盤としながら、その伝統を現代的に創造する教育があると見ることもできる。

　本研究が対象とする青年教育も、共同性による教育作用と無関係ではあり得ない。すなわち、今日の沖縄の青年が「放棄されがちであった沖縄人としてのアイデンティティを回復し、さらには人間としてのアイデンティティを確保しうる基盤がある」[5]ことを認識し、地域文化を継承する中で共同性を再生させていく地域づくりに注目している。

(3)浦添市における都市化と共同体の変遷

　本章で検証する浦添市は、かつては農村地帯であったが、戦後いち早く米軍による基地建設のための土地接収が行われ、集落の移動等があったところである。その一方、基地需要による労働者化、商店街形成が進み、1960年代以降は那覇市のベットタウンとして急激に人口が流入した。そのため1970年に村から市に昇格し、現在の人口は104,457人（2001年7月末現在）で、県内第3の人口を擁する大都市である。このように、浦添市は

激しい都市化の波にさらされ、旧集落は新興住宅の開発によって、細分化されていき、1970年の19区自治会が現在では36自治会へと拡大している。なかでも本章が注目する内間区は、世帯数3,281、人口9,023人で、市内第2の大規模自治会である。

浦添市は、首里王朝以前の王都として古い歴史をもつが、民俗芸能などは極めて少ない市である[6]。エイサーについても、戦後新たに他地域から教わって始まったものや、青年会そのものが消滅してしまった地域も多い。現在、浦添市内の青年会は、内間をはじめ、仲間、牧港、城間、屋富祖、宮城、勢理客、経塚、西原、浅野浦などの14地域に組織されている。これら都市部青年会の現代的展開の特徴は、「青年会がエイサーを始めたのではなく、エイサーが青年会を始めさせた」[7]ことだという。浅野浦と屋富祖は、近年エイサーを契機に青年会が発足した地域である。牧港の場合、エイサーの創始はおよそ30年前で、青年会を発足するための手段としてきた。その後、青年会は消滅するが1978年に再発足、この場合もエイサーが契機となっている。1993年頃に、会長不在となり青年会も再び消滅した。エイサーだけは続けるつもりだったが、自治会から拒否された経緯をもつ。自治会の一組織として会長を立て、エイサーをすることが条件であったと言う。ここにも、シマ社会による青年組織の明確な位置づけと、教育作用が読みとれる。同様に、仲間もエイサーを復活させるために再発足した。

これら青年会が所在している字・区は、浅野浦を除き「古村落型自治会」[8]であるが、その共同体的基盤は、自治会への加入率を見ると、内間で33.7％、牧港40.3％、仲間30.4％（市平均31.7％）となっており、宅地開発や人口流入によって旧来の伝統的な関係が希薄化の傾向にあることが分かる。しかしそのなかで、青年会が存在する意義は、エイサーを契機に地域と結びつき、伝統を意識し、足下の地域を見つめ始めた青年が育っていることにある。

第2節　内間青年会の再発足前史と民俗芸能の伝承過程

(1)再発足10年を迎えた内間青年会

　内間青年会が再発足して2002年で10年目となった。その間、約130人の青年が仲間と共に夢を語り、地域課題に向き合いながら、試行錯誤の実践と模索を繰り返してきた。発足当初は、わずか7名。2002年度の青年会員数は、季節により変動するが、2001年8月で56名、平均年齢は21.1歳である。青年会の構成は表4-1(次頁)に示すように、在学生が46.4%と半数を占め、入会のきっかけは、「エイサーがやりたくて」入会したのが39.3％という特徴をもつ。

　職業は、「定期的に勤務」している者が33.9%に対して、「不定期に勤務」が7.1%、「失業中」が5.4%と少なくない数字であり、同年8月の県内完全失業率が9.2%、また年齢別では15～24歳が19.5%と比較すると、内間の青年も含め、沖縄の若年者の雇用問題が深刻であることを表している。

　最終学歴では、「高等学校卒」が41.1%で、「大学卒」はわずか12.5%である。就職あるいは進学等で沖縄県外に在住経験のある者は33.9%で、残りの6割弱は、県内志向を示している。

　エイサーを契機に入会した彼らのその後の学習過程と、人間的成長を問題関心に即して大別するならば、次のように整理できよう。

　①伝統の創造：伝統の発見と技能の継承。先祖に対する歴史認識の
　　深化と「誇り」、「内間人(ウチマンチュ)」意識の形成
　②共同の子育て：兄姉としての自覚。異世代による多様な価値観と
　　人間関係の認識
　③共同性の創造：機関紙づくり、大綱引き復活と住民参加

　「青年会はもう一つの学校」と彼らは言う。つまり、学校では学べないことを学ぶ学校が青年会であり、先生も教材も地域に豊富に用意されていることを意味している。青年たちは地域学習を通して、人と人を結び、

表4－1　内間青年会の構成

項目	人数	%
1．性別		
(1)男	31	55.4
(2)女	25	44.6
(3)無回答	0	0.0
2．婚姻		
(1)結婚して子どもがいる	5	8.9
(2)結婚しているが子どもはいない	1	1.8
(3)結婚していない	50	89.3
(4)その他	0	0.0
(5)無回答	0	0.0
3．親との同居		
(1)同居している	41	73.2
(2)同居していない	13	23.2
(3)両親はいない	2	3.6
(4)その他	0	0.0
(5)無回答	0	0.0
4．在学の有無		
(1)在学している	26	46.4
(2)在学していない	23	41.1
(3)中退した	5	8.9
(4)無回答	2	3.6
5．最終学歴		
(1)中学校	2	3.6
(2)高等学校	23	41.1
(3)専門学校	8	14.3
(4)各種学校	3	5.4
(5)短期大学	4	7.1
(6)大学	7	12.5
(7)その他	1	1.8
(8)無回答	8	14.3
6．職業		
(1)定期的に勤務	19	33.9
(2)不定期的に勤務	4	7.1
(3)自営業に従事	2	3.6
(4)学生・生徒	24	42.9
(5)家庭の主婦	1	1.8
(6)失業中	3	5.4
(7)家事に従事	1	1.8
(8)その他	2	3.6
(9)無回答	0	0.0
7．県外在住経験		
(1)ある	19	33.9
(2)ない	36	64.3
(3)分からない	1	1.8
(4)無回答	0	0.0
8．入会のきっかけ		
(1)友人に誘われて	18	32.1
(2)エイサーがやりたくて	22	39.3
(3)親の勧め	0	0.0
(4)なんとなく	1	1.8
(5)その他	15	26.8
(6)無回答	0	0.0

＊回答者56人　2001年8月現在

過去と現在を結び、人と自然を結びつけながら、地域に共同性を再構築していくことの意義を自覚することになる。

以下は、章末の表4-3（179頁以下）に示した青年会の足跡を追いながら、地域課題とそれを解決していく青年の学習について分析していく。

(2)内間青年会再発足に至る地域課題

1992年2月、石垣市で中学生による集団暴行死事件が起こった。当時は学校でのいじめや家庭内暴力の事件が相次ぎ、家庭と学校における青少年教育が全国的な問題となっていた頃である。同年浦添市内間においては、その問題を「他人事ではない」と危機感を募らせた青年がいた。内間青年会初代会長となる金城龍一は、大阪から地元の内間へ結婚して戻った時、地域の変容に愕然とする。自らが幼い頃体験

してきた少年野球や運動会、ピクニック、夜間パトロール、祭り、盆踊り、綱引きなどの地域行事がなくなり、近所付き合いも希薄化し、共同性の衰退を危機的に受けとめたのである。そして子育てに対する悩みと将来への不安を抱え、青少年の荒廃を憂い、「自分の子どもが育てられる環境なのかどうか」と、内間の現状を自らの課題として認識する。

　結婚して子どもができたとき、自分の幼い頃の記憶と異なってしまった内間に寂しさを感じた。子どもがいったん外に出たら、もう目が届かなくなってしまう。子どもを見てくれる地域の人間がいない。都市化して近所づきあいも失われた。自分は何を見て育ったのか、誰に育てられたのか。それは周りの環境や家庭、自然であったのに、そういう環境が今の内間にはない。内間は生まれ育ったところだからこだわりがあるし、昔の良き姿を知っているからこそ現実を変えたいと思った。自然は取り戻せなくても、人間関係は努力すれば取り戻せるのではないか。そう考え、まずは若い者を集め、若い力で何かできないかと思い、青年会結成を思い立った。

このように、「将来にわたって子どもが育つ環境を今からつくっていく」ことを目的に、青年会結成へ向けて、金城を中心に7名の会員で5月から活動を始動した。青年の新たな取り組みに対し、6月には自治会主催による「青年会発足激励会」も開かれ、約20年ぶりに再発足した青年会は、再びシマ社会の一員として歓迎されることとなった。

翌年1993年6月、校区の中学校で集団暴行死事件が起こる。当時の中学生は、地域の人が声をかけようにもかけられない荒んだ関係にあった。松堂勝史（第2、3代会長）は、「なんで早く動けなかったのかと後悔した。事件をきっかけに、青少年育成に力を入れようと、公園でたむろする中・高校生にエイサーを一緒にやらないかと声をかけて回った」と述べている。

同様に、暴行事件の1ヶ月後、事件を深刻に受けとめた地域の父母が集まり、子どもを地域で育てる環境をつくろうと、内間子ども会が再組織化

される。青少年問題が現実として突きつけられたとき、内間区民は現実問題と対抗しつつ、自らが地域をつくる主体になることを意識化し、そのための地域集団を形成していったのである。内間青年会の発足において注目されるのが「青少年問題が青年会の課題になる」ことである。青年会が単に芸能の担い手になるばかりでなく、地域の子育てに貢献できる青年の役割を新たに確立したことにある。

(3)伝統の誕生―旧盆行事を興す―

　青年会の発足以前、青年や高校生の居場所は「国分商店」だった。山城盛弘(第4、5第会長)は、高校生の時「商店に集まっては、『エイサーやりたい、青年会あったらいいな』と思っていた」と言う。同じ頃、山城と同期の松堂は、旧盆中にオートバイの違反で警察に捕まった。その時首里平良町青年会のエイサーが通りかかり、友人がそのなかで踊っている姿を目にする。「友人はとてもかっこよくて、捕まっている自分が情けなくなった」と、エイサーとの出会いを語っている。そして彼はエイサーをやりたいと思い、公民館へ電話をしたが、青年会がないということで諦めた経緯があった。その後、自治会長をはじめPTA、初代会長となる金城を中心に、松堂や山城ら高校生が集まり、エイサーを契機として青年会が再発足することになる。

　しかし、内間エイサーは、本土復帰直後に青年会と同時に消滅し、当時の踊りを記憶する人も皆無で、復活させることは現実的に不可能であった。青年たちは伝統の復活を諦めざるを得なかったが、「なければ創ればいい」と、伝統を新しくつくることをめざしたのである。

　当初は、「創作太鼓」を習ったものの、本物のエイサーでなければならないと、自治会長の紹介の下、同市の牧港青年会に指導を求めたのである。そして彼らは毎晩牧港に通い、エイサーの技を習得していった。4ヶ月後の1992年の夏は、内間で旧盆行事のエイサーが、復帰後初めて復活した年となった。事前の宣伝カーによる広報やチラシ配布によって、青

年会が再結成したことを知る区民からは、いつ回ってくるのかという問い合わせが公民館に相次ぎ、区民の期待は大きかった。初めての道ジュネーは、牧港青年会の全面的な協力を得て、会員12名で3日間行った。このように、青年がエイサーを復活させたことは、内間区民にとって旧盆行事の充足と安寧を意味した。それは、過去の伝統が現代的に創造されたことによって、地域文化の価値を再認識したことに他ならない。

松堂は「これまで住んでいるところにプライド、誇りがもてず、内間に住んでいるという証が欲しかった」ことで青年会に入り、エイサーに打ち込んできた。その旧盆行事の復活によって、「お年寄りから子どもまで目を輝かせて見ていることに感動し、希望が持てるようになった」と言い、また「子どもたちを引き込んで何かできないか」と、道ジュネーを契機に青少年育成の必要性に気づくことになる。彼らはエイサーを媒体に、青年への期待と責任の重さを再認識する地域との関わりを数多く創出することで、青年会を維持可能にする地域の共同性を形成してきたと言える。そして、エイサーも牧港の模倣から内間に「望ましい」エイサーへと約2年がかりで創作し、それが今日では内間の伝統として定着してきたのである。

(4) 伝統文化への価値の深化—獅子舞・棒術から芸能祭へ—

内間には、民俗芸能として獅子舞と棒術が伝承されている。それを継承・保存してきたのが「内間獅子舞保存会」である。保存会は、青年会再発足を受けて、獅子舞の継承者としての青年に期待を寄せていた。再発足当時から、直接青年に声をかけては、やってみないかと気長に誘い続け、ようやく翌年1993年1月から青年3名で練習を開始している。その後、獅子舞に興味をもち、習い始める青年が増え、現在では7演技中4つを継承するまでになった。獅子舞を始めた頃、青年たちは次のように伝統の重みを述べている。

獅子舞を習うまでは、獅子舞に対する事はあまり知らなかった為、興味がなかった。だけど、実際やって顔の表情や体の動き等の表現が難しく、また前と後が一体にならないと獅子が舞うことができない。こういう奥の深い演技ができるようになりたいです。
　初めて内間の獅子舞を見たとき、とても感動したのを覚えている。今、その獅子舞を習っているが、技の一つ一つが細かく、頭も重いので思うように動けない。これからもっと練習を重ね、人が感動するくらいになりたい(9)。

　棒術は、1997年から本格的に指導を受けるようになる。内間の棒術は、合戦棒（カッシンボー）と呼ばれ、一人棒、二人棒、三人棒があり三尺棒と六尺棒を使い分け、激しい動きが要求される演技である。これまで青年会が中心に継承してきたが、2002年より子ども会ジュニア（中学生）も練習するようになり、継承者層の幅が広がりはじめている。その中学生は、次のように感想を述べている。
　棒術を習って、最初はとても難しいと思ったけど、習ってみると結構簡単で楽しかったです。特に、二人で打ち合うのがよかったです。宮里先生もとても優しくて分かりやすかったです。
　六尺棒に興味があり、やってみた。練習してみたら、とても上手くできて、うれしかったです。たまに棒が足にあたり、痛い時もあったけど、沖縄の伝統芸能に、一歩近づいた気がしました(10)。

　このような地域文化創造の取り組みは、内間小学校の総合的な学習の時間にも反映され、2002年度には、内間獅子を教材に獅子頭を作製する地域学習が行われている。そして研究発表会で青年の獅子舞と子ども獅子との共演が実現した。
　先行世代の技は、青年会を通して今では小学生から中学生にまで広がり継承されつつある。伝統の創造は、先行世代が培ってきた技を後続世代が受け継ぎ、その上で新しく創意と工夫をこらし、発展させることにあ

る。技の習得は、身体的学習だけでなく、技の意味、歴史的背景を学習することによってようやく「一人前」としての技能に成長する。このような芸能を介した体験学習の過程には、一人前の人間形成を共同体をあげて待ち望む先行世代の思いと、伝統への価値と地域の共同性を内在させていく後続世代の成長が用意されているのである。

一方で、消滅した伝統を掘り起こす学習が、青年と先行世代が交流するなかで自ずと展開している。内間の年中行事である「十五夜豊年祭」では、青年会として獅子舞と棒術、エイサーを披露してきたが、近年では婦人会の芸能にも興味を示し、自主的に指導を受ける姿が見られるようになった。その「十五夜祭」の技能の蓄積と自信を活かし、2000年11月より再発足10周年記念に向けて、内間地域を「芸能の町」にすることを目的に、青年会主催による初めての「芸能祭」を計画したのである。

このような青年の試みに対し、地域からは協力を惜しまない区民の姿があった。昔、内間でやっていた芸能や歌劇を覚えている人々が公民館に集まり、伝統の復活に対して青年もそれに応えようとした。しかし、方言を知らない世代に歌劇を指導するには、「方言学習」が前提条件であった。いままで体験したことのない方言という学習課題に、青年は公民館講座を開き、高齢者を教師に初めての方言学習会を行っている。

僕達は、地域の先輩方から沖縄の劇を習う機会がありました。しかし、その劇は全部方言だったので僕達は、日常会話であまり方言を使うことがないので覚えるのにとても大変でした。方言だけ聞いていても分からなかったけど、動作が入ることによって、やっと言っていることがなんとなく分かってくるくらい方言はとても難しいものだと実際に方言に触れて身にしみました(11)。

今回、地域の伝統芸能を青年会で習い、受け継いでいこうと盛り上がっている時期に、地域の先輩の島袋敏雄さんから、「歌劇があるけど青年会が習うねー」と呼びかけがありました。その一言から、毎週練習日を設けて練習が始まりました。ウチナー方言も全然分からない私たちに、毎日来てその意味から教えて下さり、とことんつきあってくれました(12)。

2001年2月25日の「芸能祭」当日までの練習過程には、地域の共同性に支えられた青年個々人の目標と学習活動があった。一人一人が技能習得に時間を費やし、方言のセリフを反芻し、表現能力を高めていく。このような青年の主体的な技能獲得への学習成果は、感動と共感、敬意を仲立ちとして高齢者の生きざまとその技能を具現化するものであった。

第3節　青年会活動にみる青年の自己変革

　青年会という集団を介したシマ社会への認知と定着、その活動と役割は、以上のような共同体の一員としての自己認識に支えられていると考えられるが、青年会の組織活動による地域の共同性の分析だけでは不十分である。そこで、ここでは個人としての青年会員に焦点を当て、生い立ちから少年時代、青年会への入会を通じて、青年がどのように地域の共同関係を形成していくのかを「語り」から明らかにする[13]。

　筆者は、1997年から内間青年会の一員として、青年たちと長年活動をともにしてきた経緯がある。調査対象者との「語り」には、地域性を表す固有名詞や方言の表現が多くみられるが、それは聞き手・語り手に共通する共同性と示唆される。つまり、呉宣児が「個人の物語りは個人のアイデンティティを現わし、同じ地域の人々の共同語りは地域共同のアイデンティティを生成していく」[14]と指摘したように、調査対象者と分析者である筆者が、互いに共通経験をもち、また「シマンチュ」として「内と外」を同じ立場から「語り」あうことは、互いに共同性を確認する利点があると思われる。

　調査対象の青年は、内間青年会が立ち上がって3年目の1994年、高校生で入会したA青年である。A青年は、その後1997年に青年会書記を担当し、翌年1998年から2002年の引退まで副会長を務めるなど、会長をはじめ会員を下支えする役割を果たしてきた人物である[15]。

(1) 粟国から内間へ、郵政宿舎の仲間ー青年会入会前

　A青年は1974年、4人兄弟の長男として生まれ、小学校2年生までは父母の郷里である粟国島で過ごす。郵便局員である父の転勤で小学校2年の2学期から内間の郵政宿舎で暮らすことになる。その郵政宿舎には、年齢の近い友人達が数多く住んでおり、遊び仲間でもあった。中学時代から彼らのたまり場は、郵政宿舎の道向こうにある「国分商店」である。

　結局な、国分商店で遊ぶっていっても、開いている時間帯は離れたところでたむろって、一番盛り上がるのはお店が閉まった11時以降かな。

　学校が終わって、国分商店に集まってくる「宿舎軍団」は、男性5名である。彼らは、毎日国分商店にたむろっては、夜中まで遊び歩いていた。当時、宿舎のなかで青年会再発足に携わったのは、前述した松堂（1994年度会長、）と山城（1995、1996年度会長、ここでは「もーりー」と呼んでいる）だけである。

ーこの頃は松堂と遊んでいないの？

　宿舎で遊んでいるときは、松ちゃんはただ宿舎の知っているお兄ちゃん。松ちゃんともーりーは。で、俺なんかが飲んでいたら、間に入ってきて、青年会で飲み会やろうと毎日言われていたけど、いい〜ん、と言って逃げてたわけさ。年が離れているから、松堂ニーニーみたいな。

ー恐い存在ではなかったの？

　年が離れすぎていたから、4、5歳。松ちゃんなんかが後輩しきっていた頃は、俺なんか小学校だから。青年会やっているって話を聞いていたけど。

ーで、松堂からアプローチがあったの？

　あったけど、あんまりまともな対応したことはなかった。どうしても車に乗ったりしている方が楽しかった、B先輩（二つ年上）なんかと。用事もないのに北谷まで行ってから、花火やって、釣りして、意味ないんだけど毎日同じようなことして。もちろん毎日学校には行っている。夕方5時、6時になったら、あの時代は携帯

第4章　伝統の創造による共同性の再構築　　145

電話もないから、ポケベルの時代だわけさ。で、4時から5時くらいに国分のベンチに座っていれば、一人来て、二人来て、9時には全員集合になっていた。
―何しているわけ？
　店番。おじさんたちとゆんたくしながら。
―お家目の前じゃないの。
　たまに、あの道路でバスケットやったり、サッカーやったり。
―ある意味健全だね。国分商店が閉まるのは何時？
　11時。
―それ以降にまた遊ぶの？
　だいたい。閉まるまでは車でどっか行って。暴走族はしたことはない。無免許はあるけど。結局ドリフト大会しに行ったり、モータースポーツが好きな16歳だった。お店の前貸してもらっているから、お店の水道貸してもらって、掃除して。閉まる前に氷とかちゃんと買いだめして。国分だったら宿舎に車が入っていくのが見えるから、あい、「いったーおとー帰ってきたよ」とか。「いったーの車じゃないか」、「そうだね」みたいな。夜中の3時4時まで。
―親は何も言わなかったの？こんなに遅くまで遊んで。
　言いよったかなぁ。たぶん逆に安心していた面があるんじゃない。宿舎メンバーでいるのと、その辺にいるっていうのも分かるし。うちの親が2時3時に降りてきて、「おまえ達いつまで遊んでいるんかー」って言われて、あぁ、時間忘れたねーって話して帰った。
―それ毎日？
　毎日。親が来るのは毎日じゃないよ。ほぼ毎日、3時、4時。中学校時代から。C先輩（二つ年上）なんかと遊びはじめてずっとそんな。そんななかで、俺はまずたむろして、オートバイで遊びに行って、戻ってきて塾行って、また帰ってきて遊びに行って。頭が悪いから塾に行かないと不安だったわけさ、受験だったから。
―松堂とは親しいのかとおもったけど。
　ううん、青年会に入るまでは松ちゃんなんかは、あまり興味なかった。

このように毎日、宿舎のメンバーはそれぞれの勉強、仕事を終わらせて国分商店に集っては、ドライブしたり夜中遅くまで語り合ったりしていた。A青年が語っているように、それぞれの両親たちも子どもの所在が目の前の商店だと分かっているために、さほど苦言を呈した様子はなかった。彼らにとってみれば、国分商店で店主のおじさんと毎日挨拶を交わし、場所を貸してもらって遊べることは、居心地のいい居場所でもあったのである。そのような信頼のおける仲間との毎夜の集いは、先輩である松堂が青年会へ誘っても、関心さえ持てなかった。ひたすらバイクや車を乗り回し、国分の前で仲間と語り明かした。

(2) エイサーとの偶発的出会い、青年会へのめり込んでいく
　1994年の高校3年の初夏、A青年はその日の「事件」を契機に、青年会へ通うようになる。学校を早退したその日、A青年はその時の様子を次のように克明に語っている。多少長いが、状況を理解するために、そのまま語りを引用したい。

　授業サボったわけ。午前中はちゃんと行ったんだ。午後は自主的に早退して、宿舎の前にさしかかって、家に帰ろうとした瞬間に、猛スピードで松ちゃんが入ってきたわけ。俺が歩いているところに、ガッと車止めて。「あ〜、お疲れさん」って言ったら、「お前暇か?」「あぁ、暇だよ」「じゃ乗れ!」って。松ちゃんの車に。乗れって言われて、何があるの?って聞くさー。「いいから乗れ」って。で、乗ったわけさ。何があるの?って言ったら、「いいから、いいから」。「どこ行くの?」「いいからいいから」。で、公民館に着いた。公民館って知らなかったから「ここどこ?」って聞いたわけ。あの時期は知らなかったから。遊び場は知っているけど、公共施設は知らなかったから。「ここどこ?」って聞いたら「いいから、いいから」。「地下行けー」って言われて行くしかない。行ったら、あのとき龍ちゃん（初代会長）なんかが7人くらいで起こしたメンバーがいて、女の人たち二人が「あー来た。ありがとうねー、忙しいのに」って言って、旗の衣装だったんだけど、とりあえずズボンと洋服は自分で着たら、「着ましたけど」って言ったら、「じゃちょっとこっち着て」

第4章　伝統の創造による共同性の再構築

と言われて、一人は脚絆巻いて、もう一人はサージ巻いて、はいできあがり！で、いいよって言われて、上に上がって松ちゃん探すさー。なんじゃこれ、松ちゃん何があるの？こんな格好になっているけど何があるの？っていったらいいからいいからで、車に乗れって。車に乗って、公民館から出て、着いたところが市民会館だったけど、市民会館も知らんかったわけ。そんでもって、市民会館に着いて、ここで何かあるんだなっていうのは分かったけど、松ちゃん何があるの？って、「いいからいいから」。やっぱり演舞前の打ち合わせがあるさ、あれでみんな急いでいる状態だわけさ。もーりーが来て、「もーりー何があるの？」「ああ、分からん。松堂に聞け。お前何も聞かんで来たのか？」って笑いながら。で、龍ちゃんが来て、「今日よろしくなー。お前今日やってもらうのは、旗があるだろう」。あのときは今までと違って細い旗だったの。旗は今のと一緒なんだけど、アルミの竿だったわけさ。「地面に立ててから、支えるだけでいいから、もっといて」。で、初対面の人間にまず最初に金城龍一が言った一言が「この旗倒したら殺すからな」。何だろうな、このおじさん、みたいな感じさーねー（笑）。あのとき金城龍一は27、8歳くらいか。「よろしくね」ってやさしく笑ったけど、最後に一言「この旗倒したら殺すからな」だから。で、松ちゃん探そうと思ってもパタパタしているわけさー、打ち合わせしたり音響確認したり。そんなのも今になったら分かるさ。（でも）こんなところに連れてきてほったらかしかよーっていうのがあったわけさ。だったら舞台に通されて、真ん中に旗立てて、スタンバイ。「お前よろしくな」って松ちゃんが最後に言ったんだけど。その一瞬で舞台裏の電気が消えている状態で、ヘーシと同時に舞台の幕がガーッと上がって。市民会館の舞台に上がったのがこのとき初めてだから、舞台裏ってとこも行ったこともないから、幕が下りていることも薄暗くて分からないわけさ。ヘーシをかけると同時に幕開くさーね、こんなやって開いていったら、いきなり曲が流れた瞬間に後ろでバン（大太鼓）といって。初めてこっちから客席が見えたわけ。何百人いるさー。中学校とか小学校の卒業式のときの卒業証書をもらった時以来舞台の上上がったことないから。

―何だったの？そのイベントは？平日でしょ、早退したってことは。

　おばちゃんたちがいっぱいいた。全然覚えていない。生まれて初めて側でエイ

サーっていうものをみたわけ。テレビとかでチラチラ見るけど、そんなテレビの前に座ってみるってのはない。もともと粟国だからエイサーがないから。那覇に来たからっていっても、運動会とかで習うエイサーも全然興味もないし、無理矢理やらされているようなもんさ。ましてやテレビつけても、エイサー祭りとかおじいちゃんとかおばあちゃんくらいしかみないさ。家にもいないし、テレビみたことないし。テレビの話題がなかった、考えてみれば。10代から国分商店で話すのだから、シュートの仕方とか、オートバイどんなやったら早くなるかとか、あんな話ばっかりでテレビの話はないね。だから、幕開いて、側で初めてみて感動して。

－感動した？！

　すごいなって思うさ。音で。松ちゃんが青年会やってるって聞いたけど、青年会が何やっているのか知らんかったさ。だから、人が集まるところがあるから、お前なんかも来いって言われても、何があるかわかんないし。なんかすごいなーって思ったわけ。で、側でダンダンと聞いているだけなんだけど、余裕がないわけ、倒したら殺されるから（笑）。

－龍一さんと初対面でそんなこと言われたら、しかぶよなー。

　うん。で演技が終わってから拍手もらって、ガーっと（幕が）閉まって、舞台裏で「お疲れ」「お疲れ」なんだけど…。みんなが声掛けてくれるわけ、「お疲れ、ありがとね」って。こんだけでよかったんだーってのがあって。で、帰りの車の中で、なんかようやく松ちゃんが普通にしゃべり始めたわけ。「実はよー、今日こんなってからよー、市民会館でこんなってイベントがあってー、で旗持つ人がいなくて、そこでたまたまお前見つけたから、ありがとうな今日は」って。普通に最初から、なんか、順番違うさー！終わった後で、「今から公民館行ってからお疲れさん会やるから、お前もちょっと参加して」って、「はい、いいですよー」。

－それで？

　公民館に行ったら行ったで、お疲れさん会やるのかなーと思ったらみんな俺に気つかって声掛けてくれるわけさ。公民館の事務所があるさー、そこで「お疲れなー」って、龍ちゃんがありがとう、お疲れって言って。ラッキー！ただで飲める、と

第4章　伝統の創造による共同性の再構築　　149

思って一杯目口つけた瞬間に…。女の人たち二人、なんか雰囲気が違うわけ。そこからね、結局女の人たち二人泣くぐらいの、金城龍一も「バカ野郎」ってから「ふざけんなよー、なんか今日の演舞？」みんな泣くぐらい。俺また一人ほったらかし。今でいったら分かるけど、結局舞台内のスピーカーの位置とかを確認しなかったもんだから、半音ずれて叩いている状態だったからさ。なんで、今日エイサーよかったけどなぁ、俺から見たら。何でこの人たちケンカしてるんだろう。まじで早く帰らなきゃってね。でも、やっぱりその時行って見て、さすがに帰ろうとは思わなかった。

―帰ろうと思わなかった？

だからね、その後々の時くらいから、松ちゃんがこんなやって声掛けてくるのが多くなった、今まで以上に。「お前も行かんかー青年会に」って。

　このような松堂の強引ともいえる行動は、後のA青年の人生において大きな転換点となっている。つまり、この日のエイサーで初舞台を経験したA青年は、次第に公民館へ通い始め、エイサーに打ち込んでいくことになるのである。今まで実際に見たこともないエイサーを目前にし、その時の感動体験が、国分に集う仲間にも影響を与えていくことになる。

―で、どこで決断するの？入るって。

うーんとね、国分でたまっているときに、俺なんかだから結局、オートバイ乗っているっていうかさ、松ちゃんが来てから「あの悪いけど、わらじの家まで行きたいから送らんかー」って。「送れー」ってからオートバイを借りて、だから俺が結局送ることになって、原付よね、二人乗りの時点で違反さーね。もう免許持っていようが持ってなかろうが関係ないさーね。それで行ったときに、わらじさんにその場で初めて会って。で、座ってからわらじさんと飲むようになって、青年会の話をしているもんだから、「お前も来いよー」ってから。さすがにイヤって言えんから、いいですよー、ってから、明日来いなー。じゃ行こうかなって気になって、一応明日行きますって。行ったら行ったで、このときもまた似てるんだよね、公民館に行ったら行ったで。今度はもーりーが出てきて、「はい、バチ持てー」。「俺まだエイ

サーやるとかってあんなの決めてないよ」「ううん、来ているからやれ。まずやってみー。回せるかどうかやってみー」ってから、形やって全然できなくて、「こんなんじゃない、こんなんじゃない」。全部やって「おい、できてきてるやしぇー」ってから「そうかな？できてきてるのかなー？」。鏡見ながらちゃー回しー。で終わったら終わったで、やっぱりこんなやってから健さんとわらじさん、強烈さーあの人たち。もーりーとかも「どんなだったかー」ってから「あぁ、なにげにバチ回してたー。」「どんなだったかー」って。

―その時は一人だけで行ったの？D後輩（一つ年下）とか誘わなかったわけ？E後輩（二つ年下）とかC先輩とかは？

　俺がだから一人で行ったんだけど、公民館に来いよって言われたけど、一人で行くのも恐かった、というかなんて言うか変なーさ。だからE後輩を誘おうやっさーと思ってから、国分の前でいつも通りにゆくってて、で必ず待っていれば誰か来るから。松ちゃんに呼ばれているから公民館に行こなーって言ったときに、「行こうぜ」ってから「いいよー」ってついてきたのがE後輩だけだった。

―それで？

　E後輩と俺だけが行くようになったわけ。で、こんなやって行くようになったらなったで、俺なんかの中でもね、あれがあったわけ、「いったー何しに行くばー？」って。結局国分での集まりに来なくなったから、青年会終わってから一応国分で合流することもあったけど、その間の時間帯に俺なんかがいないから、残りのメンバーが暇しているわけ。D後輩とかに行こうぜ、って言ったら「フラーじゃないか、あんな場所に行けるか。何しに行くばー？」「おもしろい人たちがいるってばー。強烈な二人がいるってば」。

―健次郎とわらじ？

　「いるよー、行こう」ってから、みんな最初はついてこなかった。そしたらね、俺なんかがいないってのがあって、一時B先輩とかC先輩も来なくなった時期があったわけ。C先輩は内地に行ったのかな、何だったか覚えてないんだけど、とりあえず国分商店にたまらなくなった時期があって、でそうなったときに国分商店にぽつんと一人になったのがD後輩だったわけさ。

第4章　伝統の創造による共同性の再構築

—B先輩とC先輩が来なければね、F先輩(三つ年上)も仕事しているし…。それでD後輩一人になったわけね。

うん。だったら、その時になってから、俺も連れていかんかーてなってからさ。「何でかやー、さんざん、ヤーバカじゃないかってとか言っていたくせに」。

　今まで国分での集いが全てだったA青年が、エイサーや青年会の先輩との語りに関心をもって公民館に通うようになったのは、内間の会員に共通する傾向であるといえる。ただし、A青年の場合、エイサーへの関心は全くなく、松堂や山城といった宿舎の先輩との人間関係から導かれ、それに伴って、E後輩やD後輩も参加するようになる。このように、同じ内間に住みながらも、青年会活動に意義を見いだせない青年が数多くいたことは想像に難くない。A青年も述べていたように、青年会が何をするところかの理解はおろか、地域活動のような社会に対し貢献する考えなどは、当然持ち得ていなかった。しかし、夜遊びをやめ青年会活動を始めたA青年の変化は、青年期における人との出会い、そして感動体験が重要な動機付けになっていることを示している。その後結果的には、国分で集っていた宿舎メンバー全員が、A青年に導かれて青年会に入ることになる。

　さて、エイサーについては、全くの素人であるA青年たちだが、仲間であるE後輩とD後輩で競争しながら、それぞれ上位のポジションをねらっていくことになる。基本的に男子は、締太鼓を習得したら、締め頭となって締太鼓集団をまとめ、その次に大太鼓をもたせてもらえるという段階がある。そのなかで、一緒に入ったA青年ら3名は、上位を目指してのめり込むようにエイサーに打ち込んでいくことになる。

行ったら行ったで、やっぱりD後輩もちょっとずつはまり始めてから。「これどんなかー」ってから。俺なんか結局三人しかいないさ、普通にしゃべれるの。まだ周りとうち解けてないもんだから。だから、わかんなかったら誰かに聞くんだけど、その前にお互い3人で確認する。

石垣に行ったときは締め頭だったわけ。俺とE後輩が締め頭なっていて。ふるさとに出た時期はね、この時期には締め頭はなかったから。人間が少なかったからいなかったと思う。この時からはね、俺とE後輩とD後輩の話し方が変わってきたわけ。それが特徴。締め頭、俺なんかがみるとやっぱり今まで一緒にやってきた仲なんだけど、何が違う、ってみんな思っているわけ。「D後輩、お前にはできんよー」って。でやっぱりE後輩には演技面で勝てないってのがあったわけさ。えっとね、締め頭で石垣に行ったときは、もーりーが大太鼓やっていた。松ちゃんはチョンダラーにいってたかな。その翌年のてだこ祭りまでは、俺なんかは締め頭で叩いていた。締め頭は俺とE後輩は2回しか来たことがないわけ。それが石垣とてだこ祭りだわけ。
－この時期後くらいから、もーりーとかが引退していくわけでしょ。
　俺とE後輩がだから、D後輩と三人で上ねらっていくって意識が高まっている時期に、締め頭をやっているE後輩が左手を折ったわけ。オートバイで事故って。それで締めもてないってことで、大太鼓もてるようになったわけさ。ここから俺とD後輩が納得いかんさー。大太鼓ねらっているのに、E後輩が大太鼓にいきよったやっさー。腕折ったから大太鼓にいったのは納得いかんわけじゃないわけよ。あぬひゃー一人でいきよったやっさー。こんなにして一緒に練習して、「じゃそろそろ大太鼓やらしてください」って言う前に上から声かかっているから。演技的にはE後輩認められている部分があるから、「だったらお前大太鼓もてやー」ってなりよったから。俺もだから、次の年には俺も大太鼓やりたいんです、って毎日もーりー捕まえてから。E後輩がもっているからってあんなんじゃなくて、俺も大太鼓いきたい、いきたい、いきたい！って。その時には當真と圭ちゃんが、俺なんかが抜けてから締め頭になっている。あれなんかが締め頭にあがると同時に俺が大太鼓にあがった！締め頭っていう時点でE後輩と一緒だったからできたってのがあったはず。

　大太鼓は、先輩たちが認めた者にしか打たせてもらえない、誰もがあこがれるポジションである。A青年たち3名は友人関係であると同時に、エ

イサーのポジション取りを争うライバル関係でもあった。その関係は、大太鼓を獲得して後も、今度は地謡の三線でライバル関係を続けている。まず、E後輩が先に地謡として三線デビューを果たし、そして2004年にA青年が遅れること7年、道ジュネーの地謡として初演奏を披露した。その時のことについて、次のように回顧している。

　まぁ、いっぱいいっぱいってのが前提なんだけど、なんか気持ち的に盛り上がってきた時には、知らんうちに指動いているし。E後輩と今やっているってのが、ね、たぶん俺の中で、こんなやってしゃべってて改めて考えたときに、E後輩と時期合わせて同じようなことやってる。ある意味E後輩がいいライバルみたいなのがあるかもしれないな。

(3)就職・転職の繰り返し、そして結婚と引退
　高校3年の初夏、松堂によって青年会へと導かれたA青年は、8月に青年ふるさとエイサー祭り、11月に石垣市青年団協議会主催の青年文化発表会、そして12月に奄美青年文化の祭典に出演し、同時に公民館行事への参加や市青連、沖青協行事への参加を通して、青年会活動とは何かを学習していく。1995年3月に高校を卒業したA青年は、進学せず就職の道を進んだ。
　最初の就職先は、子ども会育成会の方に紹介してもらった自動車教習所の教官見習いであった。しかし、3ヶ月で辞めることになる。その理由について、「(教習所の)校長先生とあわなかった。俺がたぶん仕事できなかったからかもしれない」と述べている。そこで、「仕事が翌日からなかったから、どうしようと思ってF先輩に相談しに行った。そのへんが宿舎メンバーのつながりってことかな」ということで、調理師だったF先輩が勤めているホテルに交渉し、調理師の仕事をすぐに見つけることになる。調理師の仕事は、昔からのあこがれであったため、A青年は見習いから仕事を覚えていった。青年会には、高校時代と違って好きなときに好きなだけ行くことはできなくなったが、それでも「調理師やっている頃には、

書記で入っていた。ちょうど仕事の終わる時間帯が12時とかあんな感じだったから、公民館に一応気になって顔出してから、現役メンバーはいなくて、役員が会議しているような時間帯だったから。そこ行ったときに、結局飲んでから帰ってくるから、言いたい放題さ。『いったー役員、口びかーどー』って言ってしまったのがね、運の尽き」。夜中まで仕事をこなしながら、会計、そして副会長として青年会活動を支え続ける日々が4年続いた。結局、23歳で料理の仕事を辞めた後は、運送の仕事、再び居酒屋の仕事と、無業・転職を繰り返していく。仕事が安定せず、青年会でも身が入らなかった時期をしばらく過ごすことになる。

　この時は、もう居酒屋の仕事だから、結局あがりが3時4時さー。で青年会に全く顔出せない時期になってるから。なんだけど昼間は眠って夜起きてる仕事やっているもんだから、まっすぐお家に帰れなかったよ。青年会でいろいろお世話になっている、あのスナック、結局青年会のときに何回か行ってボトルキープしていたのが、飲みに行ってボトル代払って、払いに行って飲んで、帰るときにお金ないからツケね、って言って帰って、翌日またそのお金を払いに行って、また飲んでしまって、またボトルとってまたツケして、って毎日そんな生活しているときに、宿舎の近くに住んでたおっちゃんで同級生の親父で郵便局の人がいて、郵便局募集してるけどやらんか？こんな夜の生活がずっといやだったし。この時期は副会長やっていたし。この時の時点では口びかーだった。

　内間青年会の青年に限らず、沖縄の青年は高失業率のなか、理不尽な労働に従事せざるを得ない状況に置かれている。仕事が安定していれば、もう少し青年会でがんばれたはずだと思える青年はたくさんいる。A青年も20代前半は、転職の繰り返しであり、かつ夜間の仕事に従事していたため、青年会にもろくに参加できなくなり、「口びかー」（口だけ）となっていったのである。

　しかし、これもまた人間関係を通じて、彼はようやく24歳にして安定した仕事に就くことになった。そして25歳の時に結婚をし、公民館で青

第4章　伝統の創造による共同性の再構築　　155

年会による手づくりの披露宴を挙げた。その時のことについて、自らの両親に対する思いを次のように語っている。

　やっぱり親からすれば、青年会やっているのはある意味ね、仕事もしないで、一時期無職になっても青年会に行っているっていう時があったさ。親がだからある程度認めてくれたもんだから。公民館でパーティーやったさーね、あれが一番いいアピールだった。本当は参加したくなかったらしいんだけどね。他の知らない人たちの前で、こんなやってもらったってのが恥ずかしくて、っていうのがあったらしいけど、ある意味地域の人間を支えるようになったんだな、っていうのを認めてもらった。

　現在では、A青年だけでなくE後輩も一児の父となったが、青年会現役を退いた今も、後輩たちの相談役としての役割を担っている。彼ら宿舎軍団の青年会入会は、再発足初期の青年会を発展させる原動力となったといえる。また、次節で後述することになるが、A青年らが小学校卒業まで活動していた郵政宿舎子ども会は、内間のなかでも長年活発な子ども会の一つであった。子ども会について、A青年は次のように述べている。

　18、20ぐらい（単位子ども会）はあったはずだけど、実際に活動している中では一番郵政宿舎子ども会が強かった。結局、俺なんか宿舎が強かったというのは、親父同士の職場が一緒ってのがあった。職が一緒だから結局同僚。親はあっちのために何かやってあげようって、まず親が動いた。郵政宿舎盆踊り大会とか。公民館でもやるさー、内間の盆踊りって。やるけど、郵政宿舎盆踊り大会ってあったわけさ。地域の周りの人たちも来てから、その場所でわらばーたちだけに主体もたして、盆踊りの普通の踊りだったり、イベント、バンドやってもいいよみたいな。俺たちメンバーがだから音楽関係やっていたから、F先輩とかベーソンとか、E後輩とか。結局みんな音楽一回かじったことがあるわけさ。俺なんかに主体もたして。こんな舞台づくりからなにからってのは、運営に関しては親父たちが同じ建物に住んでいるから、付き合いかもしれんけど、一つの建物だから逃げる人もいない、逃げ切れないさーね。だから、クリスマスパーティーをやったり、春には春のピク

ニックをやったり、内間子ども会とかでほらやったりするさ、あんな感じで父ちゃんたちが参加して。青年会に入って同じ事やっているんだけど、その主導・主催になったときの違う見方があったから。なんか新鮮なものを見たらつつきたくなる、っていうのが俺の場合はあるから。

　Ａ青年たち宿舎仲間の年齢を超えた結束は、子ども会活動での共同体験を基盤にすることで、形成されてきたと考えられる。浦添市のように、他市町村からの流入者が多く、地域行事や活動に関わりを持たない住民が増加する市街では、地域の共同性を維持発展させる上で要となる人間関係の構築に多くの困難が伴っている。当然、郵政宿舎も県内各地から集まった、新住民だけの典型的な団地世帯ではあるが、その親世代がＰＴＡや単位子ども会活動を通じて、地域活動に長年取り組む努力を払ってきた。その背景には、大人世代は「寄留民」とされても、子どもたちはこの地域が故郷となる、とした考え方が看取される。その故郷もただ漠然と暮らしていたのでは獲得されない。場所への愛着だけではなく、人と人を介した経験や社会的関係性のなかから認識されていく故郷を形成しなければならない。そのような働きかけが、Ａ青年たち仲間集団の信頼関係を深め、共に助け合っていける人間的な関係を築き上げたといえる。
　以上がＡ青年自身が語った青年会入会から引退までの物語である。Ａ青年の生い立ちの語りのなかには、一貫して語られたのは、仲間との人間関係であった。要点を二つにまとめるとするならば、まず一つはありふれた言い方だが、他者との人間関係を結びつけていくことが、地域づくりの核心になるということである。地域の共同性の最も基盤にあるのは、人と人の結びつき、言い換えるならばユイマールの精神であり、直接的な相互行為を通して形成される信頼関係が築かれているということである。
　Ａ青年は、小学2年の時に見ず知らずの大都市・内間へ移り住んだ。彼の最たる課題は、友人をつくり、生活環境に適応していくことであった。

第４章　伝統の創造による共同性の再構築　　157

幸いにも宿舎には同じ体験をもつ多くの同期生がおり、さらには活発な子ども会活動への参加を通して、内間のなかに「幼なじみ」と呼べる友人関係を結んできた。中学校に入ってからは、その仲間と「不良行為」とも言える遊びに興じるが、彼らがたまり場とする国分商店には、必ず誰かがやって来る、という信頼関係が成立していた。彼らはオートバイや車を乗り回す以外は、ずっと国分商店の前で語り明かしている。何をするわけでもなく、夜が更けるのも忘れて語り続けていた。その後入会した青年会では、さらに年齢・性別を超えた多様な人間関係が広がりと深さをもって結びついて、地域づくりの原動力となってきた。つまりは、彼らが仲間集団や青年会で学習してきたことは、直接的な相互行為による対面コミュニケーションという、当然といえばそうだが、顔をつきあわせて語り合うことの重要性であった。

　今日のようにモバイル機器が若者の生活に深く浸透した結果、人との接触は直接的ではなく、間接的に、しかも選択的に自分が望む人間関係をより容易に築くことが可能となり、さらには人間関係の拒否や排除も簡単に「消去」できるのである。したがって、他者と出会う経験を積んできていない若者は、他者がこの世に存在していることさえ現実的に感じていない傾向さえうかがえる[16]。同様な指摘には、宮台真司が「コミュニケーション不全」として「他者との社会的交流における試行錯誤で自尊心を形成するという経路に重大な障害が生じて他者の存在と全く無関係に自らの尊厳を維持できるようになった」[17]と説明しているように、他者との関わりによって、自らの存在を確認し、他者に認められることによって獲得される主体性は、急速に失われつつある。

　二つめは、彼らの不良行為を結果的には止めさせ、青年会への参加を通して地域の共同関係に引き込んだのも仲間との人間関係であったということである。前節で触れたように、A青年の先輩である松堂や山城も、もともとは「国分商店の常連」であった。行き場のない、何をしたらよいのか分からないまま時間をつぶしていた松堂たちは、A青年たちと同じよ

うに先輩に誘われ、エイサーを生みだし、初期青年会の礎を築いた。青少年たちが不良行為に及んでも声をかける大人が少ないなか、そういう彼らに関心をもって声をかけ続けたことが、青年会をつくり、そして地域の共同性を創造する青年の成長を保障したといえるのではないか。

　彼らの不良行為は、決して肯定されるべきものではない。しかし、現実に彼らと同じように行く当てもなく夜の街をはいかいする青少年が多いことも、第1章で実証済みである。実際に内間では、1993年の集団暴行死事件以降、2001年8月21日には、校区の中学生8人がLPガスを吸引し、一人が死亡した。2003年2月12日未明には、中学生による金銭せびりを背景とした集団暴行によって2年生が重傷を負う事件が起きている。しかし、同じような不良行為をする青少年らが、青年会の勧誘や夜間パトロールによって青年会に参加し、エイサーを通して立ち直った青年は、数多い。彼らの問題行動を家庭や学校だけに責任を負わせるのではなく、彼ら青年会のように地道な取り組みも重要であり、なによりも青年と青少年の間に信頼関係という、共同意識を形成することから始めなければならない。

　A青年の周りには、多くの他者の存在があった。子ども会からの仲間集団をはじめ、青年会へ地道に声をかけ続けた松堂や山城、そして青年会の会員たち、そして大人との関わり－商店の店主に子ども会育成会、などである。職を失っても他者が相談に乗り、いいところが見つかれば紹介までする。そうやって彼は多くの「見守る他者」によって支えられ、副会長まで務めた。今では一人前として他者から評価され、彼自身が「見守る他者」として、後輩の育成に携わっている。

第4節　地域文化における子どもの役割

　地域文化の創造には、数世代にわたる人々の参与が不可欠である。特に、今日試みられていることは、地域文化に子どもの役割を位置づけ、そして祭りなどの参加という直接体験を介して地域文化を理解させる実践である。従来の地域共同体のように、今日の青年たちに地域文化の担い手として期待することは、地域事情を鑑みると必ずしも楽観視できない。そのような課題に対し、地域文化の担い手形成を青年期からではなく、児童期から意識的に働きかける取り組みは、地域文化を望ましい属性にし、伝承を可能にするために必然的な変化であると捉えられる。

　これまで述べてきたように、都市化に核家族化、少子化が進む浦添市内間では、1993年に校区の中学校で起こった集団暴行死事件を発端に、地域で子どもを育てなければならないという危機感から、地域と子どもを結ぶ「子どもエイサー」が創造された。この時からエイサーは、地域の民俗芸能というだけでなく、青少年健全育成の手段、そして生活体験としての意味も持つようになったのである。

(1)内間子ども会の発足とエイサーの創造

　エイサーに取り組む子ども会は、近年その数を増している。沖縄県青年団協議会主催の「青年ふるさとエイサー祭り」に子どもエイサーが初めて登場したのは、1979年の第15回大会である。その年は那覇市子ども会をはじめ、金武村、石川市、読谷村、沖縄市、浦添市、宜野座村の各子ども会が出演し、以後も子どもエイサーとして定着してきた。ところが、本節の関心事である地域文化としてのエイサーを学習する子ども会は、近年においては意外にも少数であり、大半の子どもエイサーは創作によるものである。そのようななかで、浦添市内間子ども会は、青年会との共同関係において、同じエイサーを学習する数少ない子ども会の一つである。

浦添市の子ども会は、市子ども会育成連絡協議会の下、校区子ども会、単位子ども会が組織されている。大都市であるが故に、地域によっては大人の認識不足で単位子ども会が未結成のところもあるが、それも小学校区子ども会の結成に伴い、市の小学生全員がもれなく子ども会に加入できるようになった。

　表4-2は、浦添市の子ども会および育成会の形態を表したものである。1982年には団地型子ども会が多かったが、自治会として独立後は、子ども会も他の年齢階梯集団と同様に自治会に所属している。また新興住宅やマンション地域などの未結成地域では、校区子ども会が結成されたことによって、未加入の子どもたちが解消されるようになった。このように自治会を最小の単位として活動する浦添市の子ども会は、地域行事や文化と密接した活動が期待され、自治会との協力も不可欠になりつつある。

　子どもエイサーについては、34自治会内の子ども会のうち、9子ども会が取り組んでいる。浦添市は、「鼓衆(チヂンシュウ)」という創作太鼓集団の活動拠点であることから、内間子ども会と前田子ども会(18)、沢岻子ども会以外は、鼓衆より創作エイサーを導入しているのが実際であり、地域文化との関わりという点では、前述したように青年会自体が組織されていない地域が多く、かつ青年会があったとしても子どもとの関わりが少ないこともあ

表4－2　子ども会及び育成会の分類

	類　型	1982/10/1	1986/3/31	1994/3/31	1997/9/30	備　考
1	自治会型	15	15	31	29	
2	建売団地型	11	14	3	3	自治会型へ
3	マンション型	1	1	0	0	解散
4	アパート型	0	3	0	0	解散
5	社宅型	2	3	2	2	自治会型へ
6	公営県営団地型	1	4	3	3	
7	自治会内班別型	2	5	29	37	校区子ども会
	合　　計	32	45	68	74	

出典：平成9年度第17回沖縄県子ども会育成研究協議会資料

第4章　伝統の創造による共同性の再構築

って、地域文化から離れた芸能活動を行っている。その点、内間子ども会では、他団体の創作エイサーのみならず、青年会のエイサーも学習している、県内でも個性的な子ども会である。また後述するように、民俗芸能を介して自治会行事への参加も行われ、地域認識を深める活動を行っている。

(2)内間子ども会とサークル活動

　内間子ども会は、自治会型の校区子ども会である。校区子ども会が結成される1993年までは、自治会内班子ども会が5つ活動していただけで、殆どの子どもが活動をしていなかった。異年齢集団による体験型学習を地域に形成できなかった最中に、中学生による事件が起こったことから、自治会と校区を網羅する子ども会及び育成会をつくることになったのである。単位子ども会も現在では表4-3の通り、個性的な名称の下、18組織に増えており、教育隣組のような要素を活かすことができるようになった。

　校区子ども会のサークル活動の一つに、パーランクーサークルが1995年に結成された。当初は創作エイサーを育成会が指導していたが、1997年から内間青年会によるエイサーの指導が始まるようになった。パーランクーサークルは、任意参加で別会費を伴うため、必ずしも全員が参加しているわけではないが、現在約200名の子どもが週1度の練習に参加している。

　そこで、このような異年齢によるエイサー集団をもつ内間小学校の4～6

表4-3　内間の単位子ども会
1．ミニミニ子ども会
2．だるま子ども会
3．ミレニアム子ども会
4．郵政宿舎子ども会
5．熱帯魚子ども会
6．ロッテリア子ども会
7．ウルトラマン子ども会
8．モンキーズ子ども会
9．なかよし子ども会
10．元気子ども会
11．あさがお子ども会
12．青空子ども会
13．ひまわり子ども会
14．タイガース子ども会
15．アントラーズ子ども会
16．やきそばん子ども会
17．琉球キッズ子ども会
18．スーパータイガース子ども会

年生を対象に、エイサーに関する質問紙調査(19)を行なった。その結果から、内間の子どもたちの特徴を挙げてみたい。

まず、図4-1の「エイサーを知っているか」の質問に対しては、「よく知っている」が44.4％、「知っている」が45.4％と、その認知は約9割と高い。では、実際に「エイサーを踊ったことがあるか」については、図4-2に示すように「ある」と答えた子どもが58.1％と、半数でしかないことが分かった。子ども会の「パーランクーサークルへの加入」についても、「入っている」子どもはわずか11.8％であり（図4-3）、それ以外のエイサー集団に入っている子どもは2.9％と少数である（図4-4）。

図4-1　エイサーを知っているか

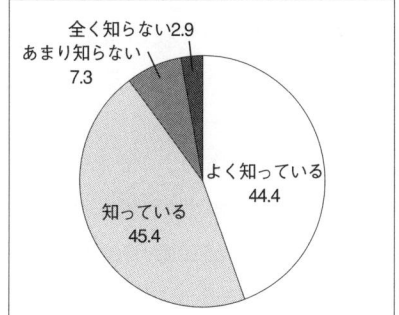

- 全く知らない 2.9
- あまり知らない 7.3
- よく知っている 44.4
- 知っている 45.4

図4-2　エイサーを踊ったことがあるか

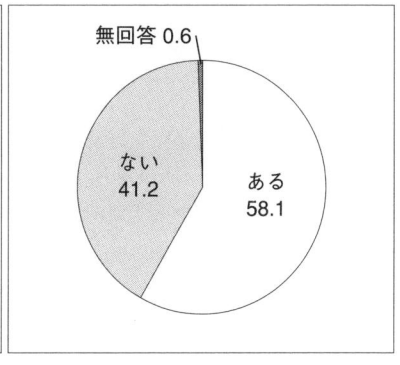

- 無回答 0.6
- ない 41.2
- ある 58.1

図4-3　パーランクーサークルに入っているか

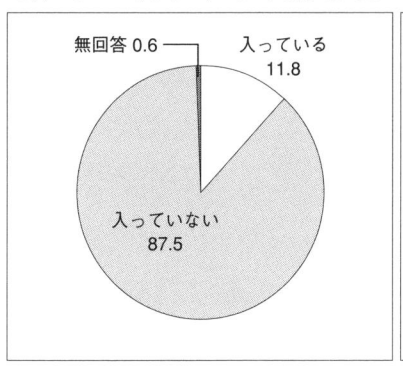

- 無回答 0.6
- 入っている 11.8
- 入っていない 87.5

図4-4　それ以外のサークルに入っているか

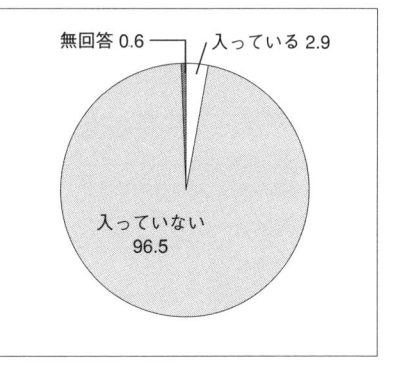

- 無回答 0.6
- 入っている 2.9
- 入っていない 96.5

したがって、子どもたちはエイサーを知っていても、実際に踊ったことのある子どもは、学校でのエイサー体験を含めても半数であり、パーランクーサークルの加入になると、高学年で約1割となっていることが調査結果から明らかになった。しかし、パーランクーサークルに関しては、金銭面も含めて親の理解と協力に依存する側面が大きく、家庭の事情によっては、参加したくても参加できない潜在的希望者は多いと思われる。むしろ9割の子どもたちが、小学生の段階でエイサーを認知していることの方が、将来の地域文化の継承と青年会組織にとって有益であると捉えられる。

それでは、パーランクーサークルに入っているかどうかで、地域の大人の認識に違いはあるのだろうか。図4-5は、先の質問紙調査項目の中で、「先週1週間の間で、お父さん、お母さんなどの家の人や学校の先生のほかに、大人の人と話をしましたか。どんな大人と話しましたか」という設問に対し、サークルに入っている子どもとそうでない子どもの回答を比較したものである。これによると、最も話したのは「お店の人」であるが、金銭を媒介としない大人との人間関係については、全ての項目においてサークルに入っている子どもの方が、入っていない子どもよりも話をしていることが分かる。特に、「公民館の人」は入っている子どもで24.3%、「近所の青年」が32.4%となっており、エイサー練習を通して関わる大人

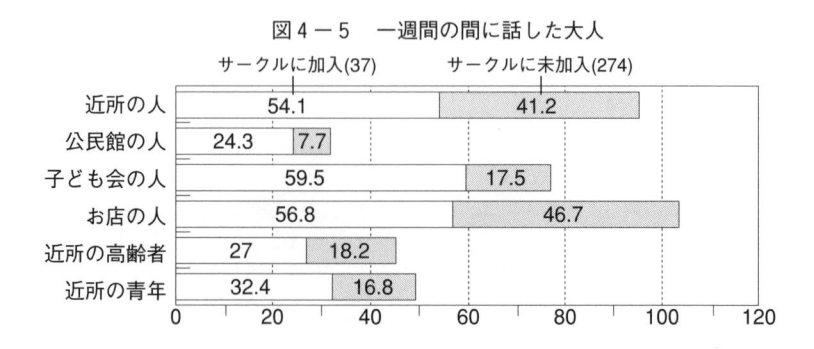

図4-5　一週間の間に話した大人

	サークルに加入(37)	サークルに未加入(274)
近所の人	54.1	41.2
公民館の人	24.3	7.7
子ども会の人	59.5	17.5
お店の人	56.8	46.7
近所の高齢者	27	18.2
近所の青年	32.4	16.8

の認識は高くなっている。換言すれば、子どもの日常生活に関わりが少ないと思われる地域の青年が、ある程度子どもに認識されていることは、互いにとって声が掛けられ、あるいは注意できる関係が構築されていることを表している。

(3) 見る芸能から見せる芸能へ―体験学習の意味

　エイサーは、青年会による旧盆の踊りである。これまでのエイサーの伝統を継承しながらも、新たな地域の文化的価値として創造されたものが、子どもエイサーである。伝統的に各地域のどの祭り行事においても、子どもは常に「見る側」であり、それらを眺めることによって大人への憧れと信頼を養うとされてきた。しかし、今日のような地域共同体の衰退や、地域の人間関係の希薄化は、人と人が直接的に何かをする機会と場所を失い、同時に祭り行事の担い手を減少させている。すなわち、今日では子どもが青年になるのを悠長に待っていられる時代と異なり、文化の内実と担い手に関して再創造が求められているのである。

　一方で、子どもたちの生活環境も変化し、たとえば集団による外遊びが減少し、友人関係を築けない子どもが増えているという。また親の子育てに対する認識不足や地域からの孤立が、子どもの生活体験の場と空間を狭めていると考えられる。

　現代の子どもの生活体験に欠けていることは、子どもが大人と共同作業を通して、地域認識を深め、地域文化に対して誇りを感じることであり、内間の場合、それらを解決する方策の一つが芸能のエイサーであった。つまり、子どもが「大人の芸能」を学習することの意味は、芸能がもっている集団性と地域性、そして共同性が、今日的な子どもの生活体験に必要とされていることである。そして、これまで「見る側」であった子どもが、祭り行事で大人と同じ舞台に立ち、日々の練習の成果を示すことは、地域で子どもの成長を確かめ合う通過儀礼的意味合いも合わせ持つと考えられる。

ところで、内間青年会の活動が最初から好意をもって地域に受け入れられてきたわけではない。彼らの発足当時の目標である青少年育成は、最初から挫折を余儀なくされた。当時の青年会が世間で言う「不良」で構成されていることが問題とされたのである。前述したように、子ども会は1993年の中学生による暴行死事件で再組織され、同時に育成会も発足した。その頃から青年会が、同じ地域の子どもたちにエイサーを通して育成を図りたいと考えるのは自然なことであった。同様に育成会も青年会にエイサー指導を希望し、自治会に対して以下のような要請をしている。

　本区子ども会では子どもたちのふるさとである内間の伝統文化を直接体験させ、子どもたちに集団性と協調性を養い、地域に愛着のもてる心豊かな子どもを育成する目的で、貴青年会の指導のもと「子どもエイサー」を発足し、地域の文化活動、奉仕活動等様々な行事に父母と子どもたちが一体となって、地域に密着した活動を促進したいと考えております。
　つきましては、児童生徒の学校外活動及び地域活動として定着いたしたい所存でございますので、時節柄たいへんご多忙のこととは存じますが、貴青年会のエイサー指導に特段のご配慮をお願い申し上げます[20]。

　しかし、自治会は難色を示したのである。理由は、「青年会自体が素行が悪いのに、どうして子どもたちに健全育成ができるか」ということであった。これに対し、子ども会育成会会長であった大湾智子は、「青年会の素行が悪いのは、青年会の下に後輩がいないからであり、人を育てようという意識が青年にも育っていないから。子ども会を置くことによって、青年も成長するし、お互いにいい効果が出る。いいお兄さん、お姉さんに青年たちもなれる」として、青年会の直接的な指導が子どもと青年を結い、伝統文化の伝承を可能にすると訴えたのである。
　青年会に集まった青年たちは、A青年も含めて確かに学校の評価では「不良」と呼ばれる者が多数であった。しかし、学力という一つの価値観

のなかでは「不良」とされる者も、多様な価値観、多重な人間関係のなかでは、リーダーにも「芸達者」にもなれる。結果的には、今日の学校における知育偏重に対して、地域の文化活動が、改めてその人の多様な価値を評価するものとして作用することになる。しかし、そうした青年に対する既成概念、一面的な負のレッテルを振り払うのに、約3年もの時間を費やしている。その間、青年は公民館から閉め出しを受けながらも、地域に認められるよう「襟を正す」行動を心がけ、自治会や育成会とも何度も話し合いする努力が積み重ねられて、その結果は以下のように示されている。

　都市化、核家族化、少子化など様々な現象の渦巻く中、各世代間の付き合いが希薄化している現実には、どうしても地域の中で自治会を中心に関係改善を図らなければならないという見解には、育成者の一部の方々とは一致していた。そのような中で、子どもたちから『お兄ちゃん、お姉ちゃん』と頼られることで、青年会自体も責任を感じ、襟を正すのではないかという期待で合意にいたり、1996年からエイサー指導実施される[21]。

　内間子ども会のエイサー練習は毎週土曜日の夕方、青年たちが小学校へ出かけ、子どもたちに直接指導を行っている。エイサーを教える傍ら、お互いにじゃれ合い遊び相手にもなる。子がいれば親も見物に来て、一緒に練習に加わる。教師も顔を見せる。練習中は、エイサーの「先生」である青年の言うことが全てであり、技の習得度に合わせて小集団をつくり、全身を使って指導していく。言葉ではなくやって見せるのである。
　このような教え方は、学校教育の「合理的」な教え方とは対照的である。大人の芸能であるが故に、子どもに対しては、完璧を求めずに技のおもしろさや、できたことの達成感を獲得させるだけでよい。それは、芸能を感覚として理解することであり、知識として伝達されるものではなく、時間をかけなければ分からないものであるからである。そして「先生」である青年との関係は、子どもの日常生活に存在する人物になり、エイサーの「先生」として、親しみをもって接してくるようになり、道で出会えば子

第4章　伝統の創造による共同性の再構築

どもから声を掛けてくるという。週1回のエイサー練習は、これまで無関係であった子どもと青年を結ぶ役割を果たしていると言える。

　内間子ども会と青年会のエイサー練習の目的は、盆で一緒に踊ることにある。盆に青年と子どもが共に道ジュネーを行う地域は、内間以外他に事例がない。盆の3日間、これまで青年だけで行ってきた道ジュネーに、子どもが登場することによって、育成会や婦人会の協力が加わり、子どもと青年のハレの舞台を地域共同で創りあげるようになった。その感動と喜びは、初めて道ジュネーに参加した次の子どもの感想に表れている。

　　夏休みに、島回りに出ました。一学期や夏休みも学校の体育館や内間公民館で太鼓の練習をしてきました。青年会のお兄ちゃん、お姉ちゃんたちがパーランクーのたたき方を教えてくれました。三日間、夜6時から10時まで内間の色々なところで太鼓をたたきました。みんな汗びしょびしょで太鼓をたたきました。みんなが見ていたので恥ずかしかったです。狩俣内科の前でも、太鼓をたたきました。入院している人も椅子をもってきて座って見ていました。みんなが『上手になったよ』というと、うれしくなってきます。今年の島回りは楽しかったです。来年も又、島回りに出たいと思います[22]。

　子どもたちがエイサーを介して地域文化を直接体験することは、子どもの地域認識や大人との共同関係をつくりだすだけでなく、これまで地域行事の「見る側」にあった子どもが「見せる側」へと移行したことによって、これまで関わりのなかった敬老会や十五夜祭に出演するなど、地域文化に対して子どもが主体として関われるようになった。子どもの成長発達においても、「見せる」緊張とその後の達成感、そして地域の大人からの評価は、子どもに自己肯定感を与え、地域における子どもとしての役割意識を形成していると考えられる。自分の演技について目を輝かせて思いを伝えようとする子どもや、次の出演を楽しみにする子どもの姿には、地域文化を感覚で吸収しながらも、それを表現する喜びが溢れているのである。

同様に民俗芸能を伝承する青年にとっても、子どもや父母、教師との日常的な関わりを通して、青年としての自覚と責任を獲得する修練の場となっている。このような大人の芸能を子どもの段階で体験学習することと、青年会の後継者育成とは同義と取らえることができ、「模倣」から「本物」への学習過程が、内間の場合、子ども会から青年会へと年齢階梯的に形成されているのである。

第5節　伝統の創造から共同性の再構築へ

(1) ふれあいを通して子どもの生活体験を考える

　子どもとの共同関係を構築した青年会は、週1度のエイサー練習だけでなく、日常的に子どもと関われる機会を増やそうと、ピクニックやクリスマスパーティーを主催事業に取り入れるようになった。特に1997年から始めた「自然と遊ぼう太陽の子（ティダヌファ）」と銘打った宿泊研修は、自然の中で子どもと青年が同じ体験活動を行いながら、互いに学び合う学習機会となっている。この宿泊研修は、「大自然を子どもたちと体感し、子どもたちの自立への手助けになるよう私たち青年が良き先輩として、子どもたちから頼られる関係を構築」することを目的に、2泊3日、青年と子ども総勢100余名が渡嘉敷島で寝食を共にする研修である。この研修を開催するに当たって、青年会では事前学習として「野外教育指導者研修会」（国立沖縄青年の家主催）への参加をはじめ、海洋研修の安全対策として「海洋有害生物講習会」と「応急救護法講習会」を自主企画し、危険生物の対処方法や応急処置、心肺蘇生法の実習を行っている。

　研修の3日間、子どもたちは親元を離れ、青年たちと共同生活をすることになるが、泣き出す子や虫を怖がる子、泳げない子、食事に好き嫌いがある子など、エイサー練習では見ることのできない子どもの本来の姿があらわになる。子育ての経験のない青年にとっては、初めて直面する体験が多いものの、共に解決することによって、子どもとの信頼関係を深め

ているといえる。

　本研修で「頼られる青年」になるため、青年会では可能な限りの学習と実習を積み、育成会との共同・支援をもって、都会っ子である内間の子どもに学校では体験できない自然体験を豊かに創出している。ちなみに前述した質問紙調査によると、「子ども会などで、遠くでキャンプをしてとまったことがある」という設問に対して、23.0％の子どもが「ある」と答えている。数値的には4人に一人の割合であるが、毎年事業を継続することによって、多くの子どもたちに自然体験の機会と場を保証することにつながる。

　魚をさばいたり、火をおこしたり、テントを張ったりという共同作業を異年齢集団で行うことによって、教え学び合う関係が成立する。同時に青年も子どもの多様性と個性を理解し、子どもから新鮮な感動を享受することができる。この研修は、今日の子どもの生活体験不足を補うだけでなく、青年自身の大人としての自覚と責任を培わせ、子どもの信頼を獲得する学習活動として位置づいていると考えられる。

　そして青年たちは「頼られる青年」になるため、青年会では可能な限りの学習と実習を積み、育成会との共同・支援をもって、都会っ子である内間の子どもに学校では体験できない自然体験を豊かに創出しているのである。同時に青年も子どもの多様性と個性を理解し、子どもから新鮮な感動を享受することができる。この研修では、今日の子どもの生活体験不足を補うだけでなく、青年と自然との結びつき、渡嘉敷青年会との出会いをつくり、それが後述する大綱引き復活へとつながっていくことになる。

(2)機関紙づくりにおける伝統の発見と地域学習

　これまで述べてきたように、内間の青年会活動は、「エイサーかっこいい」という憧れをきっかけとしながらも、青年の自己満足的な、あるいは自己消費的な活動に終始しなかった。常に地域の共同性のなかに身を置き、異世代とのつながりを大切にし、叱咤激励を受けながら伝統の創造と

いう青年の地域的役割を担ってきた。そのような教育作用は、先輩から後輩へと受け継がれ、さらに創造的な活動へと発展させている。

　その原動力の一つに、機関紙づくりによる地域学習がある。再発足5年目の1996年から「活動を形に残せないか」と考え、機関紙発行を始める。配布先は区内の全世帯であり、青年会新聞でありながら、区民に向けて情報を発信している点が特徴的である。毎月の活動報告のみならず、内間の地域史学習、政治や環境問題、青少年問題の分析など、青年の視点から見た地域課題への考察と解決策が盛り込まれている。機関紙による区民への情報伝達は、身近な情報が遠ざかっていることによって起こる共同性の希薄化に、青年がその流れをせき止める一つの役割を果たしていると考えられる。また、地域に密着した機関紙づくりは、一極集中で流れる中央情報の氾濫に対し、何が必要とされる情報なのか、選択できる主体性の形成と地域の観察力を養うことになっている。

　発行を重ねる毎に紙面にも創意工夫が見られるようになり、青年自身が地域を観察し考察する学習活動へと発展してきた。たとえば「内間の顔」というコラムは、内間にある自然や公共施設、名所、団体等を毎月一つずつ紹介するささやかなものであるが、生活文化の発見学習の蓄積がこのコラムを通して読みとることができる。発刊当初は、全紙面を青年会の事業報告で占められていたが、近年では地域課題に対して、独自の調査を元に青年の意見を主張する記述が載せられている。例えば安謝川の安全性の問題（1998年6月号）や県知事選の分析（1998年11月号）、内間小学校長へのインタビュー（1999年1月号）、ゴミ問題の特集（1999年3〜6月号）、青少年問題の特集（2000年1〜4月号）等がある。このように機関紙づくりを通した地域学習は、青年の視点の多様性、問題の捉え方を磨き、足下の地域と自己を再認識する「生活綴り方」として、今日的に重要な要素を兼ね備えているのである。なお、彼らの持続した学習は、日本青年団協議会の全国青年団教宣コンクール機関紙の部において、3度優秀賞を受賞しており、全国的にも評価の高い活動となった。

(3) ユイマールに支えられた内間大綱引きの復活

　このような機関紙づくりによる地域学習を通して、青年たちは戦前の内間に大綱引きがあったことを発見する。そして、宿泊研修先で出会った渡嘉敷青年会との交流のなかで渡嘉敷の大綱引きの話を聞き、3年後の再発足10周年記念事業として「内間区で伝統的に行われていた綱引きを、我々の手で復活させよう」という壮大な夢を描くことになる。

　内間の大綱引きは、1935年（昭和10）ごろまで毎年旧暦6月25日の夜に行われていたが、以後は行われていない。どのように行ったのかを知る古老も少なく、また農業を基盤としない今日の内間で大綱引きをなぜ復活させるのかという批判的な声もあった。しかし、青年は綱引き復活を目的に、1998年から毎年渡嘉敷島の祭りに通い続け、綱編みの技能から当日の運営方法まで、体験による学習を重ねた。同時に自治会への協力依頼や情報の提供を呼びかけ、最初は懐疑的だった区民も次第に青年の熱意に押されるようになる。その綱引き開催の趣旨は、「以前内間部落でもおこなわれていた『綱引き』を現在、内間青年会の10周年事業の一貫として再現させ、内間地域住民の手で綱を編む共同作業によって地域の子どもからお年寄りまで心の連帯感をつくり、その綱を引くことで内間地域の『心の五穀豊穣』を願う」として、地域の共同性を再構築することに主眼が置かれている。

　伝統を掘り起こし、創造活動を続けてきた青年会であっても、この事業に関しては、地域の共同性を基盤にしなければ成功しないことは明白であった。直径約30cm、長さ約90mもの綱を編むためには、多くの区民参加と人手が必要である。そこには、既製の綱を使うのではなく、あくまでも区民が心を一つにして編んだ綱を使い、地域づくりに結びつけたいという願いがある。また、綱を編むための大量の藁は、現在の農業を基盤としない内間では入手は不可能である。彼らは、内間に多く住む伊是名島出身者の協力と人間関係を得て、伊是名島と渡嘉敷島から藁を調達する

ことになった。交流のある渡嘉敷島では、2000年夏の「自然と遊ぼう太陽の子」研修において、子ども会と共に綱編みの講習会を行い、2001年6月には青年会で再度島に渡り、1週間に渡って渡嘉敷の方々と稲を刈り、藁干しを手伝い、それを内間へ運んだのである。青年たちは、できあがったものを単に譲り受けるのではなく、農作業の厳しさ、共同作業の大切さを体験した上で、綱引きという労農の集大成に望んだのである。

　青年たちは7月から毎週末、公民館で大量の藁を束ね、綱にしていく作業を開始した。同時に機関紙上での綱編みの参加呼びかけや、その意義を地域行事のある度に訴えたが、綱編みに参加してくれたのは、自治会や各団体の人々、そして伝統の復活を心待ちにする高齢者と、興味を示す子どもが殆どであった。大綱引きの伝統を知らない多くの区民は、半信半疑のまま静観していたが、口コミや作業風景を見て参加する若い父母の姿も見られるようになり、次第に共同性の輪は広がり始めたのである。

　8月12日、綱引き当日には、青年会の予想をはるかに超える区民が参加した。神事で始まった祭りは、祭事としての民俗芸能と子ども会ジュニアによる棒術が披露された。そして青年会が手づくりした5本の旗頭が登場し、そして2本の雄綱、雌綱が運ばれ、一つに結束した。66年ぶりの大綱引きは、区民の老若男女誰もが綱をつかみ、双方へ懸命に引き合い、勝敗に関係なく歓喜の声を上げたのである。大綱引きの復活は、地域の人間関係を一体感を伴ってとり結び、精神的充足と伝統への価値を再認識することにつながった。城間拓海会長は、次のように伝統の創造の内実を語っている。

　　今日の内間青年会があるのも大綱引きが復活できたのも諸先輩方がレールを敷いてくれたおかげだと思います。地域と密着して青年会としてできるだけのことをこれからもやっていきたいと思います。次の時代の後継者になる子ども会の育成も青年会の重要な事業の一つだと考えて取り組んでいます。先輩方が築いた伝統を守り、また後輩たちにも伝え、地域に貢献する青年会活動を続けていきたいと思います[23]。

一度消えてしまった伝統を再び創造することは、地域の時間的な連続性を総世代で取り戻すことに他ならない。青年会の大綱引き復活にかける持続した学習と活動のなかには、伝統を支える地域の共同性が再構築されているという確信があったからこそ、実現可能となったのである。そして「来年もまたやりたいね」という区民の声は、青年会の存在価値を認識し、地域の共同性の広がりを示唆するものとして捉えたい。

第6節　結びにかえて

　再発足当時、高校時代から青年会に関わった青年たちは、今ではリーダーとして活躍している。ある青年の父親は次のように彼の成長を振り返っている。

　　まさか、自分の子どもが青年会に入るとは思いもしなかった。友だちと一緒に内間青年会に行き、そのまま入ることになったという。小さい頃は、泣き虫で引っ込みがちな子だったのが、いつの間にか大人びてみえるようになり、たくさんの人の前で太鼓をたたくと言い出した。私は本当にこの子ができるのかととても心配だった。初めて子どもが太鼓を叩いている姿を見てびっくりしたのと、間違わないようにと強く願っていた。ここまで、大きく成長し精神的にも強くなれたのは、青年会に入ってからだと思う[24]。

　地域の共同性は、文化を先行世代から継承し或いは新しい文化を創り、その文化の中で生活し、その文化を後続世代に伝承する労働によって支えられてきた。文化における生産と労働とは、利潤を追求せず損得勘定のない、本来の労働-「ユイマール」-であり、そのため人間形成という教育作用を内包している。たとえば、「エイサーを誇りに思う」青年の人間形成は、練習と鍛錬という共同の労働によって成立し、それを「認める」他者の存在によって自らを肯定するのである。また、綱を編むという労働は、大綱引きを生活文化としてきた先祖への共感と、稲を育てる生産過

程の労苦が包含され、そして綱を完成させるまでの共同作業が世代を超えた連帯感をもたせている。

　このような内間青年会の活動が、再発足から10年にわたり、地域の埋もれた伝統を創造することによって、地域の共同性を再構築し、そして内間の将来を担う子どもへの文化伝承を確立してきたことは、県内においても高く評価されている。

　エイサーを契機に育ててきた子どもたちが、現在青年会員として入会する時代になった。青少年育成の成果がようやく結実し始めている。また、青年会員の中にも子育て世代が増えつつあり、「自分の子どもが育てられる環境なのかどうか」という初代会長の言葉は、今でも現実課題として受けとめられている。繰り返される青少年問題を食い止めるために、家庭や地域、学校の連携が重要なのは言うまでもない。子どもたちにエイサーを指導する青年にとっても、健全育成を阻む大きな課題であると同時に、子どもたちをそのように育て、追いつめる側の責任をともに考えたい。

　子どもの未来を担う環境づくりは、青年を含め大人の共同性を再構築させることによって、地域が人間形成の場、発達の場として再生することに他ならない。その意味における地域の共同性が、今後複雑化する地域課題に対してどのような教育作用を発揮していくのか、そして伝統の創造がどのように消費文化と対抗しながら展開していくのか、なお引き続き注目していきたい。

[第4章注記]

(1) Spranger, E., *Kultur und Erziehung*, Quelle & Meyer, 1919.4. Aufl. 1928；村井実、長井和雄訳『文化と教育』玉川大学出版部、1956年、212頁。
(2) 松原治郎・鐘ヶ江晴彦『地域と教育』第一法規、1981年、2頁。
(3) 河合利光『生活文化論－文化人類学の視点から』建帛社、1995年、163頁参照。
(4) 「シマンチュ」とひとくくりで書いたが、実際には他者との関係によって共同性が選択される。さしあたって、石井宏典『移動する共同体－環太平洋地域における沖縄一集落移民の展開－』(30頁)における本部町備瀬出身者の例を示しておこう。

われわれ・うち	かれら・そと	状況の事例
仲宗根門中	高良門中	五月御祭、後継ぎ問題、備瀬区民運動会、葬儀
メンバーリンチュ	シンバーリンチュ	集落内のつきあい、綱引き、町議選挙
ビシンチュ（備瀬人）	グシチンチュ（具志堅人）	豊年祭、町内運動会、町議選挙、備瀬同志会
モトゥブンチュ（本部人）	ナゴンチュ（名護人）	名護に出たとき、大阪や那覇の本部町人会
ヤンバラー（山原人）	ナーファンチュ（那覇人）	那覇に出たとき、県議選挙
ウチナーンチュ（沖縄人）	ヤマトゥンチュ（大和人）	本土への出稼ぎ、復帰20周年のとき
沖縄県人	他府県人	沖縄県人会、高校野球
日本人	アメリカー（アメリカ人）	国外移民、日米戦争、日本復帰運動

(5) 大田昌秀『沖縄人とは何か』green-life、1975年、228頁。
(6) 市の無形民俗文化財に指定されているものは、勢理客の獅子舞(国選択)、仲西の獅子舞、内間の獅子舞、前田の棒、内間の棒がある。
(7) 沖縄市企画部平和文化振興課『エイサー360°－歴史と現在－』那覇出版社、1998年、243頁。
(8) 浦添市内の自治会を歴史的形成過程によって分類すると、①古村落の伝統をひきつぐ「古村落型自治会」、②近世になって古村落の周辺に寄留したハルヤーないしはヤードゥイ集落に起源をもつ「新村落型自治会」、③戦後全く新たに住民が流入してできた「戦後型自治会」の3種に分けられる。詳しくは、『浦添市史　第7巻資料編6　浦添の戦後』1987年を参照のこと。
(9) 内間青年会機関紙「茶貫軒丸」1996年6月1日第2号　東江尚治、城間拓海のことば。
(10) 同上　2001年4月1日第54号。

(11)　同上　2001年1月1日第53号。
(12)　同上　2001年4月1日第54号。
(13)　同様な調査には、内間青年会元会長へのライフ・ヒストリー分析をした小林平造の「集落活動の社会教育的意義に関する研究−内間青年会の字実践、担い手のlife　history分析を中心に−」(『沖縄の字(集落)公民館研究』第2集、2004年)がある。小林の分析視点は、青年の自立(経済的自立、社会的自立、精神的自立)が、個々のlife　historyからどのように獲得されていったかを強調しているが、筆者は地域の共同性に青年がどのように関わっていくのか、その人間関係の形成に着目して、本人の「語り」から分析することを試みた。
(14)　呉宣児『語りからみる原風景−心理学からのアプローチ』萌文社、2001年、11-12頁。
(15)　調査は、2004年11月1日にA青年本人と妻子にも同席してもらい、互いに事実確認をしながら「共同語り」を実施した。
(16)　具体的には、公共の空間で他者の目を全く気にせずに携帯電話で話をする人や、化粧をする人、座席を占拠して座る人、地べた座りする人などなど、今日の若者の逸脱行動に関してあげれば枚挙に暇がない。そのような態度には、自分自身と電話をしている相手への関心は払っていても、周辺の他者への関心は全くないと思われる。
(17)　宮台真司、香山リカ『少年たちはなぜ人を殺すのか』創出社、2001年、15頁。
(18)　前田子ども会は、地域に青年会がないため、隣接する宮城の青年会からエイサーの指導を受けているが、その宮城子ども会では、内間のように青年会からエイサーを習うということにはなっていない。その地域に青年会と子ども会があったとしても、必ずしもお互いに教え合うというわけではないようである。
(19)　本調査は、平成14年度学術振興会科学研究費(研究代表：南里悦史)による「子どもの生活体験と日常生活に関する調査」を2002年11月に内間小学校4〜6年生に実施したものである。
(20)　内間小学校PTA、内間小学校区子ども会育成会長連名による内間自治会長宛の公文書「子どもエイサーの指導について(依頼)」による。1994年11月29日。
(21)　金城龍一「青少年の未来を担う環境づくり」沖縄県教育庁那覇教育事務所主催「平成11年度那覇地区PTA指導者研修会」における事例発表による。1999年7月10日。

（22）　内間小3年の浜比嘉未来の感想　内間青年会機関紙「茶貫軒丸」1996年12月1日第5号。
（23）　浦添市役所『広報うらそえ』2001年9月1日。
（24）　青年会員・當眞智活の父による寄稿。2000年。

表4－3　　内間青年会年表

年	月	日	主　な　事　柄
1992	5		青年会結成に向け動き出す。琉球國祭り太鼓、牧港青年会のエイサーを習う。大太鼓、締太鼓、旗を新調
	6	20	自治会主催青年会発足激励会
	8		七月エイサー道ジュネー初演舞（3日間）。牧港エイサーを踊る（12名）牧港青年会、地謡が協力 牧港青年会の道ジュネーに参加
	9		プリマートオープン記念で青年エイサー祭りを開催。内間、宮城、城間、仲間、牧港青年会が出演
		22	旧八月十五夜豊年祭に「馬山川」で出演
	11	3	首里城祭に琉球國祭り太鼓のエイサーで出演。その後琉國エイサーから離れる
1993	1	30	第11回沖縄県青年問題研究集会に参加 獅子舞保存会から獅子舞を習い始める 障害者支援チャリティーでエイサー演舞
	2		「唐船ドーイ」を創作
	6	30	エイサー練習開始
	7	1	平安名青年会と交流
		2	鹿児島県団と青年会館にて交流
		6	役員会議
		9	ハーモニーセンター落成記念パーティ
		11	自治会親睦バレーボール
		13	内間小学校にて体型練習開始
		15	会員募集のチラシ配布
		29	事務所へのエイサー準備資金の寄付協力願開始
	8	8	青年ふるさとエイサー祭りへの結団式
		11	エイサー出場に関するRBCの取材
		14	マチナトタウンでエイサー演舞
		15	内間小学校にてエイサーリハーサル
		17	地謡との打ち合わせ開始
		21	第29回青年ふるさとエイサー祭り郷土芸能の部に獅子舞出演
		22	第29回青年ふるさとエイサー祭りエイサーの部に初出演（牧港エイサーを踊る）
		29	第16回浦添市てだこ祭りにエイサーで出場
	9	3	牧港青年会エイサー応援
		11	なは青年祭で空手・エイサー演舞（牧港エイサーを踊る）
		13	七月エイサー道ジュネー（～14）
		15	自治会敬老会
		18	プリマート開店一周年記念でエイサー演舞
		19	西濃運輸観月会でエイサー演舞
		22	浦添高校舞台祭応援
		23	佐敷町青年会からエイサー依頼
		25	ベスト電器内間店一周年記念でエイサー演舞
	10		混成軍創立記念式典でエイサー演舞
		2	旧八月十五夜豊年祭で青年の獅子舞初演舞。エイサーと「マミドーマ」演舞
		10	浦添市陸上競技大会に参加

第4章　伝統の創造による共同性の再構築　　179

年	月	日	主 な 事 柄
			嘉手納町海邦船と交流会
		23	恩納村でビーチパーティ（エイサーの打ち上げ）
	11		内間エイサー完成／全6曲（「安里屋ユンタ」「花の十五夜」除く）
			内間エイサー初演舞
		27	嘉手納町連合青年会と交流会
	12	26	交通遺児募金活動でエイサー演舞
1994	2		日米カブスカウト交流会でエイサー演舞（キャンプ・キンザー）
		12	第12回青年問題研究集会に3名参加（名護青年の家）
		21	県知事と語る集いに参加
	3		会員の祖母73歳祝いでエイサー演舞
		26	北部＆中部青年交流会（〜27）
	4	15	嘉手納町連合青年会総会でエイサー演舞
		30	第1回定期総会
	5		ジャスコ那覇店オープン記念でエイサー演舞
		19	役員会
		27	第6期本島地区明倫塾（前期）に参加（〜29）
	6		エイサー練習開始
	7	9	ハートフルピースin沖縄でエイサー演舞
		24	第17回浦添市てだこ祭りにエイサー出演（締太鼓のみ）
	8		「安里屋ユンタ」、ティーモーイの創作完成
		13	牧港ニュータウンまつりでエイサー出演
		14	こどもの国エイサーの夕べでエイサー演舞。内間小学校で青年ふるさとエイサー祭りのリハーサル
		15	役員会
		16	定例会
		18	七月エイサー道ジュネー（〜20）
		22	嘉手納町青年祭りでエイサー演舞
		25	A＆W盆踊りでエイサー演舞
		26	第30回青年ふるさとエイサー祭り舞踊出演
		27	第30回青年ふるさとエイサー祭り郷土芸能の部にエイサーで出演
		28	青年ふるさとエイサー祭り協力
		29	玉城香織さん結婚披露宴でエイサー演舞
	9	10	公民館清掃
		13	結婚披露宴及び会員の祖母お祝いでエイサー演舞
		20	敬老会及び旧八月十五夜豊年祭で獅子舞演舞
	10	9	沖縄県青年・婦人国内研修に参加（北海道）
		16	浦添市自治会運動会に参加
		23	浦添市青年民俗芸能フェスティバルでエイサー演舞
		24	定例会（石垣市青年文化発表会について）
		30	浦添市青年民俗芸能フェスティバル慰労会
	11	19	石垣市へ下見（〜20）
		25	第6期本島地区明倫塾（後期）に2名参加（〜27）
		30	「ダイサナジャー」完成。石垣青年文化発表会に向けた地謡合わせ
	12	2	第8回青年文化発表会でエイサー演舞（〜4）
		11	奄美青年文化の祭典でエイサー演舞（〜12）
		15	反省会

年	月	日	主な事柄
		18	第42回本島縦断青年駅伝大会に動員参加
		25	チャリティーエイサー祭りに出演（パレット久茂地前）
1995	1	19	沖青協にてイベント（10名参加）
		21	内間小学生の13歳祝いでエイサー演舞
		22	日米カブスカウト交流会でエイサー演舞（キャンプ・キンザー）
		29	青年野球
	2	8	役員会
		11	第13回語てぃ遊ばなぁ青年交流セミナーに4名参加（～12、伊平屋村）
			会員の祖母お祝いでエイサー演舞
			第11回内間文化祭で展示（12日はエイサー演舞）
		25	浦添市青年研修会に参加
		28	浦添市青年交流会
	3	10	静岡県青年と交流会
		11	渡嘉敷青年文化祭でエイサー演舞
		21	浦添市青年学級で平和学習
		24	定例会
		26	会員の祖父お祝いでエイサー演舞
		28	会員の職場落成式でエイサー演舞
	6		エイサー練習開始
	7	7	たんぽぽ園夕涼み会でエイサー演舞
		8	TSUTAYA内間店オープン記念でエイサー演舞（～9）
		29	第18回浦添市てだこ祭りでエイサー演舞（～30）
	8	30	七月エイサー道ジュネー（～9/1）
	9	2	七月エイサー後かたづけ
		3	玉城千枝子「舞い心・遊びごころ」でエイサー演舞
			青年ふるさとエイサー祭り後かたづけ協力
		9	自治会敬老会及び旧八月十五夜豊年祭
		16	七月エイサー道ジュネー反省会
	10	1	第1回大琉球・まつり王国国際通りパレードに出演
		5	「沖縄県民の生命・人権・財産を守るため、日米地位協定の改正を要求する沖縄県青年会総決起大会でデモ参加（市美術館→米国領事館）
		8	浦添市民俗芸能フェスティバルに出演
			自治会対抗浦添市陸上競技大会に出場
		21	日米地位協定の改正を要求する沖縄県民総決起大会に参加
		29	浦添市青年交流会参加（バレーボール大会）
	11	19	浦添市青年交流会参加（キックベースボール大会）
		22	内間小学校の日本PTA賞受賞祝賀会でエイサー演舞
		26	東江尚治の叔父結婚披露宴でエイサー演舞
	12	12	自治会忘年会
		24	青年会忘年会
1996	1	3	会員の祖父お祝いでエイサー演舞（阿嘉島）
		11	獅子舞保存会と練習の打ち合わせ
		18	獅子舞練習を毎週木曜日に行う
		20	新年会及び成人祝い
		21	第43回本島縦断青年駅伝大会に動員参加
	2	4	八重岳桜祭り見学

第4章　伝統の創造による共同性の再構築　　181

年	月	日	主 な 事 柄
		11	獅子舞保存会総会で獅子舞演舞（4名）
		17	浦添市青年交流会参加（野球大会）
		18	OBからのエイサー依頼
		24	第12回内間文化祭（展示、獅子舞、エイサー、～25）
			浦添市青年宿泊研修会（～25）
	3	17	平和メッセージコンサートでエイサー演舞
		31	浦添市青年学級（料理の鉄人）
	4	5	第2回定期大会
			エイサー練習開始、獅子舞練習開始、機関紙「茶貫軒丸」5月号作成、役員会
		13	福岡「交通安全ハーレーパレード」イベント
		27	浦添市青年宿泊研修会（～28、糸満青年の家）
		28	自治会定期大会参加
	5	1	青年会機関誌「茶貫軒丸」第1号発刊
		10	結婚披露宴でエイサー演舞
		18	子ども会エイサー指導開始・バーベキューパーティー
		19	浦添地区青年大会に野球出場
		26	中頭地区青年大会に野球・女子綱引き出場。女子綱引き優勝
	6		機関紙「茶貫軒丸」7月号作成、役員会
		2	インディアカ講習会
		15	あそぼー会主催ボウリング大会
		30	第42回沖縄県青年大会で女子綱引き優勝
	7		エイサー練習（毎日）、機関紙「茶貫軒丸」8月号作成、役員会
		7	自治会グラウンドゴルフ大会
		12	ハートフルピースin沖縄に参加（～14）
		20	第19回浦添市てだこ祭りでエイサー演舞（～21）
	8	4	第2回一万人エイサー踊り隊に出演
		17	道ジュネーの地謡打ち合わせ
		22	七月エイサー道ジュネー（～24）。子ども会と初共演。獅子舞初登場
		25	こどもの国エイサーの夕べに子ども会と出演。道ジュネー反省会
		27	大名交差点ガーエー（中日）。平良町、大名、沢岻、内間青年会が参加
	9	7	青年ふるさとエイサー祭りのリハーサル
		10	青年ふるさとエイサー祭りの地謡合わせ
		14	青年ふるさとエイサー祭りの地謡合わせ
		15	第32回青年ふるさとエイサー祭り郷土芸能の部で獅子舞演舞
		16	エイサーの部に出演
		22	浜松短期大学との交流会
		27	敬老会及び旧八月十五夜豊年祭で獅子舞演舞。3演舞そろう
		29	ありあけの里観月会で獅子舞、エイサー演舞
	10	5	大名交差点ガーエーの反省会＆交流会
		6	棚原さん米寿祝いでエイサー演舞
		9	浦添市陸上競技大会結団式
		12	第2回大琉球・まつり王国でエイサー演舞
		13	浦添市陸上競技大会に出場
		15	大琉球・まつり王国でエイサー演舞
		17	大琉球・まつり王国で獅子舞・エイサー演舞

年	月	日	主 な 事 柄
	11		機関紙「茶貫軒丸」12月号作成
		3	青年会主催第45回全国青年大会結団式
		6	沖青協主催全国青年大会結団式
		7	第45回全国青年大会出場（〜10）。女子綱引きに出場し、ベスト4（10日）
		8	小橋川さん結婚披露宴でエイサー演舞
		10	東江さん結婚披露宴でエイサー演舞
		24	中部地区生きがいフェスティバルにエイサー出演
		30	内間婦人会演芸まつりでエイサー演舞
	12		機関紙「茶貫軒丸」1月号作成
		1	北海道農業青年団との交流会
		6	日青協沖縄視察団に参加（〜8）
		7	西武オリオンでエイサー演舞
		21	那覇工業高校30周年式典でエイサー演舞
			子ども会とクリスマスパーティー
		22	あそぼー会主催バスケットボール大会及び忘年会
		29	定例会
1997	1		機関紙「茶貫軒丸」2月号作成
		2	パレットくもじ初商いで獅子舞演舞
			会員の祖母73歳祝いでエイサー演舞（〜3）
		12	エイサー勉強会「これからの内間青年会」
		17	本島地区青年団体指導者研修会に参加（〜18）
	2		機関誌「茶貫軒丸」3月号作成
		1	海王堂の霊祭でエイサー演舞。第13回内間文化祭（展示、エイサー、〜2）
		15	OB結婚披露宴で余興・エイサー演舞
		20	あそぼー会主催キックベースボール大会
	3		機関紙「茶貫軒丸」3月号作成
		9	第29回全国青年団教宣コンクール機関紙の部で「茶貫軒丸」が優秀賞を受賞
			大阪派遣資金造成チャリティーグランドゴルフ大会
		17	定例会
		22	浦添市青年宿泊研修会（〜23）
	4		機関誌「茶貫軒丸」4月号作成
		6	大阪・沖縄伝統文化チャリティ公演でエイサー演舞
		25	第3回定期総会
		28	役員会
	5	22	浦添市青年連合会定期総会
		25	第1回子ども会＆青年会ピクニック
		30	本島地区青年団体指導者研修会に参加（〜31）
	6	14	中部地区青年大会に男子バスケット出場（〜15）
		22	エイサー結団式・バーベキュー
		28	第43回沖縄県青年大会で男女混合綱引きで優勝（〜29）
	7	5	第20回浦添市てだこ祭り（パレード・エイサー）参加
			ハートフルピース in 沖縄に参加（〜6）
		20	「自然と遊ぼう太陽の子」宿泊研修下見（〜21）
	8		「花の十五夜」創作完成、獅子舞保存会から棒術を習い始める(毎週木曜日)
		3	第3回一万人エイサー踊り隊に出演。「花の十五夜」初演舞
		10	こどもの国エイサーの夕べに子ども会と出演

第4章　伝統の創造による共同性の再構築

年	月	日	主 な 事 柄
		14	七月エイサー道ジュネー。旧盆に初めて実施する。棒術と獅子舞を出演させる
		15	七月エイサー道ジュネー（中日）。大名交差点ガーエー
		16	七月エイサー道ジュネー（ウークイ）
		23	七月エイサー道ジュネー・4日目
	9		役員会
		13	青年と子どものふれあい研修「自然と遊ぼう太陽の子」、台風のため渡嘉敷島へ渡れず中止。内間小体育館でバーベキュー、スポーツ大会を行う（〜14）
		16	敬老会及び旧八月十五夜豊年祭で獅子舞、エイサー演舞
		17	役員会
		29	全国交通安全運動でビラ配り
	10		役員会
		4	会員の姉結婚披露宴でエイサー演舞
		10	名古屋市青年団との交流会及び平和学習（〜11）
		12	浦添市自治会対抗陸上競技大会
			「カンカラ三線を通しての青年文化交流会」に参加
		14	第3回大琉球・まつり王国でエイサー演舞（〜16）
		19	県生涯学習フェスティバルでエイサー演舞
	11		役員会
		1	OB結婚披露宴でエイサー演舞
		2	浦添市青年学級開級式（バレーボール）
		7	第46回全国青年大会に男女混合綱引きで出場（〜10）
		15	第10回全国スポレクおきなわ'99でエイサー演舞
		23	浦添市青年学級（救急法）
		29	内間婦人会結成50周年式典に出席
	12		役員会
		13	忘年会
		14	佐敷町「さしきタグロープ大会」綱引き出場
		20	子ども会とのクリスマスパーティー
1998	1	3	新春もちつき大会
		15	浦添市成人式でエイサー演舞
		17	鳥取県八頭郡青年団との交流会
		25	浦添市青年学級（沖縄のお菓子づくり）
		31	糸満市大里青年会との新年会
	2	7	第14回内間文化祭で棒術初演舞（〜8）
		14	海王堂の霊祭でエイサー演舞
		15	「ペプシカップ」綱引き大会出場
	3	8	浦添市青年綱引き大会で女子2位
		14	第16回語てぃ遊ばなぁ青年交流セミナーに参加（糸満青年の家、〜15）
		19	「少年の刃物事件について」の勉強会
		21	浦添市青年宿泊研修会（〜22）
		26	役員会
	4	18	第4回定期総会
		28	自治会定期総会に参加
	5	16	5.15平和行進に参加（恩納村→嘉手納町）

年	月	日	主 な 事 柄
		17	波宮祭の砂浜綱引き大会で女子3位
		24	第2回子ども会&青年会ピクニック
		29	本島地区青年団体指導者研修会に参加（名護青年の家、～31）
	6	7	日本善行会より青少年善行表彰
			中部地区青年大会に野球でOB「青水会」が初出場
		12	浦添市青年連合会定期総会に出席
		14	自治会班対抗グラウンドゴルフ大会に参加
		21	子ども会&青年会宿泊研修の下見（渡嘉敷村）
		23	エイサー結団式・バーベキュー
		26	野外教育指導者研修会（国立青年の家、～28）
	7	10	ハートフルピース in 沖縄に参加（～12）
		12	宿泊研修の事前研修（海洋生物についての講演会及び救急法）
		14	宿泊研修の保護者説明会
		18	青年と子どものふれあい研修「自然と遊ぼう太陽の子」（渡嘉敷村、～20）
		25	第21回浦添市てだこ祭りパレードに参加（～26）
		29	子ども会&青年会宿泊研修反省会
	8	2	第4回一万人のエイサー踊り隊に出演
		15	渡嘉敷村綱引き（事前研修）に4名参加（～17）
		22	自治会盆踊り大会（3年ぶりに復活）
		29	第34回青年ふるさとエイサー祭り郷土芸能の部で獅子舞演舞
	9	3	七月エイサー道ジュネー
			（4日：大名交差点ガーエー、5日：宮城青年会ガーエー）
		11	役員会　道ジュネー反省会
		12	敬老会
		16	子ども会育成会と道ジュネー反省会
		19	大平養護祭りにエイサー出演。恩納村エイサー祭りに出演。道ジュネー打ち上げ
		27	青水会、嘉手納町連合チームと野球大会
	10	3	大名交差点ガーエー打ち上げ（沢岻公民館）
			青年ふるさとエイサー祭り打ち上げ（恩納村）
		5	旧八月十五夜豊年祭で獅子舞、棒術、エイサー演舞
		7	渡嘉敷月見会打ち合わせ（～8）
		11	青年会長の叔母カジマヤー祝いでエイサー演舞
		13	第4回大琉球・まつり王国でエイサー演舞
		18	浦添市自治会対抗陸上競技大会に参加
	11	7	渡嘉敷月見会でエイサー、獅子舞、マミドーマ演舞
		15	結婚披露宴でエイサー演舞
		18	名古屋大学教育学部付属高等学校とのエイサー交流
		21	渡嘉敷月見会打ち上げと交流会
		29	浦添市青年学級開級式（野球交流）
	12	19	子ども会&青年会クリスマスパーティー
		20	浦添市青年学級（沖縄そばづくり）
1999	1	2	新年会
		3	会員の叔父還暦祝いでエイサー演舞（渡嘉敷村、～4）
		8	自治会新年会。結婚披露宴でエイサー演舞
		15	浦添市成人式でエイサー演舞

第4章　伝統の創造による共同性の再構築　　185

年	月	日	主 な 事 柄
		24	市青連主催ボウリング大会に参加
		29	第17回語てぃ遊ばなぁ青年交流セミナーに参加（伊平屋村、～30）
		31	浦添市婦人連合会演芸の集いでエイサー演舞
	2	7	結婚披露宴でエイサー演舞
		11	花見会
		13	海王堂の霊祭でエイサー演舞
		14	浦添市青年学級（ボウリング大会）
		20	沖青協結成50周年記念式典でエイサー演舞
		27	第15回内間文化祭（～28）
	3	5	第44回全国青年問題研究集会に参加（～7）。第31回全国青年団教宣コンクール機関紙の部で「茶貫軒丸」が優秀賞、取材記事賞受賞
		13	浦添市青年宿泊研修・青年学級（～14）
		21	結婚披露宴でエイサー演舞
	4	11	第5回定期総会
		28	内間自治会総会
	5	9	会員の結婚式
		16	なんみん祭
		23	内間小子ども会＆青年会ピクニック（県総合運動公園）
		30	浦添市青年連合会総会
	6	13	内間自治会グランドゴルフ大会に参加
		14	兵庫県宝塚市立山手台中学校と交流
		19	エイサー結団式
	7	3	渡嘉敷研修下見
		11	自転車交通安全講習
		18	宿泊研修の事前研修（海洋生物についての講演会及び救急法）
		23	第22回浦添市てだこ祭りに参加
	8	8	第5回一万人のエイサー踊り隊に出演
		13	子ども会・青年会宿泊研修「自然と遊ぼう太陽の子」（渡嘉敷村、～15）
		23	旧盆道ジュネー（24日は大名交差点ガーエー、～25）
		28	恩納村エイサー祭りに出演。牧港ハイツ納涼祭でエイサー演舞
		30	学園通り納涼祭に出演
	9	4	第35回青年ふるさとエイサー祭りへの協力（～5）
		5	会員の親戚結婚披露宴でエイサー演舞
		18	内間保育園鑑賞会で獅子舞演舞
		19	道ジュネーの総括
		24	自治会敬老会及び旧八月十五夜豊年祭
		25	大名ガーエーの打ち上げ
		26	道ジュネーの総括
		30	鹿屋体育大学生へエイサー演舞
	10	2	浦添高校舞台祭応援
		10	浦添市自治会対抗陸上競技大会に参加
		15	コロニー祭で獅子舞・棒術出演。大琉球・まつり王国でエイサー演舞
		30	渡嘉敷十五夜祭りに出演（～31）
	11	10	泡盛品評会で獅子舞演舞
		15	自治会主催ミカン狩りツアーに参加

年	月	日	主 な 事 柄
		17	名古屋大学教育学部付属高等学校とのエイサー交流
		20	浦添市青年宿泊研修に参加（～21）
		21	安岡中学校文化祭協力
	12	6	静岡県立三島南高校とのエイサー交流
		11	青年会&子ども会クリスマスパーティー
		19	青水会&青年会忘年会
2000	1	2	新年会
		7	自治会新年会
		28	第18回語てぃ遊ばなぁ青年交流セミナーに参加（渡嘉敷村、～30）
		29	OB新築祝いでエイサー演舞
	2	6	青年会主催ボウリング大会
		11	仲村和文さん結婚披露宴でエイサー演舞
		26	第16回内間文化祭
	3	5	仲石さん古希祝いでエイサー演舞
		10	浦添警察署長授賞式に出席
		12	青年会主催スポーツ大会（バスケット、バドミントン）
		18	パーランクーサークル6年生を送る会に参加
		25	OB新築祝いでエイサー演舞
		26	会員の叔父古希・新築祝いでエイサー演舞
	4	16	第6回定期総会
		20	会員の祖父古希祝いでエイサー演舞
		21	浦添市建築業協会でエイサー演舞
		28	内間自治会定期総会に出席
	5	14	なんみん祭
		17	地域懇談会
		28	内間小子ども会&青年会ピクニック（具志川レクリエーションセンター）
	6	4	自治会グラウンドゴルフ大会に参加
		9	渡嘉敷研修の下見
		25	応急救護法・海洋有害生物・ハブ勉強会
		30	琉球芸能の夕べでエイサー演舞
	7	1	エイサー結団式
		15	自転車交通安全講習会
		20	子ども会・青年会宿泊研修「自然と遊ぼう太陽の子」（渡嘉敷村、～23）
		27	渡嘉敷宿泊研修総括
	8	7	屋富祖通りでエイサー演舞
		12	旧盆道ジュネー（13日は大名交差点ガーエー、～14）
		18	「琉華亭」開店祝いでエイサー演舞
		19	第23回浦添市てだこ祭りに出演
		27	学園通り納涼祭でエイサー演舞。第36回青年ふるさとエイサー祭りの協力（～29）
	9	3	旧盆道ジュネー総括
		4	青年会再発足10周年準備委員会発足
		9	大名ガーエーの打ち上げ
		12	敬老会及び旧八月十五夜豊年祭
		16	渡嘉敷十五夜祭りでエイサー演舞
		17	青年会再発足10周年記念実行委員会発足

第4章　伝統の創造による共同性の再構築　　187

年	月	日	主 な 事 柄
		22	国仲さん結婚披露宴でエイサー演舞
		23	神森中学校お別れ校舎セレモニーに旗頭を出す
	10	6	浦添高校体育祭の協力
		8	浦添市自治会対抗陸上競技大会に出場
		15	生涯学習フェスティバルでエイサー演舞
		21	結婚披露宴でエイサー演舞
		28	夏のお疲れさん会（恩納村、〜29）
	11	2	10周年記念事業・芸能祭練習開始
		5	平田さん結婚披露宴でエイサー演舞
		12	仲尾さんカジマヤーでエイサー演舞
		15	名古屋短期大学附属高校にエイサー演舞
	12	2	10周年記念事業・青年会大同窓会
		13	青水会忘年会
		16	子ども会・青年会クリスマスパーティー
		17	玉寄さん結婚披露宴でエイサー演舞
		20	国場幸一・律子結婚披露宴でエイサー演舞
2001	1	2	青年会「語やびら10年」パネルディスカッション＆新年会
		7	浦添市成人式でエイサー演舞
		12	自治会新年会
	2	4	内間小学校学芸会で棒術演舞
		10	特別養護老人ホームのトゥシビー祝いでエイサー演舞
		11	10周年記念事業・芸能祭リハーサル
		25	10周年記念事業・芸能祭
	3	1	なかや食材でエイサー演舞
		2	国際交流課留学生送別会
		10	パーランクーサークル6年生を送る会に参加
	4	1	会員の祖母カジマヤーでエイサー演舞
		22	第7回定期総会
	5	10	市長就任祝いパーティーに出席
		19	パーランクーサークル入会式
		20	なんみん祭
		26	エイサー結団式
		27	グリーングリーンデーでキックベースボール大会
	6	1	会員のいとこ結婚披露宴でエイサー演舞
		16	綱引きの藁を取りに渡嘉敷へ
		20	青年会再発足記念エイサー
		22	式典リハーサル
		24	青年会再発足10周年記念式典
	7	7	大道保育所夕涼み会でエイサー演舞
		20	第24回浦添市てだこ祭りにエイサー出演（〜21）
		28	渡嘉敷から講師を招いての綱編み講習会
	8	12	内間大綱引き
		18	自治会盆踊り
		19	第37回青年ふるさとエイサー祭りエイサーの部に出演
		24	神森中学校LPガス吸引事件緊急集会
		31	旧盆道ジュネー（〜9/2）

年	月	日	主　な　事　柄
	9	21	コロニー祭でエイサー演舞
	10	1	敬老会及び旧八月十五夜豊年祭
		7	中部地区野球大会に参加
		11	沖青協主催ハワイ交流会に参加
		14	浦添市自治会対抗陸上競技大会に参加
		20	婦人連合会と交流会
		21	内間小学校運動会に参加
		27	青年ふるさとエイサー祭りの打ち上げ
	11	3	会員の結婚披露宴
		11	浦添市青年連合会エイサー祭りに出演
		18	LPガス事件の話し合い
		25	山里さん結婚披露宴でエイサー演舞。平田大一さんと交流会
	12	1	浦添商業高校30周年記念式典に参加
		8	自治会忘年会
		10	歌酒処「恒」でエイサー演舞
		13	会員のいとこ結婚披露宴でエイサー演舞
		16	公民館の大掃除
		22	子ども会&青年会クリスマスパーティー
2002	1	2	新年会
		13	成人式。会員の結婚披露宴でエイサー演舞
		19	「語てぃ遊ばなぁ青年交流セミナー」に参加
		20	子ども会たこ揚げ
		27	中部地区野球大会に参加。がんじゅー会餅つき
	2	2	カンカラ三線づくり
		3	てだコウォークでエイサー・獅子舞演舞
		10	ボウリング大会。上野景三先生との交流会
		11	鹿児島大学小林平造先生との交流会
		12	泡盛カクテル講座
		16	国際交流会
		24	全国エネルギー展で獅子舞演舞
	3	2	会員の結婚披露宴でエイサー演舞
		3	中部地区ボウリング大会
		10	中部地区野球大会
		16	神森中学校卒業式に参加。パーランクーサークルのバーベキューパーティー
		17	中部地区野球大会
		30	会員のいとこ結婚披露宴でエイサー演舞
	4	14	第8回定期総会
		28	会員のいとこ結婚披露宴でエイサー演舞。会員の母同僚結婚披露宴でエイサー演舞。
		29	新入学歓迎会
		30	会員の友人結婚披露宴でエイサー演舞。
	5	5	会員の結婚披露宴でエイサー演舞
		18	パーランクーサークル入会式
		19	春のピクニック
		25	エイサー結団式
		26	キックベースボール大会

年	月	日	主な事柄
	6		キャンプ in 恩納村
		2	中部地区青年大会
		23	川口高等養護学校にエイサー演舞
	7	6	内間みどり保育所夕涼み会でエイサー演舞。九州地区大学教授交流会
		12	会員の友人結婚披露宴でエイサー演舞
		13	自転車講習会
		14	海洋有害生物研修会
		15	留学生送別会でエイサー演舞
		19	第25回浦添市てだこ祭りに出演（～21）
		26	子ども会・青年会宿泊研修「自然と遊ぼう太陽の子」（渡嘉敷村、～28）
	8	4	第8回一万人のエイサー踊り隊に出演
		17	会員の友人結婚披露宴でエイサー演舞
		21	旧盆道ジュネー（22日：大名交差点ガーエー、～23）
		30	社全協集会 in 名護市に参加
		31	名護市青年エイサー祭りに出演
	9	7	第一生命で獅子舞演舞
		8	福祉祭りでエイサー演舞
		14	会員の祖父米寿祝いでエイサー演舞。会員の親生年祝いでエイサー演舞
		15	自治会敬老会
		17	六ヶ町エイサー打ち上げ
		20	コロニー祭でエイサー演舞
		21	旧八月十五夜豊年祭
		22	浦添市自治会対抗陸上競技大会に出場
		28	浦添高校舞台祭応援
		29	会員の友人結婚披露宴でエイサー演舞
	10	13	うらそえ青年祭でエイサー演舞
		14	会員の親戚のお祝いでエイサー演舞
	11	7	全国青年大会に出場（～11）
		20	仲村さんの出店祝い
	12	7	会員のいとこ結婚披露宴でエイサー演舞
		14	会員の結婚式
		21	子ども会＆青年会クリスマスパーティー
2003	1	3	新年会
		19	てだこウォークでエイサー・獅子舞演舞
	2	6	法政大学と交流会
		8	語てぃ遊ばなぁ青年交流セミナーに参加（～9）
		12	京都で棒術演舞（～14）
	3	8	那覇地区公民館大会に参加
		15	神森中学校創立30周年記念式典に参加
		23	青年芸能祭
	4	25	自治会定期総会に参加
	5	11	第9回定期総会
		30	浦添市青年連合会定期総会に参加
	6	14	エイサー結団式
		15	子ども会＆青年会交流ピクニック
		21	会員の友人結婚披露宴でエイサー演舞

年	月	日	主 な 事 柄
		22	自治会グラウンドゴルフ大会に参加
	7	5	神森幼稚園七夕祭りでエイサー演舞。みどり保育園夕涼み会で獅子舞演舞
		6	自治会対抗陸上競技大会に参加
		18	てだこ祭り前夜祭 in 屋富祖
		20	でだこ祭りに参加
		25	子ども会・青年会宿泊研修「自然と遊ぼう太陽の子」（渡嘉敷村、~27）
	8	10	七月エイサー道ジュネー（~12）
		15	天久台病院夕涼み会でエイサー演舞
		23	自治会盆踊り
		31	会員の友人結婚披露宴でエイサー演舞。こどもの国エイサーの夕べに参加
	9	1	鹿児島大学小林ゼミとの交流会
		7	第2回うらそえ青年祭に参加
		11	自治会八月十五夜豊年祭
		14	神森中学校男子ハンドボール部全国優勝祝賀会に参加
	10	10	夏場の総括
		15	真和志地区青年交流会
		19	市青連主催宮古島救済チャリティーイベントに参加
		23	埼玉県和光小学校修学旅行
		29	浦添市社会教育研究大会に参加
	11	1	松島青年祭
		2	会員の友人結婚披露宴でエイサー演舞
		3	国際シンポジウムレセプションに参加。冨原紳の友人結婚披露宴でエイサー演舞
		29	松島青年祭打ち上げ
	12	7	会員の祖父母カジマヤーでエイサーと棒術演舞
		13	会員の結婚披露宴でエイサー披露
		20	パーランクーサークルクリスマスパーティー
		21	浦添市青年連合会忘年会
2004	1	18	新年会。国立劇場おきなわこけら落とし
	2	6	法政大学岡野内ゼミとの交流会
		7	会員のいとこ結婚披露宴でエイサー演舞
	3	5	全国青年問題研究集会に参加（~7）
		21	会員の結婚披露宴でエイサー演舞

【定例の活動】毎週火・木曜日：エイサー練習、毎週木曜日：獅子舞・棒術練習、毎週土曜日：子ども会エイサー練習、役員会、機関紙「茶貫軒丸」発刊

出典：内間青年会定期総会資料及び聞き取り調査による。

第4章 伝統の創造による共同性の再構築

第5章

離島に暮らす青年の
労働・生活と集落自治

石垣市宮良青年会

■第5章　離島に暮らす青年の労働・生活と集落自治

第1節　「南ぬ島に生きる」という課題

　本章の目的は、青年の主体性について地域の歴史・文化、社会変動との関連性を踏まえながら、青年会における地域文化活動、特に民俗芸能の伝承過程をもとに考察を加えることである。一般に沖縄の青年は、失業率が高いにもかかわらず、あえて県内で働き口を見つけようとする。それでは、なぜ青年たちは沖縄を志向し、あるいはいったん島／シマを離れたとしても、再び島／シマに帰ることを願うのか、ひいては「生まり島」で生きることを選択した彼らの主体性は、地域との関係においてどのように形成されているのか、というのが本章の基本的な問題意識である。

　具体的には、八重山の青年会と地域の共同性から青年の役割、主体性の盛衰を戦後の社会変動から明らかにする。同時に、今日の青年たちが担う地域文化の一つである民俗芸能の伝承過程における「わざ」の習得と主体性の関わりを教育学の課題として検討することを試みる。その調査対象として取り上げる八重山の島々は、相互に影響しあいながらも固有の文化をもち、今なお独自性を強く持つ、広範で複雑な島嶼空間を形成している。本土との所得格差は大きく、労働や教育、医療、福祉などを含めた生活条件が厳しいことから、若年層の減少や出生率の低下、高齢者の増加が続き、いわゆる孤島苦は未だに今日的課題として残存している。しかし、雇用状況が厳しいにもかかわらず、「生まり島」への能動的Uターンを選択し、青年会活動を介して地域課題と対抗する青年たちが数多くみられる。日本の多くの島々が過疎化と高齢化で閉塞状況にあるなかで、島／シマの維持可能な発展を青年の主体性に注目しながら論じることは、きわめて重要な今日的課題であろう。

沖縄島から南西に450km、日本最南端の島々が八重山諸島である。沖縄島から石垣島までは約411km、与那国島から隣国台湾までは約111kmの距離に位置し、東アジアに近い地域特性を持っている。そのような位置環境特性は、人々に「珊瑚礁の海と白い砂浜」や「南海の楽園」、「癒しの島」とした南島の原風景を創造させ、年間約67万人もの観光客が訪れるまでになっている。このような観光客をはじめ他者のまなざしによって商品化された島の原風景は、島に暮らす人々に何の変哲もない空と海の文化的価値を再発見させ得るにしても、日常生活の匂いのしない、切り取られた島の原風景は、虚像でしかない。空と海は確かに島人へ恵みをもたらすものの、常に人間に癒しを与えるわけではない。海は時に島と島の交易を阻み、空は深刻な干ばつや水不足をもたらす。
　非日常を求める人々によって創造された「癒しの島」に対し、その島に暮らす人々は一体どこでどのように癒されるというのか。問題は、商品化された島の虚像から抜け落ちた、生活者の足下に横たわる島の実像を捉えることである。そして八重山の風土や自然、文化、歴史を内包した島々の日常的な労働、生活実態から見えてくる「南ぬ島に生きる」人々の主体性を明らかにしたい。
　八重山研究の必要性を認識し始めたのは、青年会活動を通して八重山出身者との出会いが頻繁になってからである。沖縄の社会教育に携わりたいと志す筆者にとって、彼、彼女らとの長年の交流には、沖縄社会を多元的に捉える新しい視点の発見があった。その一つは、沖縄島の「青年会＝エイサー」の構図が当てはまらない八重山の青年会の多様性、二つめに、雇用状況が厳しいにもかかわらず帰島する青年の「生まり島への誇り」、三つめに、現実課題に危機感をもちながらも、島の将来像を懸命に模索する姿、である。結局、沖縄「本島」という中心的発想で、琉球弧を捉えることの限界に気づき、同時に物質的豊かさや利便性では計れない「本物の豊かさ」が、沖縄の島々に集積している事実に行き着いたのである。つまり沖縄の個性は、宮古・八重山の島々を包含してこそ、沖縄県という

全体像、多元社会が描かれるのではないだろうかと。

　そのような問題意識の下、1996年に黒島に関する小論[1]をまとめたが、それから既に幾年かが経過した。当時の青年たちも、現在では島の有力者として活躍し、また新たに青年がUターンして畜産業の担い手として定着している。そのような八重山青年の新たな島おこしの動きに注目しながら、本章ではより具体的に八重山諸島の字青年会員への聞き取り調査を通じ、離島の労働・生活実態を明らかにした上で、青年が日常生活のなかでシマ社会との関係をどのように様々につくりあげてきたのか、そしてこれからどうシマ社会で生きようとしているのか、という主体形成を教育学の課題として検討する。

　海に囲まれ、台風常襲地帯の「南ぬ島で生きる」ことは決して容易なことではない。だからこそ、日本の多くの島々が過疎化と高齢化で社会的機能を失いつつある今日、青年が集落の維持存続と関わって地域実践の担い手になるという課題に八重山の青年教育が提起するものは大きい。

第2節　地域の共同性と青年の主体形成の歴史的変遷

　本節では、八重山の青年および青年会と地域の共同性の結合を歴史的視点から現代を照射することにする。八重山の戦後社会教育は、沖縄島とは異なる沖縄戦、軍政統治、そして自治政府結成など、独自の歩みを形成してきた。このような異なる条件下にあっても、地域の復興や公民館建設に尽力したのは、沖縄島と同じく青年および青年会であった。その青年会の活動内容は地域の歴史性、個性に関わって、実に多彩である。したがって、まず戦後八重山地域と青年会の共同性・主体性に焦点化して、歴史的変遷という縦軸から明らかにし、具体的には石垣市字宮良を事例に実証を試みる。歴史を振り返るに当たって、大まかな時期区分として戦後復興から日本本土復帰、そして復帰後から今日までを二分して考察する。

(1) 米軍統治下の集落自治（1945〜1972年）

　沖縄戦当時、八重山は地上戦闘こそなかったものの、軍による強制移動や山岳地帯への避難によって、マラリアの猛威にさらされ、戦争による犠牲者よりも多くの死亡者を出した。戦後の八重山は、終戦とともに日本政府や県庁との交渉を断たれ、物資供給も途絶した。完全に孤立した島では、マラリアの猖獗、食糧難、治安の乱れなど、住民生活は不安を極め、地域社会は混乱した。こうしたなか、終戦の年の10月頃、各字青年層によって夜警団が結成され、それが戦後最初の青年活動となった。その後、同年12月28日に再発足した八重山支庁文化部は「社会教育の一部面として青年団を結成することを、各字代表に要望」[2]し、それに呼応する形で各地に青年会が再結成されるようになる。

　戦後の1945年12月、米軍政府によって設立された八重山支庁文化部は、同年以降の八重山の教育状況をまとめ、戦後青年会の再結成過程について次のように述べている[3]。

　　終戦後のこんとんたる社会情勢は若い青年に希望を失わせ、その修養機関である青年会もその進むべき方向に迷い、自暴自棄の状態であつた。文化部（現文教部）はそれをうれえ、一九四六年四月十六日、当時の軍政官ラブレス中尉を囲み青年会のあり方、米国の青少年の活動を聞くの会を開き、青年に希望を与え、大いに得るところがあつた。

　　その後文化部では青年団の組織並びに指導方針を明かにし新しい時代の青年団としての指導強化につとめた。一九四七年五月従来の青年団の名称を青年会に改めて、さらにその運営について各会の幹部と懇談をして、自主的運営を奨励した。現在本群島内の青年会の数は二十、会員は四千有余、実に力強いものがある。最近青年会は連合青年会の必要をみとめ、すでに西表、与那国には結成され、一九五〇年には、大浜町一円の連合青年会結成を見、全八重山の青年会結成の気運も情勢されつゝある。

終戦後の村の復興は、村や支庁からの資金補助もないまま、住民の自力によって行わざるを得なかった。そのなかで青年たちは、戦前の自警団を経て青年会を再結成することになる。地域の復興はまさしく「ゼロからの出発」であり、青年会活動も必然的に地域の住民生活・労働・生産の再生をめざすものとなっていた[4]。なかでも、戦前の神道思想に基づく国民儀礼重視によって抑圧されてきた民俗文化の復活は、地域の共同性の発揚となって取り組まれた。各集落では、破壊された村のシンボルである旗頭や獅子頭を新造し、祭りを復活させるなど、地域復興と生産の向上を願う民俗文化の復活は、集落自治の歴史性を維持可能にするためには必然的なものであったといえる。

　ところで、同じ時期の沖縄島では、米軍基地による軍人を需用者とするサービス産業が成長し、1950年から55年の間に増加した労働者の82.3％は第三次産業に従事していた。基地需要による年平均成長率は14.1％であり、基地を持つ島、持たざる島の間における経済格差が次第に拡大するようになった[5]。しかし、1950年代の半ば以降、日本政府による砂糖、パインに対する特別措置が実施され、石垣島では第一次産業でも自給できるようにはなった。そのことが、農業を基盤とする集落自治の確立を安定的にし、青年が流動化しにくい緩やかな社会変動が続く要因となった。

　戦後復興から米軍統治下の時代は、高等弁務官資金の提供があったとはいえ、行政や軍政府に要請して生活改善を期待することはほぼ不可能であり、公民館や学校の建設から教職員の俸給、道路補修、治安維持、公衆衛生等に至るまで、全てが集落の住民の手によってなされてきた。特に毎月のように取り組まれてきた村内道路及び農道の改修整備は、宮良の場合、札人(フダニン)[6]の賦役でなされてきた。札人の賦役による道路作業は、その後1955年までなされていたが、集落内で管理する農道についてはその後も賦役がなされ、集落内の道路はその道路に面した人々によって補修されてきたのである。

　このような集落自治の実態は、必然的に地域の共同性を強固にし、互い

に支え合い、補い合える人間関係を機能し維持してきたと考えられる。また、結願祭(キチィガン)の復活や獅子舞、棒術などの民俗文化の復興は、青年の主体的参加と結びつきながら、集落外での出演・披露の機会が増えることによって、伝承主体の育成が図られてきたと考えられる。米軍統治下の時代は、経済的・生産的に苦しいながらも、豊かな地域文化を復活・継承し、創造させてきたといえる。

①集落自治における公民館概念の定着過程

　本土における公民館が社会教育法に基づいて設置されてきた経緯と異なり、沖縄ではそれぞれの集落が終戦後の復興の拠点として、あるいは自治の館として独自に建設・運営してきた歴史がある。公民館の定着は、戦前から継承される集落の自治組織と一体とみなすことから始まり、労働や生産、生活や文化、子育てや福祉、祭祀等の集落に関わる様々な年中行事が公民館活動として展開している。公民館組織は、戦前の行政組織・地縁団体、班制度を基盤にしながらも、戦後は青年会の再結成にも見られるように、集落復興に切実な課題を解決する努力のなかで、内発的で維持可能な組織へと継承・創造されてきたと考えてよい[7]。

　まず戦前における宮良集落の自治組織は、明治時代の世持(ユームッチ)[8]から総代制に変わり、集落組織の区切りとして組(フン)を設けた。組の特色は「村の行政に対する共同の連帯責任があり、組員のなかに租税の未納者が出たら組全体が連帯して完納したという。また、村の共同作業も組単位で執行された。更に各組には基金があり、毎月定例のフンヌルイ(集会)が行われた」[9]とある。1940(昭和15)年には、全国的に制度化された部落会として組織替えされ、従来の組は班とされた。また、内務省令に基づき、班の下には隣組がおかれた。この体制は、終戦によって隣組制度が廃止されたが、部落会と班は存続し、部落会長と部落評議委員会(各班から2名の代表によって構成)が、集落復興の中心的役割を担ってきたのである。

　そのような戦前から続く部落会の活動は、戦後復興の中心的組織とし

て機能してきた。ところが、八重山諸島においても、1953年中央教育委員会の「公民館設置奨励について」を受けて、公民館の設置・普及活動が始まる。そして1954年8月、宮良部落会は、琉球政府文教局から公民館の研究指定の話が持ち上がり、指定に至るまでには、部落会よりもむしろ学校長の方が精力的にはたらきかけた経緯がある。その点について、字誌は次のように記している。「当時宮良小学校(校長半嶺當吉)では、かねがね学校教育の効果をあげるためには、学校教育環境を整備するとともに社会教育の環境を整備することが必要であると考え、部落における社会教育施設の整備並びにその活動に全面的に協力しようという方針を立てた。校長は早速、八重山教育長に対し研究テーマに取り組みたい旨を回答した。後日部落会長を通じて部落評議委員会に諮り、全会一致の賛同を得て正式にその研究指定を受けるべく公民館設置に関する書類を添え、モデル公民館指定方の申請をなし、許可を得たのである」(10)とされる。こうして、宮良では翌年の1955年から研究指定を受け、公民館活動を開始することになったのである。

　初代公民館長は、当時の部落会長が兼任し、公民館主事に半嶺當吉宮良小学校長を委嘱して、「農村における公民館運営について」というテーマで公民館活動が開始された。公民館主事となった半嶺校長は、当時まだ社会教育に対する住民の理解が浅いなかで、教育は集落と学校、そして家庭の三本柱で進めるべきだと考えた人物である。残念ながら、研究成果に関する資料が欠落しており、公民館設置過程において、社会教育と学校教育の連携がどのように実践されたのか判然としないが(11)、少なくとも公民館の草創期に学校教育関係者と協力することによって「字宮良社会教育史上、画期的な事業」(12)となったとしているが、このような学校教員の公民館への協力は、当時では当然のことであった。

　このように宮良公民館は、モデル公民館として順調な成果をあげたが、残された課題のひとつに部落会と公民館の位置づけがあった。当時の認識として公民館は社会教育の推進団体であり、行政全般を担う部落会と

は別組織であるという意見が多かったのである。そのため、1955年のモデル公民館の指定を受けた後も、部落会・部落会長の名称が依然と続き、公民館としての活動が消滅したかに思われた。しかし1966年、新公民館落成を契機として、公民館規則制定小委員会を発足させ、改めて宮良公民館規則を制定、部落会組織から公民館組織への移行に伴い部落会長という役職は廃される。同時に評議員制度も廃止され、以後は公民館運営審議会が議決機関となり今日に至っている。沖縄島では、字会の長を表す区長や自治会長が公民館長と同義語で定着しているのに対し、八重山では社会教育施設としての館長が明文化されて定着している。

②戦後宮良青年会の再結成

　戦前における沖縄の青年団の組織化は、1905（明治38）年の文部省による「地方青年団体奨励ニ関スル件」を契機として、県政指導の下、「二才揃」などを再編して、結成拡大させたものである。早くは1886（明治19）年に久米島に青年会が結成されたが、特に日露戦争後は青年会が数多く組織されるようになり、活動が顕著になった。戦前の宮良青年団の発足は、1920（大正9）年であり、沖縄島よりも普及、組織化は遅かったといえる。当時は、学校卒業後満30歳までの男性が対象とされたが、その後25歳に引き下げられ、1932（昭和7）年からは女子も結婚するまで男子と共に活動するようになる。

　戦前の活動の記録としては、1930（昭和5）年に「字宮良青年団茶園の雑草請負作業をなし基本金の増殖に力む」という新聞記事が残されている。同紙によると「大浜村字宮良の青年団員九十名は去る四月二十三日字ヘギナーの茶園千余坪の雑草取りを一坪五厘にて請負作業をなし其金額五十円を得団旗を購入し残金は当青年団の基本金に宛てる計劃中である由」[13]とあり、活動資金を労働交換によって獲得していたことが伺える。また、1936（昭和11）年から1938（昭和13）年頃の主な活動は、①教養講演会、②郡下陸上競技大会への参加、③基本財産造成植林事業、④出兵兵士

家族に対する慰問奉仕作業、⑤青年団歌の制定、⑥青年学校教育への協力、⑦読書倶楽部の設置運営等であった(14)。1937(昭和12)年に支那事変が勃発して以降、戦時体制が強化される流れにあっても、沖縄島の青年会のように風俗改良や軍国主義的色彩の強い活動(15)が、八重山では比較的強調されていないことは、対照的な歴史的事実である。

しかし、1944(昭和19)年6月、白保陸軍飛行場建設という軍命を受け、兵士の他に地元住民、学童、青年団、婦人会、翼賛壮年団等が動員され、昼夜兼行の作業を強いられる。また徴兵制は、45歳までであったが、1945(昭和20)年、45歳以上の者でも招集され軍務に服することになる。同年5月には、2度にわたり米軍による焼夷弾空襲を受け、宮良小学校も焼け落ちた。6月2日、官民に退避命令が告示され、宮良住民も山岳地帯へ避難させられた。終戦前後、宮良でもマラリアによる猖獗をきわめ、罹患者数は901人、当時の人口1,122人の80.3％に上り、死亡者は107人を数えた。それに対して、戦死者は44人であった。

終戦当時の宮良では、青年団が「部落集会所」を建設し、1948年4月18日に「部落会館」として落成式及び祝賀会を開催している。その後、部落会館を拠点にした活動には次のようなものがあった。翌年に獅子頭を新造し、10月には戦後初となる獅子の舞初め披露の祝宴を開催、1950年には結願祭を復活させ、1952年には、部落会館を園舎として、幼稚園を設立するなど、集落復興と生産の向上のみならず、伝統文化の復活は、人々に生きる喜びを与え、生活に安定を取り戻させたのである。

終戦から10年を経過した1956年当時の宮良青年会の状況を見ると、会員数120名(うち女性37名)、年齢は男性が16～25歳、女性16～23歳であった。主な活動は、公民館建設、甘藷植え付け、視察旅行、女子研究発表会、造林となっており(16)、終戦直後と比較してもそのほとんどが地域の生産や労働に関するもので、活動内容に大きな変化は見られない。1946年から1947年にかけての主な活動は次の通りであり(17)、その後の活動略史については、文末資料(18)を参照されたい。

①部落集会所の建設

　青年団が主力となり、部落民の応援を得て、茅葺き掘立小屋、約40坪の集会所を建設した。その建設資金は、青年団員が於茂登山から竹を切り出して売却し、造成したのであった。

②修養会や体験、意見発表会の開催

　小学校の教員を講師に迎え、民主主義についての学習や、団員の体験や意見の発表会を毎月1回以上開催した。

③部落内の班対抗運動会の開催

　部落内の班編成による対抗の運動会は、体力づくりのみでなく、部落民の親睦に大いに役立った。

④朝起会による清掃作業の実施

　毎月の定例奉仕日に、部落内の排水溝の清掃を実施した。

⑤部落慰安行事の開催

　これまで、サニズ(旧3月3日)の翌日は、毎年部落民のほとんどが石垣の町へ芝居見物に出向いて、多大の出費をするならわしであった。青年団では、その冗費をはぶくための対策として、旧3月4日を「部落慰安の日」と定め、部落全員で、演劇発表、のど自慢、損引き会等の慰安行事を開催することになった。軍隊からの復員者や、本土、台湾、その他の外地からの引き揚げ者も多く、多彩な出しもので盛況であった。

⑥産業品評会の開催

　食糧増産、産業振興を図るために、農産物、織物、アンツク、ミノ、久葉笠等の工芸品、漬物等の農産加工食品、それに各家庭秘蔵の骨董品や掛軸等を出し合って展示し、会場の入口には、部落民の生産意欲、郷土復興への志気を高めるための檄文を掲げ、豊かな部落づくりへの決起を訴えた。

(2) 日本本土復帰と集落自治(1972年以降)

　集落自治を中心とした住民の生活は、その後日本本土復帰によって大きく様変わりしていく。第1章で言及したように、沖縄では、本土復帰以降、日本政府による巨額の公共投資によって大規模な開発が進められ、土地の買い占めや大規模土木工事、労働者の流入などによって、沖縄社会・文化は、急激な変動のなかにおかれた。一方の八重山は、沖縄から遠く離れているものの、市場経済の浸透と生業形態の変化、さらに流通機構の整備に伴い、特に石垣市街は観光産業で一変していく。同時に近接する在郷の農漁村もまた、その影響を直接的に受け、従来の自給率の高い第一次産業を離れ、利潤度の高い換金作物の栽培に転じたり、あるいは工場労働者や企業の従業員となって島を離れる者が増えてきた。

　教育においては、復帰と共に八重山連合区及び三教育区を廃止して教育委員会が設置され、各高等学校は県立、各小中学校はそれぞれ市立、町立となった。高校の進学率も上昇し、これまで高等学校を卒業しても家業を継ぐのが常識であったのが、各学校卒業後の15歳、18歳で島を離れる青年が急激に増え始める[19]。青年の定住と青年会活動の維持は、同じ問題として考えなければならない理由がそこにある。

　その青年会活動も、これまで18歳から25歳までの青年で十分活動できたものが、復帰後の社会変動によって進学・島外就職で島を離れていくことが当然視されるようになると、青年会自体の縮小はやむを得ない状況におかれてきた。沖縄から日本本土への就職が始まったのは1957年であるが、当時は沖縄と本土との労働賃金の格差が大きいことを要因に、本土への就職が増加した[20]。1966年当時においては、沖縄の高校卒業生の13.2％が県外に集団就職し、1969年になると 39.8％と激増し、いわゆる復帰前の出稼ぎブームがみられた。このような本土への出稼ぎブームは、当然のように宮良の青年をも島外へと排出し、その結果、1970年と1972年の「サニズ演劇発表会」は担い手の減少によって中止せざるを得ないと

きがあった。

　しかし、地域の共同性がそれらの要因によって衰退したとは一概に言えない。なぜなら、石垣市街へ通勤するサラリーマンや観光業関係者、製糖工場労働者が増え、そのベッドタウンとしての性格が強くなったとしても、基本的には農耕・漁労の第一次産業を主たる生業としながら地域の共同性に依拠した生活を送っており、人と地域の関係が変わらない限り、伝承文化や祭祀に対する価値を捨てることはないと思われるからである。また、青年たちが経済的理由で移動することがあったとしても、それは島／シマから都市へという双方的移動がくりかえされており、若年層の人口減少が著しいということにはなっていない[21]。要するに青年たちは、地域の共同性のなかで成長していく過程で、今日の情報化・多文化社会と接しながらも、逆に自らの主体を発揮する場としての地域に気づいていくのではなかろうか。このような生まれ島への価値と自己の主体性の発見は、石垣島出身の青年で現在大阪に暮らす青年の次のような手記[22]からうかがえる。

　　島を離れて、島を見る角度が大きく変わり、いろいろなことに気付かされました。
　　石垣島の環境の良さ、食文化、歴史、民話に民謡など、石垣島ならではの独特な文化、そして海と風、水平線と戯れ、大きな青空と色とりどりのにぎやかな海の中、大自然と共に生活している石垣の人々の顔、島にいたころとは違った魅力を感じさせられました。
　　ぼくはつい最近まで、大都会に大いに魅力を感じていて、都会での生活にもあこがれていました。なぜ都会にあこがれていたかというと、まず一番大きなことは石垣島にないものがたくさんあり、環境も全く異なっていて自分のやりたいこと、興味を持つことがいろいろあるということ。それに都会へ出ることで、自分自身が大きく成長できると思ったこと、最後に自分がどんな社会にでも通用する人間になりたかったということです。
　　島の魅力に気付いたのは、石垣島から出て島の見方が変わったと言うこと

と、もう1つの理由は、半年間、地元のカマボコ店で仕事をしていたとき、そこで八重山の食文化をまず最初に知り、それから時間が経つにつれ、いろいろなお客様からさまざまな話を聞くうちに、八重山の文化と歴史に興味を持って、調べていくにつれ、自分の知らなかった石垣島を見つけることができたからです。それから石垣島も大都会に負けないくらいの魅力があることに気付き、独特な文化の奥の深さに驚きました。

　その魅力を感じさせられた今、僕は石垣島で観光、旅行業の職につきたいと思っています。現在、僕は大阪の旅行専門学校に通っていて卒業後、石垣島の独特な文化に触れ、雄大な自然の中でたくさんの人々に八重山の文化の深さと1つ1つ個性のある島の雰囲気を感じてほしいし、国内旅行でもブランドの1つである沖縄・石垣島をたくさんの人々に知ってもらいたいと思う。

　島人の1人として八重山を伝え、文化を守っていく。とてもやりがいのある仕事だと思うし、それが僕の一番やりたいこと。そして夢です。島の外へ出てみると、違う角度からの石垣島が見えてくる。けっこう石垣のことを知らない人が多いと思う。もう一度、石垣島を見直してはみてはいかがでしょう。

　情報化社会の今日、マスメディアの浸透は、この小さな島の青少年にも中央への魅力を抱かせ、同時に学歴社会は、高校卒業者を進学へと後押しする[23]。しかし、前述の青年のように、島を離れ島を発見する学習には、その前提に生活に関する日常体験が積み重ねられていることが重要である。この青年の場合も、石垣島での生活体験を介して島の文化と歴史が自らと関係あることを学習している。そのような学習が沖縄青年に共通する「地元志向」の強さに表れており、善し悪しはともかくも、たとえ本土へ行ったとしても、本土での生活は一時期暮らしてみる場所にすぎない。その理由は、中央に向けての単一的ベクトルに影響されない、地域を基盤とした青年の主体性の確立に求められよう。青年たちにとって、たとえば東京はいくつもある可能性の一つにすぎず、東京に定着せねばならないという使命感は最初からない。つまり「心のなかの故郷」としてでなく、

現実として自分を必要として帰れる故郷が存在しているからであり、「故郷を捨てる」という発想は、主体性と関わって非現実的なのである。同様な主体性の確立は、島を離れた人々が都市に結成した郷友会[24]においても顕著である。郷友会は、農繁期や祭祀、祝い事がある度に故郷に戻り、地域の一員としてかつてのような人間関係を再生する。現住地が異なろうと、地域の歴史・文化に培われた主体性は、「いずれ帰る故郷」と一体なのである。このように都市化・産業化の変動は、表層的には地域の共同性を縮小させたかのように見えるが、青年の主体性を支える伝承文化も帰属意識も地域の基礎基盤として、今日でも変わっていないと考えられる。

第3節　離島青年の労働・生活の変容と現状

(1)石垣市における人口推移と労働力状態

「南ぬ島に生きる」ことは、維持可能な島／シマ社会の形成という課題と直接的に関わる。現代の島の労働・生活は、自給自足や地産地消であった時代とは大きく変動し、モータリゼーションの発達によって、離島にも多くの物資が流通するようになり、また人々の移動も容易になった。産業構造も第一次産業から第三次産業へと移行し、それに伴い自然環境の破壊も進んでいる。八重山の豊かな自然を資源とした観光産業は、その狭間にありながらも、島／シマ社会の労働・生活を支える主要産業でもあり、自然環境の保全と開発という矛盾した問題をはらんでいる。本節では、島／シマ社会の労働・生活がどのような要因によって変容してきたのか、そしてどのような課題を抱えているのかを見ていく。

事例として取り上げる石垣市は、八重山諸島における政治・経済・交通・教育・文化の中枢を占め、沖縄島に次ぐ離島部最大の都市である。1947(昭和22)年に市制を施行し、1964(昭和39)年に大浜町と合併・編入して一島一市となった。

表5-1　石垣市の人口の推移

年次	世帯数	人口総数	男	女	一世帯当たりの人員	対前回人口増減率（%）
1965	9,312	41,315	20,660	20,655	4.4	7.4
1970	9,006	36,554	17,872	18,862	4.1	△11.5
1975	9,042	34,657	17,114	17,543	3.8	△5.2
1980	11,002	38,819	19,553	19,266	3.5	12.0
1985	12,289	41,177	20,728	20,449	3.4	6.1
1990	13,778	41,245	20,554	20,691	3.0	0.2
1995	14,207	41,777	20,874	20,903	2.9	1.3
2000	15,853	43,302	21,561	21,741	2.7	3.7

出典：国勢調査各年次

　大浜町との合併後の石垣市における人口の推移は、表5-1に示すとおりである。1972年の本土復帰前後である、1970年と1975年においては、人口が3万人台へと著しく減少したものの、復帰後は4万人台で推移し漸次増加傾向にある。沖縄島のように、本土資本の流入や米軍基地という巨大な雇用の場が創出されない離島部において、このような人口増加が見られることは、八重山諸島圏域における経済・産業の中心地をなす石垣島の特徴といえる。

　その人口を具体的に男女別、年齢別で表したものが図5-1である。図からも明らかなように、顕著な特徴は、20～24歳人口が2,010人と急激に減少している点である。より具体的に見ると、高等学校卒業後の19歳が311人と最も少なく、20歳になると340人、24歳からようやく500人台へと回復している。この主な要因は、後にも触れるが進学や就職のため、多くの高等学校の卒業生が島外へ出ていくためと考えられる。一方、65歳以上人口は、6,653人で総人口の15.4%を占めるが、幼少年人口（0～14歳）は、9,238人で21.3%であり、自然増加率は依然として高い数値を示している。

(2)労働力人口と産業構造

　このような人口増加が労働力人口の増加につながっていくのであるが、2000年現在、石垣市の労働力人口は、表5-2（210頁）に示すように

21,301人となっており、労働力率は県内平均の58.6を上回り、沖縄島の各市よりも多くの労働力人口を抱えていることになる。しかし、失業率は、県平均を下回るとはいえ、同じ離島部の平良市と比べて2.5ポイントも高い。従って、石垣市では労働力人口を多く擁しながらも、島内ですべて需要できない状況があり、その結果需要できない人材は、本島や県外に排出せざるを得ないことになる。

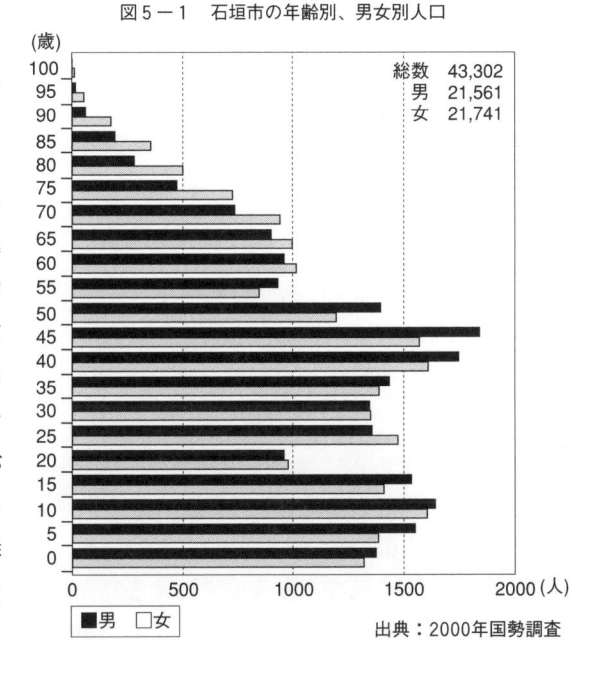

図5-1 石垣市の年齢別、男女別人口

総数 43,302
男 21,561
女 21,741

出典：2000年国勢調査

特に、15歳から29歳までの青年期に当たる労働力人口に注目してみるならば、15～19歳の場合、総数478人に対して完全失業者は146人、失業率は30.5%と最も高く、次いで20～24歳では総数1,661人のうち、354人が完全失業者であり、その割合は15.3%、25～29歳では8.4%となっている。沖縄県の失業率平均が15～19歳で31.3%、20～24歳で18.4%、そして25～29歳で11.5%であることから、決して石垣市が高い割合にあるとはいえない。しかし、島で職を探せず、無業者でいるよりも、とりあえず職を求めて島外に出た者の数を考慮すると、潜在的失業者は多いものと推測される。

次に、石垣市の産業構造について、就業者数から表したのが図5-2（次頁）である。まず第一次産業のなかで主要な部門を占めていた農業では、1990年の2,541人から2,024人と漸次減少している一方、第二次産業では

第5章　離島に暮らす青年の労働・生活と集落自治　　209

表5－2　市別労働力状態（8区分）15歳以上人口

市町村別	総数(A)	労働力人口 総数(B)	就業者	完全失業者(C)	非労働力人口	労働力率(B)/(A)×100	失業率(C)/(B)×100
沖縄県	1,044,383	613,002	555,562	57,440	414,255	58.6	9.4
那覇市	243,038	138,861	125,302	13,559	95,708	57.1	9.7
石川市	17,380	10,179	9,025	1,154	7,031	58.6	11.3
具志川市	47,932	27,303	24,523	2,780	19,762	57.0	10.2
宜野湾市	68,187	39,679	35,726	3,953	26,410	58.2	10.0
平良市	26,530	16,293	15,388	905	10,167	61.4	5.5
石垣市	**34,053**	**21,301**	**19,805**	**1,496**	**12,125**	**62.5**	**7.0**
浦添市	78,330	48,536	44,359	4,177	29,127	62.0	5.6
名護市	45,018	26,749	24,066	2,683	18,249	59.4	10.0
糸満市	42,842	24,887	22,484	2,403	17,644	58.1	9.7
沖縄市	93,149	53,833	47,508	6,325	37,275	57.8	11.7

出典：2000年国勢調査

建設業が2,505人から2,719人へ、第三次産業においてはサービス業が4,862人から6,203人へと増加している。その要因については、第一次産業の減少は、生産基盤の整備充実による経営面積の拡大や機械化が普及し、労働力の省力化が進んだこと、もしくは収入のよい産業への流出が考えられる。第三次産業の増加は、1972年に30.0％の観光客数の割合が、1999年には82.8％にまで伸びたことからも明らかなように、復帰後の観光客の大幅な増加によって観光消費が拡大し、関連産業の増加をもたらしたことが主な要因と考えられる。このような産業構造の変化に伴う問題は、若年労働者の農業離れもさることながら、「期間従業員」という形態

図5－2　産業別就業者数の構成

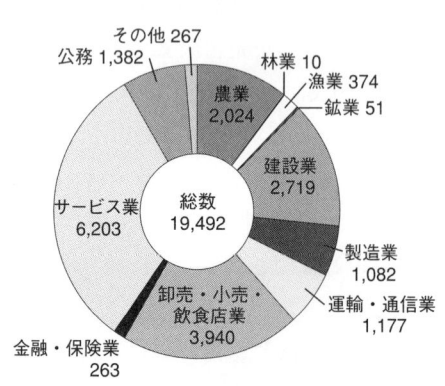

その他 267
公務 1,382
農業 2,024
林業 10
漁業 374
鉱業 51
建設業 2,719
製造業 1,082
運輸・通信業 1,177
卸売・小売・飲食店業 3,940
金融・保険業 263
サービス業 6,203
総数 19,492

出典：2000年国勢調査

で働ける建設業、サービス業へ傾倒していることである。地元企業で働くとしても規模が小さく、新卒者を採用して育てていくほどの余裕がある企業が少ないことも要因とされる。しかし、雇用がなければ自営業で身を立てる事例も多く、特に年間約67万人の観光客が訪れる石垣市の資源を活かし、観光業に従事する割合は高いと考えられる。

(3) 高等学校卒業生の進路状況と課題

それでは次に、石垣市内の高等学校を卒業した者の進路について見ていく。表5-3 (次頁) は、2002年春に卒業した高等学校別の進学者と就職者を表したものである。進学者の場合、島内に高等教育機関がないため、進学者全員が必然的に島外への移住者となる。同年の進学者だけでも総数355人が島を後にしている。県内の進学率平均が30.2％であるのに対して、八重山高等学校の大学への進学率は44.0％である。同様に各離島の高等学校と比べると、久米島高等学校が22.4％、宮古高等学校43.0％、伊良部高等学校31.2％であることからも、八重山高等学校の進学率の高さが伺える。これは単に学歴社会の浸透と言うよりも、むしろ離島の生活環境を変える専門的技術や技能を習得させるために、あえて子息を島外へ送り出すことを望む親や家族の期待の表れと捉えるべきであろう。

一方、就職者は160人であり、その就職先を県内と県外で比較したものが表5-4 (次頁) である。県内就職については、島内就職なのか沖縄島への移動を伴う就職なのか判別がつかないが、県内で働くことを希望した「県内志向」者が、県平均で63.8％なのに対して、石垣市内の高等学校平均は52.7％であり、県内・県外ともそう格差は見られない。その理由として、県内・県外であろうと、島の外であることには変わりはなく、むしろ就職先を選択するめやすは、その地に親類や地縁、知人がいるかどうかであり、彼らを頼って就職先を決める傾向にあると思われる。その点、県内外に点在する八重山出身者の郷友会との関係は、初めて島を離れる彼らにとって、親的存在として機能していると考えられる。

表5－3　高等学校別進学・就職者数

学　校　名	卒業者総数	進学者	就職者	就職進学者	その他	大学進学率	就職率
八重山	309	232	13	0	64	44.0	4.2
八重山農林	149	44	72	0	33	10.1	48.3
八重山商工	173	75	68	7	23	13.3	43.4
八重山商工（定）	20	4	7	0	9	5.0	35.0
合　　計	651	355	160	7	129		

注：進学者は、大学学部、短期大学本科、専修学校の専門課程・一般課程を含む。

出典：2002年度学校基本調査報告書

表5－4　高等学校別県内県外就職者数

学　校　名	就職者総数			第一次産業		第二次産業		第三次産業		その他	
	総数	県内	県外	県内	県外	県内	県外	県内	県外	県内	県外
八重山	13	7	6	0	0	0	0	7	6	0	0
八重山農林	72	44	28	4	2	1	5	37	21	2	0
八重山商工	75	31	44	0	0	2	2	26	39	3	3
八重山商工（定）	7	6	1	0	0	1	0	5	1	0	0
合　　計	167	88	79	4	2	4	7	75	67	5	3

出典：2002年度学校基本調査報告書

このように進学や就職によって島を離れる高卒生は、毎年約300人に上る。一般的に沖縄の勤労青年の特徴として指摘されることは、本土へ就職しても1〜2年足らずでUターンして沖縄へ戻るものの、県内の産業基盤が薄く、その結果、臨時採用による離職、転職を繰り返す働き方が主流となっていることである。例えば10〜30代で転職経験4回以上が約3割を占め、「キセツ」と呼ばれる本土への出稼ぎが恒常化し、ますます雇用の流動性が高くなっているのが実状である。

こうした事情が、沖縄青年の地域定着を阻害する要因となっているが、他方、青年期後半ともなると、家族をつくり定職・定住志向へと図る傾向にある。前述した図5-1（209頁）からも明らかなように、石垣市の人口における20代前半が2,010人なのに対して、20代後半になると2,946人とUターン者が数を増しつつある。また一方では統計的に明らかにならないが、八重山に定住する本土青年によるIターンの実数も少なくない。

以上のように、石垣市における青年の労働状況は、高卒就職、失業、出稼

ぎなど様々な問題を抱えている。しかしそれでも、彼らに共通して見られる地元・県内志向が強いことの背景には、本土との地理的条件だけでなく、より家族や生活に関わる文化的条件が働いていると推察できる。たとえば、高校卒業後、那覇で進学し、7年間順調に仕事をしていた石垣市出身のある青年は、ある日テレビのニュースで出身集落の祭りの様子を見て「なぜ自分はあの場所にいないのか」と集落の存在の大きさに気づいて涙し、即仕事を辞めて無業のまま島に帰ったという。彼にしてみれば、那覇で順調に仕事を続ける選択もあったにもかかわらず、帰島を決断させたのは「生まり島だから」という言葉のなかに含まれる、島の文化、自然、歴史に根ざした自己認識と、青年期における社会的役割を自覚したためと言える。

　失業率に表れる数値からは、沖縄の青年は就職してもすぐ辞めるという否定的側面ばかりが指摘されるが、しかし集落や生活文化との関係からすれば、民俗文化の担い手として青年に期待する心のゆとりが、家族にも集落にもあり、そして彼らが消えかけた伝統を継承し、また復活させてきたことなどを鑑みると、肯定的な評価をしていくこともできるだろう。

第4節　青年会への参加と学習過程分析

　青年教育の課題は、現代青年の実像を把握し、彼らの主体形成の筋道を探る上で、彼らがいかなる生活文化とどのような関わり方をしているか、という視点からの問い直しを地域の共同性の再構築という課題と関連して捉える時にきている。歴史的に青年は、新しい文化創造の担い手としての役割を果たしてきたし、青年が主体性を確立し、将来の人生を貫通していく価値を獲得していく上で、地域文化への参加は今日においても重要な意味をもっている。青年の生活もまた、他者との相互依存関係なしに形成されているわけではなく、また地域と関わることなしに、青年は統合的な人間性をもつ大人に成長することはできない。こうした地域毎に組織

された青年会の動きは、沖縄における内発的なシマおこしの基盤としての意味をもつだろう。

そこで、離島青年のUターンの理由を探り、どのように地域への定着意識を形成していくのか、そして青年が地域への参加から実践への契機を入れる過程で、自己と地域社会のつながりという二重の意味を含む主体性をどのように形成させていくのかについて、八重山の青年会員と、第4章で検討した浦添市内間青年会への質問紙調査結果と比較しながら、検討することにする。

調査方法は、質問紙による調査を2003年10月、12月、2004年1月および10月に実施した。対象者は、石垣島、多良間島、与那国島、西表島に暮らす青年会の会員で、質問紙を配布し、78名より回答を得た。回答者の概要は、男性44名(56.4％)、女性34名(43.6％)、平均年齢は26.6歳となっている。

対象者の現住地における居住年数は、「3年以内」が43.6％も最も高く、以下「20年以上」33.3％、「6～10年」7.7％の順となっている。家族構成は、「三世代同居」が34.1％、「父母・兄弟と同居」26.1％、「配偶者・子どもと同居」22.7％、「単身世帯」は17.0％となっており、約6割の青年は生まれ育った実家で父母や祖父母、兄弟と暮らしていることになる。また居住年数で「3年以内」が約4割も占めるのは、仕事や結婚を理由に新たな地域で住居を構えたことが要因に考えられる。しかし、彼らの青年会の所属は、現住地にあるのではなく、従来通り生まれ育った集落において行われているのが一般的である。

(1) 青年の職業形態とUターン

青年会に入会するということは、少なくともその青年会が基盤とする地域内に居住していることを表している。そして彼らは各島々のなかで生業を立てている。青年会員の職業形態についてみると、図5-3の通り、第三次産業であるサービス業への従事が46.2％と最も高い。八重山の場合、公務員(12.8％)などの定職に採用されたことを契機に帰島する青年

の割合が多い反面、臨時・無業者が20.5%もあり、就職しても失業、そして転職をくりかえす青年の労働形態が再生産されている。一方の浦添市内間青年会の場合、高校生を含む学生が42.9%を占めており、勤労青年だけで組織されている八重山とは対照的である。

沖縄の15～29歳の失業率は15.3%（2003年9月）と高いにもかかわらず、彼らが地域に根を下ろし生活していける背景には、ユイマールの考え方や横のつながりを強く意識する人間関係があるからではないか。そのため雇用の安定よりも、地域生活や人間関係を優先にした労働観がみられる。不本意な就職であっても、職を紹介し合える人間関係を重視しており、沖縄で働けることが何よりも優先されているように思われる。内間青年会には、県外の工場等で短期間働く「キセツ」と呼ばれる職業経験のある者は33.9%であり、いずれも沖縄に帰ることを前提に高収入を求めての労働形態であるといえる。

八重山においては、81.9%が15～18歳の間に、いったん島を離れ

図5－3　現在の職業

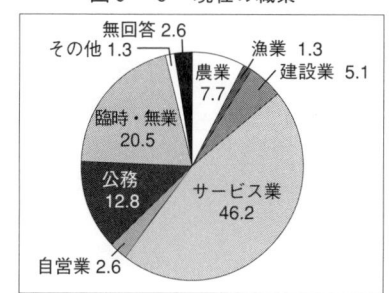

項目	%
無回答	2.6
その他	1.3
農業	7.7
漁業	1.3
建設業	5.1
臨時・無業	20.5
公務	12.8
自営業	2.6
サービス業	46.2

図5－4　転出先

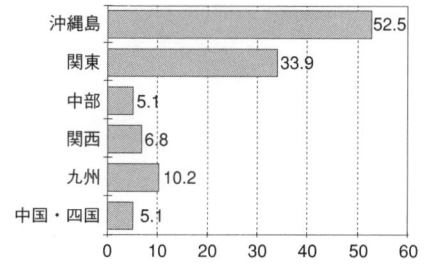

地域	%
沖縄島	52.5
関東	33.9
中部	5.1
関西	6.8
九州	10.2
中国・四国	5.1

図5－5　転出の理由

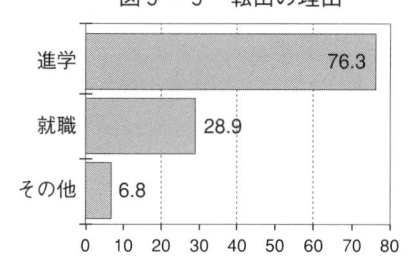

理由	%
進学	76.3
就職	28.9
その他	6.8

第5章　離島に暮らす青年の労働・生活と集落自治

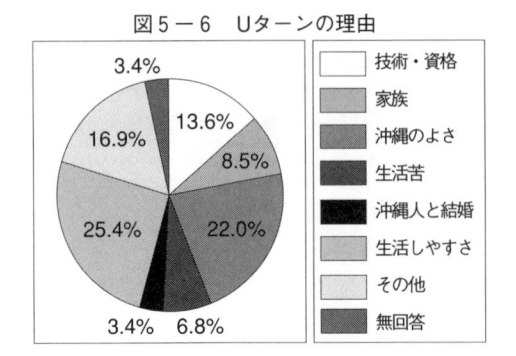

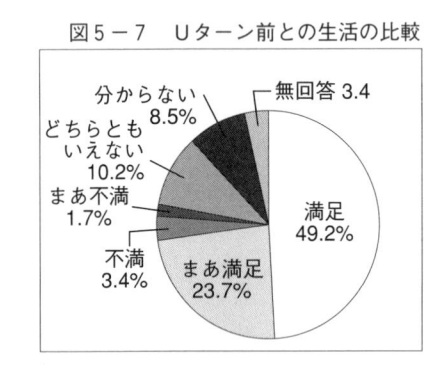

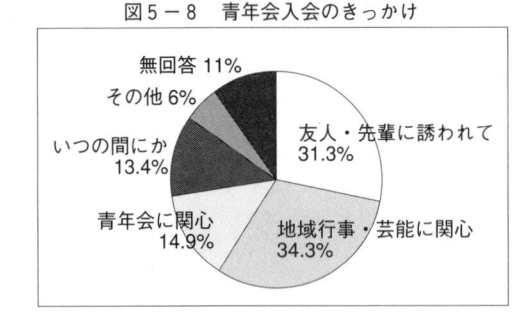

図5-6　Uターンの理由
- 技術・資格 13.6%
- 家族 8.5%
- 沖縄のよさ 22.0%
- 生活苦 6.8%
- 沖縄人と結婚 3.4%
- 生活しやすさ 25.4%
- その他 16.9%
- 無回答 3.4%

図5-7　Uターン前との生活の比較
- 満足 49.2%
- まあ満足 23.7%
- 不満 3.4%
- まあ不満 1.7%
- どちらともいえない 10.2%
- 分からない 8.5%
- 無回答 3.4

図5-8　青年会入会のきっかけ
- 友人・先輩に誘われて 31.3%
- 地域行事・芸能に関心 34.3%
- 青年会に関心 14.9%
- いつの間にか 13.4%
- その他 6%
- 無回答 1%

た経験をもつ。その行き先のほとんどが沖縄島であり、次いで関東、九州となっている（図5-4、複数回答）。その理由は、図5-5に示すように進学が最も高く、次いで就職となっている。

いったん、進学や就職で故郷をしばらく離れた後、彼らはなぜUターンすることを決めたのか。その理由は、図5-6にあるように「沖縄では生活・仕事がしやすい」25.4%、「沖縄の良さがわかった」22.0%、「技術・資格を沖縄で生かしたかった」13.6%となっており、沖縄における地域生活の豊かさと密接に関係があるように思われる。

その具体的な理由を尋ねたところ、「自分自身親と一緒に住みたいと思った。地域行事の音を電話ごしに聞いて、体が燃え上がって戻りたい気持ちになった（それまで石垣に戻らず那覇にいようと思っていた）」（30歳・女性）、「島を出る時は、絶対に戻らないと

思ったけど、島を出て外から島を見た時に、今まで興味がなかった民謡とか、料理、畑仕事とかがなつかしく思えた。内地の友達に沖縄の事を話すとき、自分が沖縄の事を何も知っていないんだと思い、それから急に沖縄・島に対しての気持ちが強くなった」(29歳・男性)と回答している。この結果からは、家族や地域とのつながりから自己確認をし、それを踏まえて能動的にUターンした経歴がうかがえる[25]。

　図5-7の現在の生活に対する満足度をみても、「どちらかといえば満足している」を加えると7割に達している。ある青年は「生活のリズムがゆっくりして大変ゆとりのある生活を送っている。金はないけど心のゆとり」(27歳・男性)と述べているように、豊かさの指標が家族や地域生活に志向していることが要因であると思われる。

(2) 青年会入会への契機

　次に帰郷した青年が青年会へ入会する契機としてもっとも多かった回答は「友人に誘われて」が31.3％であった。内間青年会の場合「エイサーがやりたくて」と回答したのが57.1％であり、沖縄島の場合エイサーが青年会に入会する契機として大きな位置を占めている。しかし八重山においては、エイサーの伝統がなくても、地域に伝承される民俗芸能への関心は高く、たとえば「舞踊を勉強したかったから」(27歳・女性)や「旧盆のアンガマをやりたくて入会したが、三線や獅子舞等たくさんの芸能や人に会ってはまってしまった」(29歳・男性)、「旗頭をもちたかったから」(22歳・男性)などの回答のように、民俗芸能や地域行事への関心を契機とした入会者が34.3％となっている。誘う青年会員の友人たちもまた民俗芸能の担い手であることからも、沖縄の青年は民俗芸能への関心から、青年会へ入会する傾向が大きいことが示される。また、「小学生の時からあこがれていた。やっと入れてうれしい！」(29歳・女性)と述べているように、青年会活動への魅力と関心が14.9％とあるように、幼少期にみる青年会の活動では、肯定的な影響を与えていると思われる。

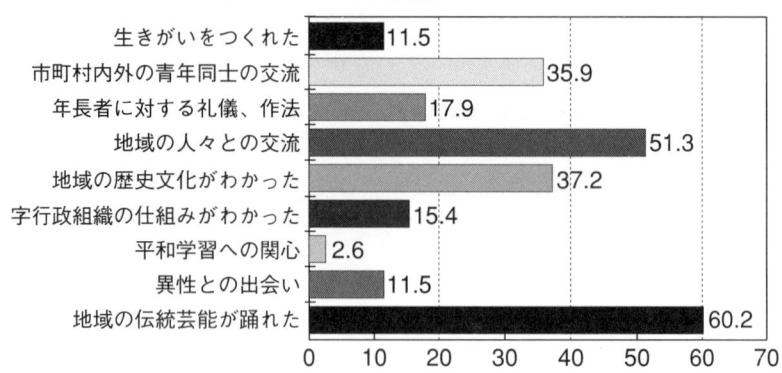

図5-9　青年会活動をしてよかったこと

項目	%
生きがいをつくれた	11.5
市町村内外の青年同士の交流	35.9
年長者に対する礼儀、作法	17.9
地域の人々との交流	51.3
地域の歴史文化がわかった	37.2
字行政組織の仕組みがわかった	15.4
平和学習への関心	2.6
異性との出会い	11.5
地域の伝統芸能が踊れた	60.2

(3) 地域文化活動への参加と学習の成果

　個々人異なった成育・学歴・職歴をもつ青年が、生まれ育った地域という生活空間だけを共通にして青年会活動を展開する。青年会の活動自体も地域に即して実に多様であるが、民俗芸能の継承という地域的役割はどこも共通してみられる。こうした日々の実践を通して、青年たちは何を学習し、何を獲得しているのか。まず都市部の内間青年会に対しては「青年会活動で得られるものは何か」という問いに対し、青年自身の主体性に関する選択肢を複数で回答してもらった。その結果は、「友人や仲間が得られる」89.3％、「仕事や勉強のほかに熱中できるものが得られる」62.5％、「他の人と共同で働く喜びを味わえる」57.1％、「世間や社会のいろいろなことがわかり、目がひらかれる」55.4％となっている。

　周知のように内間は、那覇に近接していることから、戦後から急速な都市化と人口流入が続いている地域である。今日では旧住民の割合よりも「寄留民」と呼ばれる新住民が大多数を占めるようになり、人間関係の希薄化、核家族の進行と孤立は、青少年犯罪の高さとなって表れ、深刻な地域課題となっている。このような都市のなかにあって、青年会を通して「友人や仲間が得られる」ことの意味は小さくない。また異年齢で構成さ

れる青年会は、将来への目標をもてずにいる青少年をも内包し、彼らとともに「共同で働く喜び」を実践し、そして「熱中できるものが得られる」ことによって、非行防止、青少年育成の役割も担っているのである。

八重山の青年たちには、同様な質問を地域の人間関係、生活文化に関する選択肢のなかから複数回答で答えを得た。図5-9は、「青年会活動をしていて良かったことは何ですか」という問いに複数回答で答えてもらった結果である。もっとも回答が多かったのは「地域の民俗芸能が踊れたこと」が60.2％、「地域の人々との交流」が51.3％、で、次いで「地域の歴史文化がわかったこと」37.2％、「市町村内外の青年同士の交流」35.9％の順であった。八重山の青年会活動の中心をなす民俗芸能は、次節で詳しく述べるように、青年に対する歴史性と世代性、そして継承性という強い教育的機能をもっている。既に回答にもあるように、「地域の人々との交流」という世代性と「地域の歴史文化がわかった」という歴史性が民俗芸能を媒体に青年へ継承されていくことが、地域の内発的発展のみならず、青年の能動的な活動においても不可分なことである。

以上のことから、沖縄の青年会活動には、民俗芸能という動機づけから、地域社会への参加者となり、身体を介在させた学習が生起していく過程が確認される。最初は周辺的な民俗芸能の「わざ」の獲得をめざすが、次第にその背後に多くの人々の社会的・文化的な、また歴史的な営みがあることを認識し、そこに参加している自らを発見する。すなわち、青年の主体性の確立とは、地域社会の成員になること、一人前になることを意味し、その評価と認知は、先行世代の地域住民にある。青年会の活動が個人のための営みではなく、当人がそこに属している地域社会を想定していることが、生き生きした存在感、主体性を形成すると考えられる。

(4) 青年会活動の集大成・青年文化発表会―質問紙調査をもとに

石垣市内の字青年会は、宮良の他に、大浜、白保、川平、平得、双葉、登野城、石垣に組織されている。表5-5に見るように、各青年会とも集落行事

表5－5　石垣市字青年会の主な活動

青年会名	活動内容
大　浜	豊年祭、アンガマ、のど自慢、敬老会、芸能発表会
白　保	芸能発表会、豊年祭、敬老会、ハーリー
宮　良	サニズ演劇発表会、母の日、結願祭、イタシキバラ、敬老会、公園清掃
川　平	母の日、豊年祭、結願祭、クリーン作戦
平　得	豊年祭、アンガマ
双　葉	創作エイサー
登野城	アンガマ
石　垣	アンガマ、豊年祭、南の島の灯篭祭り

への協力や芸能に関する活動が主流を占め、その他に石垣市青年団協議会（以下「石青協」と略す）や沖青協への事業参加などがある。その石青協の主催事業として、1987年から「石垣市青年文化発表会」が加わり、八重山諸島の青年会が一同に介し、地域性豊かな芸能を披露することになった。その主旨は「郡内で活動する青年団体が一同に集い、日頃の地域活動や文化活動を発表、交流するなかで、連帯を深めながら社会に対して地域青年の活動をアピールする。併せて組織の強化と、積極的に石垣市の21世紀を担う青年の意識の高揚を図る」とし、2004年で18回目を数える同発表会は、八重山の青年会活動の集大成として定着してきた。

　このような青年の芸能活動に対し、大人や住民はどのように受け止めているのか。2002年12月14日、第16回発表会に来場した市民に対して、文化発表会と青年会に関する質問紙調査を実施した。ここではその質問紙調査の結果を下に、一般民衆の青年観について明らかにしたい。なお、回答者は119人であった。その回答者の属性については、性別では男性25.2％、女性72.3％、世代別では10～20代31.1％、30～40代27.7％、50代以上38.6％、無回答2.5％である。現住地は、石垣市88.2％、竹富町5.0％、その他5.9％となっている。青年会の活動経験があるかどうか聞いたところ、29.4％が経験ある一方、同じく29.4％がほとんど活動しなかったと答えている。「地域に青年会がなかった」が10.1％、「全く知らない」が25.2％を占めた。

①来場回数

発表会への来場回数（図5-10）については、16回目を数えることから、既に地域への定着が浸透していると仮説を立てていたが、意外にも「初めて」と答えた人が約半数の44.5％に上ったが、新しい観客層を獲得

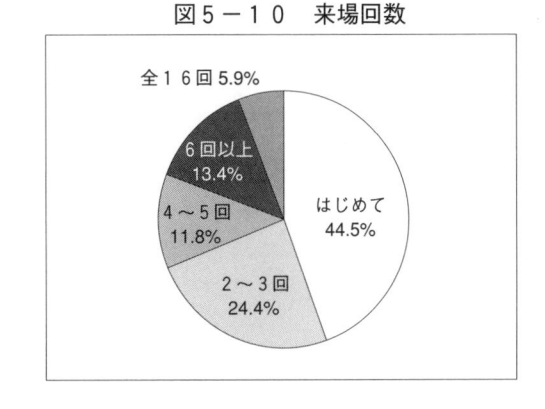

図5-10　来場回数

- 全16回 5.9%
- 6回以上 13.4%
- 4～5回 11.8%
- 2～3回 24.4%
- はじめて 44.5%

したとも言える。また、そのうちの9.2％が市外に住む人であり、観光客へのアピールも必要であるかと思う。ちなみに、全16回来場した人は、字大浜3人、字石垣1人、市外1人であった。

図5-11では世代別の来場回数を表したが、「初めて」来場したのは、青年会へ加入する可能性をもつ10～20代が最も多かった。「2～3回」についても29.7％と少なくない。全16回来場された世代は50代以上の15.2％であり、芸能への造詣の深さと、青年への期待感が読みとれる。

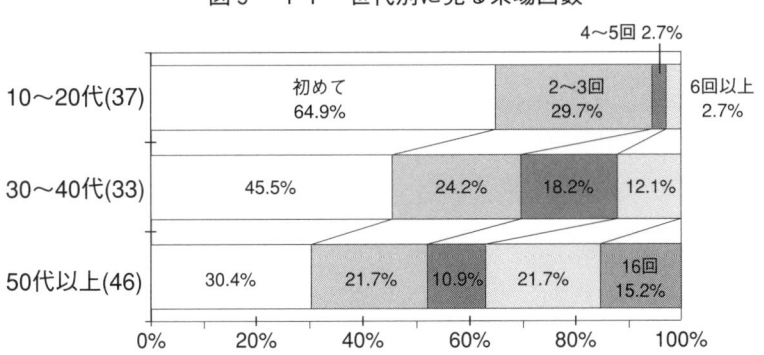

図5-11　世代別に見る来場回数

世代	初めて	2～3回	4～5回	6回以上	16回
10～20代(37)	64.9%	29.7%	2.7%	2.7%	
30～40代(33)	45.5%	24.2%	18.2%	12.1%	
50代以上(46)	30.4%	21.7%	10.9%	21.7%	15.2%

第5章　離島に暮らす青年の労働・生活と集落自治

図5−12　知った経緯

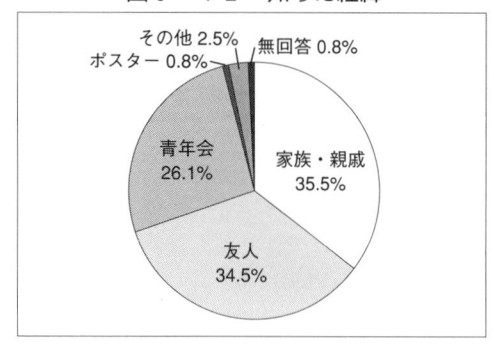

その他 2.5%
ポスター 0.8%
無回答 0.8%
青年会 26.1%
家族・親戚 35.5%
友人 34.5%

②発表会をどのように知ったか

　図5-12は、同発表会をどのように知ったかを問うている。石青協ではポスター掲示と、会員による呼びかけが主な広報となっているが、本発表会は、入場料を要するため、「家族や親戚」、「友人」という身近な人が媒介になっている割合が高い。出演する「青年会」からの呼びかけも、知るきっかけとして大きいようだ。別の視点から見れば、青年会会員の人間関係や、理解者が反映している結果と捉えることもできるだろう。

③演舞に対する評価

　芸能に長けた人々が多い八重山で、青年会の芸能はどう評価されているのか。図5-13は、その満足度を表したものである。今回の演目は、伝統芸能の他に、獅子舞、棒術、狂言、創作舞踊、そして与那国町青年団協議会の「棒踊り」が演じられた。演目が多彩で、変化に富む内容で構成したこ

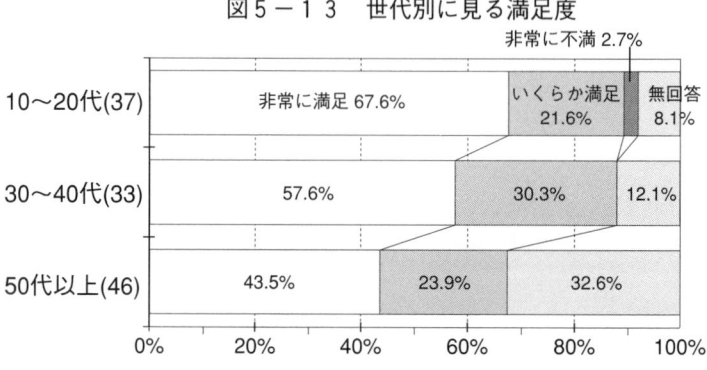

図5−13　世代別に見る満足度

非常に不満 2.7%

	非常に満足	いくらか満足	無回答
10〜20代(37)	67.6%	21.6%	8.1%
30〜40代(33)	57.6%	30.3%	12.1%
50代以上(46)	43.5%	23.9%	32.6%

とが好判断となったのか、「非常に満足」という評価が54.6％、「いくらか満足」25.2％、「非常に不満」はわずか0.8％という好結果となっている。本番前から参与観察してきた者の目から見ても、彼・彼女らの芸能を演じることに対する熱意と愛着、大勢の前で披露する緊張感、そして共同で舞台をつくりあげる達成感が、彼らの青年会活動の源になっていることは明らかである。本番までの過程にある十分な時間と練習、そして集落行事における豊富な舞台経験が、観衆の約8割の肯定的評価を得る条件でもあるといえよう。

　さらに、自由記述で意見を求めたところ、肯定的な感想が数多く見られた。たとえば、「各青年会が地域行事に積極的にとりくみ、古くからの伝統を自ら継承していこうとがんばっている姿が見受けられました。今日は、子ども達にも感動を与えてもらえることができよかったです。家族で見に来たので大出費でしたが、子どもの教育のためにも、思い切って連れてきてよかったと感謝しています」（30代女性）。この意見のように、青年会の活動と子どもの教育を結びつけて考える親の意見が多かったのは、今後の活動を考える上で示唆的である。

　しかし、肯定的な評価だけでなく、青年への要望も厳しい。自由記述の意見には、「三味線の素人が目立つ。せっかく踊りを練習したのに地謡が下手すぎる」（50代男性）、「与那国青年団の皆様、大変ご苦労様でした。迫力ある演技でした。その他の青年会もよかったですが、舞踊が少しだけ欲を言えば不満でした」（50代女性）などの厳しい声もあった。

④青年会活動への期待

　今後の青年会活動に何を期待するか、複数回答で聞いた結果が図5-14（次頁）である。5割を超えて期待が高かったのは、「伝統芸能の継承」で66.4％、次いで「地域行事への積極的な参加」51.3％であった。前節で見た青年自身の回答と比較しても、先行世代・現役双方とも、地域の民俗芸能の継承が重要であるという認識に一致が見られる。それは、地域行事と

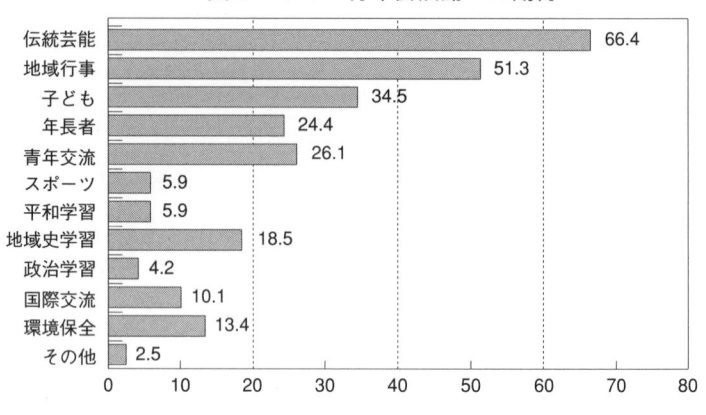

図5−14　青年会活動への期待

項目	値
伝統芸能	66.4
地域行事	51.3
子ども	34.5
年長者	24.4
青年交流	26.1
スポーツ	5.9
平和学習	5.9
地域史学習	18.5
政治学習	4.2
国際交流	10.1
環境保全	13.4
その他	2.5

それに伴う伝統芸能の継承は、集落の内発的な発展において欠かすことのできない要素であるばかりでなく、青年の存在なくしては消滅してしまう危うさも内包しているからであろう。

また、前述したような「地域の子ども世代との交流」も34.5％もあり、子どもの頃から意図的に青年との交流をつくらなければ、将来Uターンを希望する子どもは減少するのでは、という危惧が読みとれる。集落の伝統文化を伝承する共同性は、どの世代も必要としながらも、島という厳しい現実のなかで揺れ動く青年の動向が最も重要な関心事であり、その青年に対し期待することも、集落との結びつきに関連することになるのは、必然的であると考えられる。

第5節　宮良青年会の活動と芸能の伝承過程

(1)集落における青年の主体性―ある青年の自己認識を通して

1966年に部落会から再編した宮良公民館の組織には、館長、副館長、総務部長、主事、文化部長、産業部長、厚生部長、書記、会計がおかれることになった。地縁団体としては、青年会、婦人会が戦後に再結成し、老人クラブ

は1951年に誕生した。その他に芸能の保存会3団体が組織されている。沖縄島の公民館組織と異なる点を上げるならば、①公民館役員の任期は1年で、再任は妨げない、②非常勤、③行政委託事業を担当する「地区プロパー」と違い、役員には行政からの手当や補助はない、等である。これら公民館組織と地縁団体、そして宮良に関わる各種団体の長によって公民館運営審議会が組織され、年に2度総会が開催

表5-6 宮良青年会年間行事

月	行事	備考
1月	成人式 青年会総会及び懇親会	公民館協力
2月	サニズ準備取り組み	
3月	サニズ稽古開始	
4月	浜下り サニズ演劇発表会	
5月	母の日	公民館協力
6月	父の日	婦人会協力
7月	ハト公園清掃・キャンプ	
8月	イタシキバラ 夏祭り	
9月	敬老会	公民館協力
10月	青年文化発表会稽古開始	
11月	青年文化発表会稽古	
12月	青年文化発表会 忘年会及び役員会	石青協力

される。青年会長も最年少の代表として、集落自治に携わっている。

　その青年会は、戦前の結成当初から集落自治及び伝統文化の担い手としての役割を果たしてきた。時代の変遷によって、青年の就労形態が農業から他産業へ変化しようと、現代青年に対しても伝統的役割が期待され、かつ青年たちは応えてきた。

　表5-6は、宮良青年会の主要活動と役割である。公民館行事への協力をはじめ、特に祭祀行事においては、棒術、獅子舞などを手がけ、各保存会との連携も重要な役割の一つである。なかでも終戦直後の活動から今なお青年会の中心的活動となっているのは、1947年に始まった部落慰安行事を継承発展させた「サニズ演劇発表会」であり、後述するように、2003年で第54回を数える。

　1920年に結成され、今年度で83年もの伝統をもつ宮良青年会では、宮良で生まれ育った高齢者の殆どが青年会経験者である。かつてのように交通網が未発達で、労働も農業に従事し集落で一生を終える時代にあっては、青年会は娯楽をつくり、異性との出会いもつくってきた。しかし、今

日のような就学機会の多様化、交通網の高度化は、第3節で詳細に述べたように、多くの青年を島から排出させ、結果的には青年の村離れの傾向が進み、各面の活動に影響を与え、担い手減少の歯止めに苦慮しているのが実情である。では、青年たちは一度島を離れた後、どのような理由で島に戻り青年会に入り、そしてどのような集落学習と自己認識を獲得をしているのか。1993年度第75代会長を務めたA青年(1968年生まれ)の生い立ちから明らかにしたい。

　A青年の小学校の同期生は28人、高校進学時に2人が沖縄、東京へ就職した。高卒後島に残ったのはわずか5人、進学・就職で21人が島を離れた。そのうち20歳で島に戻ったのは6人、現在は本人を含め18人が島に戻り住んでいるという。青年の定住と青年会活動の維持は、同じ問題として考えなければならない理由がそこにある。A青年は、16歳で那覇に渡り、仕事をしながら職業訓練校に通い、卒業後20歳の時に1年間東京で就業した経験をもつ。21歳の4月に、母親が定年退職したため島に戻ることを決めたが、「島にどんな仕事があるか知らなかったから、戻ってくるのは一応恐かった」という。島に戻った当初は青年会に入りたくないと思っていたが、ある日海で釣りをしているときに先輩たちと出会い、そのまま青年会に連れて行かれて「半強制的に入れられた」と語る。しかし、「やっていくうちに青年会のおもしろさが分かってきた。言葉の使い方は先輩方から指導を受けた。また方言の勉強は、行事の流れが分かるから楽しかった」と、集落内における人間関係が重要な教育的役割を果たしていたといえる。A青年は、青年会に入って、初めて集落の踊りを先輩諸氏から指導を受け、演じてきた。八重山の青年会活動では舞踊の型の伝達・訓練が重要な位置を占める。A青年も21歳から卒業する25歳までの5年の間に、30演目の舞踊を学習したという[26]。演じる機会は、先の表5-6に即するならば、成人式(1月)、サニズ演劇発表会(4月)、イタシキバラ(8月)、そして敬老会(9月)である。その他に石青協主催の「石垣市青年文化発表会」や、沖青協の「青年ふるさとエイサー祭り」への出演、さらには郷友会の文化

祭、敬老会においても出張公演を行うこともある。また筆者の八重山の青年たちとの交流経験においても、常に歌と踊りが輪を包み、その歌と踊りは絶えることがなかった。延々と歌い踊り続ける青年の毛遊びの基盤には、日頃の型の訓練と十分な学習の蓄積があることを実感させられるのである。

　その他にも宮良集落には、青年に関わる重要な行事に、通過儀礼がある。一般的なものは1月の成人式で、宮良では行政による式典のみならず、盛大に集落民が新成人を祝福する。そして最も伝統的な儀式としてアカマタ・クロマタ[27]の行事がある。これは「共同体成員の男子青年が祭祀集団の成員として入団しうるかどうかの試験の意味を持っており、イニシエーションとしての性格を明瞭に示している」[28]とされ、成員の人間関係は、祭祀の時だけでなく日常生活においても支柱になっているのである。

　個人が社会の単位となり、社会の世俗化が進み、成年になっても就学生が多数を占める今日において、通過儀礼の意義は小さくなりつつある。しかし、宮良集落では、共同体における人間関係を重視する学習が、通過儀礼のなかに意図的な教育として埋め込まれており、通過儀礼を経た成年たちは、集落における成員としての自己認識と、青年期における役割を取得していくと考えられる。A青年についても、アカマタ・クロマタに関する秘密については一切語ろうとしないが、青年会へ入る前の集落に対する意識の変化から推察すれば、今日における伝統的な通過儀礼の意義は看過できない。同様に青年会についても、18歳から25歳までの未婚青年[29]に限られた活動であり、そして必ず青年会を「卒業」することから、通過儀礼的意味をもっている。A青年も25歳の時に同期のリーダーとして字会長を務め、1997年度には石青協会長を務めあげた。

(2) 手習いから、手ゆずりへ―青年と「わざ」、地域の共同性
　地域には、生活文化を支え、かたちづくる技能が伝承されている。たとえば綱引きの綱を編む、豊年祭の踊りに使う小道具をつくる、旗頭をつく

る、まかないをする、などのような日常生活に蓄積され、知恵と工夫を加えた技能である。実際その技能は、個人のものであると同時に地域社会のものでもある。つまり、技能、個人、地域社会という三者の関係は、伝承という働きかけによってつながれている。この場合、伝承は共同体内での相互学習と位置づけられる。

　沖縄の青年は、民俗芸能への関心から青年会へ入会すると述べた。その民俗芸能の学習は、年月と場数を重ねることが熟達への道とされるが、青年はその学習過程において、芸の「形」以外に何を学習しているのか。その習熟過程にこそ、現代の教育に欠けていて、しかも人間の教育にとって見過ごすことのできない教育的価値が見出されると考える。

　民俗芸能の学習過程において注目を向けたい点は、生田久美子が日本の伝統芸道の技能、つまり「わざ」[30]の習得過程に、学習者が目上の者の権威を認めるという価値的コミットメント、およびそれによって促される解釈の努力が介在していると指摘している点である。生田の論を要約するならば、「『わざ』の習得とは単なる『形』の模倣ではなく、それを超えた『型』の習得に他ならず、『わざ』の習得をめざしているいずれの世界においても、究極に目指すところは『型』の習得に、すなわち『形』をハビトス化すること、『わざ』固有の『間』を体得することに他ならない」[31]のであり、そして「型」の習得に至る過程で欠かせない要素とは、「世界への潜入」[32]、つまり当の「わざ」の世界に学習者自身が身体全体で参入することであるという。

　したがって「わざ」を習得するとは、「形」の模倣から自らの主体的な動き、つまり自らの「型」をつくっていくことであり、その前提には自らが信頼をおき、しかも「善いもの」として自ら同意する教師の存在と、歴史性をもった「わざ」の意味を実感として理解する学習者の解釈の努力が含まれているのである。この指摘は、地域の民俗芸能の伝承過程における初心者と熟達者の境界を理解する上で、多くの示唆を与えるものである。つまり、青年の発達と主体形成において、民俗芸能の習得は、その「形」の

模倣を超えた、「型」を身体全体を通して認識することにあり、その学習過程には経験者の蓄積という歴史性を自らの日常生活との連続のなかでその「形」の意味を解釈することにほかならない。ただし、地域の民俗芸能の場合、日本の伝統芸道のように家元という確固とした「教師」が存在するわけではないし、「入門する」ということもない。さらには「教師」の模倣から「わざ」の習得という到達点以外に、「芸能を創造する」ことが、伝承文化においては重要な要素となっている。

　学習者は常に地域に暮らす青年を対象とし、教師とは、近所のおばさんや青年会のOBであったり、その芸能に長けた人が教授するのが普通である。そして今日の青年たちが新たに芸能を創作することは、これまでの伝統に現代という新たな価値を付加することであり、伝統を媒介としての創造の営みがなければ、伝承文化の連続性は保たれないのである。

　沖縄では芸能や三線における「わざ」の教授を「手習い」といい、手を介して習うことを重視し、一般的に手本や伝書などの媒体はない。芸能の「わざ」は、経験者の心と身体に刻まれ、手と手を介して伝承されるものである。その練習は、まず新入会員の場合、踊りの「形」を模倣することから始まる。ひたすら先輩の「形」を模倣し、繰り返すのである。そして一通り覚えたら次の芸能の模倣へと移る。そして何度も模倣することにより、身体を通して「型」を理解するようになる。

　その「手習い」の場となる公民館は、日常生活の延長線上の空間のなかに、青年たちの稽古場が設けられている。そのことの意味は、公民館が、日常生活と切り離されずに「わざ」の世界に身を置く、潜入させることを意識的、無意識的に実践させる空間を形成していることにある。伝統芸道のような稽古場という空間は、日常生活とは質を異にしているが、公民館という地域の中心施設で練習することの意義は、大人から子どもまで誰もが立ち寄ることができる上に、指導・助言や交流をしながら、自らの成長ぶりを公に公開していることにある。つまり、「わざ」を習得する空間と地域の日常生活の空間との境界が不明瞭であるということは、様々な異

世代が関わり合いながら、青年が「わざ」の世界の背景にある文化・歴史性に身を置くという教育的意義が意識的・無意識的に実践されているのである。

　このような青年会の芸能には、かならず「手ゆずり」(次の世代に譲ること)があることが、伝統芸道との違いであろう。それは青年会という組織が年齢によって限られた活動であり、そして必ず青年会を「卒業」することから、必然的に芸能の担い手としての役割も「手ゆずり」するのである。

　地域の文化伝承とは、青年が地域のなかで「わざ」を獲得することにより社会化し、そしてその「わざ」を用いて何事かを遂行することで、個人と「わざ」、地域との関係全体が再生産されていくことを示している。このような「わざ」の伝承は、青年会における民俗芸能の学習過程にもみられると指摘できる。それでは次に、宮良青年会の練習過程から考察することとする。

(3)「型」の習得にみる芸能の伝承－サニズ演劇発表会
　サニズとは旧暦3月3日の浜下りを指し、その頃に素人芸能大会を始めたのが「サニズ演劇発表会」の名称の由来である。終戦当時、各地の青年会がこのような行事を行っていたが、今日まで脈々と継承しているのは宮良だけである。復帰前後、島を離れる青年の増加によって、一時期活動が停滞し、1970年と1972年の二度発表会が開けなかったものの、宮良集落の青年が通過する伝統の行事は、世代が変わっても今日に至るまで引き継がれてきた。2003年度の会員数は24人、会長をはじめ副会長、書記、会計の他に、総務部長、演劇部長、産業部長、文化部長、体育部長を役員として各活動が行われている。会員数の変動は、1991年度には42人、1997年度30人、2000年度27人、2001年度22人、2002年度17人と、各年度によって変動が見られるが、発表会の内容にはどの年度も格差は見られない。一人当たりの演目数を増やすことで解決できる問題なのである。

表5−7　サニズ演劇発表会プログラムの変遷

第44回(1993年)		第54回（2003年）	
1．団旗入場	演劇部長	1．団旗入場	演劇部長
2．会長あいさつ	青年会長	2．会長あいさつ	青年会長
3．青年会歌		3．青年会歌	
4．乾杯の音頭	老人会長	4．乾杯の音頭	老人クラブ会長
5．赤馬節		5．赤馬節	
6．激励の言葉	公民館長	6．激励のことば	公民館長
7．ションカネ〜		7．鳩間節	
8．宮良エイサ〜		8．鴨緑江節（書生節）	
9．越ぬ花		9．矢切の渡し（創作日舞）	
10．黒島口説		10．雨夜花	
11．ユイマール		11．だれやめ	
12．仲里節		12．あいさつ	宮良小学校長
13．島唄		13．「おもいで酒」	
14．あいさつ	赤馬会会長	14．あいさつ	石青協会長
15．村あしび		15．寸劇	
16．お礼の言葉	演劇部長	16．ザーレ ザーレ ザーレ	
		17．モーヤー	
		18．お礼の言葉	演劇部長
		19．万歳三唱	地区プロパー

　このサニズ演劇発表会は、演劇部長を中心に取り組まれ、「団旗入場」と「お礼の言葉」は部長が大役を担う。1993年の第43回と10年後の2003年第53回のサニズ演劇発表会の演目を表5−7に示した。定番とされる「青年会歌」、「赤馬節」をはじめ多彩な民俗芸能の他に、毎年新たに創作した日舞、寸劇などを盛り込み、観客を飽きさせることはない。また、八重山芸能のみならず、沖縄の民俗芸能までも習得するなど、広範にわたる演技獲得がなされているのである。

　その練習は、本番当日の約2か月前から始まり、集落の踊りの「教師」や先輩諸氏から演技指導を受ける。毎晩仕事を終えた後、公民館に集い、夜遅くまで練習が続けられる。練習は、生田が提起する「わざ」のように、踊りの「形」ではなく、「型」を習得し、その型を応用しながら新たな演技を身につけていく、という方法をとっている。ここでいう「形」というのは表面上に表れた可視的な動きであり、それに対して「型」とは、文化的、歴史的な意味の認識であると考える。つまり、師匠の「形」を模倣するだけ

では、芸能の習得にはならず、一つ一つの動きに対する文化的意味合いが込められた基本的な「型」を学習することが、民衆芸能の世界へ踏み込む前提となっているのである。そして同時に学習者には、民衆芸能の世界への知的な認識活動が求められる。たとえば、なぜこういう形で踊るのかという必然性を、学習者自身が納得していく過程には、師匠との信頼関係の構築や創作者に対する想像力や共感という認識活動を高めるきっかけが豊富に用意されている。さらには、認識活動を高めることを要件としていることからも、学校教育に見られる合理的な教授法は成立しないのである。日々の模倣・繰り返しという独特な教授法の背景には、学習者が「型」を習得するに至る認識過程を重視しているからともいえよう。青年会経験が長くなると、新しい踊りの習得には時間を要しないほど、「型」の身体的基礎学習が構築されていると捉えられる。

　2003年のサニズ演劇発表会は、4月19日に開催された。公民館は窓枠をはずし、会場内外には席が設けられ舞台も華やかに飾られる。一品携行した集落民が大勢公民館に集まり、青年のハレ姿を楽しみにしている様子であった。宮良に生まれた者の殆どが通過してきた発表会、見る者・演じる者の境界はない。青年会歌は、老若男女誰もが知る伝統の歌である。会場全員による斉唱は、新人会員が踊りを披露し、青年会の一員になったことを集落民に認知させる場の意味ももっている。青年の懸命な演舞が終わるごとに歓声が沸き起こり、寸劇では笑いが絶えない。公民館に入りきれない子どもたちは、窓の外から身を乗り出して見入っていた。青年のUターンが定着し、各集落の青年会が様々な活動内容を模索するなかで、宮良青年会の発表会は、集落・人々・歴史文化と結びつきながら、新しい青年文化を創造する好例として展開している。

　サニズが終わると、青年たちはイタシキバラ、敬老会等で芸能を披露し、またカンドゥシィ（神年）に執り行われる結願祭では、奉納芸能や棒術に出演するだけでなく、祭り運営においても裏方としての役割が与えられる。このように、青年会では年間を通して主催行事のサニズ演劇発表会

以外でも、集落からは民俗芸能の担い手として期待され、行事の数と共に芸能を習得する機会が数多く準備されているのである。

第6節　離島研究の残された課題

　八重山諸島の青年と集落を主眼に、労働と生活、そして歴史と文化を媒体として考察を進めてきたが、詳細な聞き取り調査と資料収集、文献の考察が十分に至らなかったため、宮良集落に関するモノグラフとした所以である。今後の残された研究課題には、研究する者と研究される者との間に横たわる歴史、文化、知識の認識問題が提起されているように思われる。
　研究課題の一つめは、八重山諸島の多様性を明らかにするためには、各島々の個性に迫る調査が必要であるが、本章では、竹富町及び与那国町の調査分析に至らなかったことである。この間3度にわたり、西表島の干立と祖納集落に入ったが、同集落は自然と共生しながらも、開発を進めなければ生活が成り立たない矛盾した地域課題を抱えている。さらに「離島の離島」であるゆえの雇用・失業の問題、学校存続、移民・廃村の問題等ありながらも、一方で文化的には壮大な伝統行事・節祭が執り行われる共同性がある。地域課題と伝統行事の接点に位置する青年及び青年会の状況を分析する以前の問題として、西表島の個性、孤島苦の歴史の重みに圧倒されたのが実状である。竹富町の調査は、今後も時間をかけ継続して行う以外、他に方法がない。
　二つめは、これも西表島に関わることであるが、島外出身者の定住過程についてである。石垣島にも本土からの若者が多く定住しているが、前述のように、青年が定住するのに困難と思われる西表でも、統計上明らかではないが、多くの島外出身者が暮らし、かつ青年会活動を支える貴重な人材となっている。
　最後に三つめとして、青少年と学校教育との関連である。本章では、石

垣市内の高等学校について取り上げたが、その高等学校は八重山で唯一石垣島にしかないため、その周辺離島の中学校卒業生の殆どが、進学のために石垣島へわたってくる。中学校を終えると、必然的に島を離れる青少年らは、親元を離れた生活環境下で学校への不適応を起こすことが少なくないと言う。また、離島の小・中学校の存続問題は、集落の存続と同じ意味と考えられ、児童生徒の減少が過疎化へと直接的につながる問題だけに、過渡期を迎え、抜き差しならない状況にある。そのようななか、鳩間島の里親制度の先駆的な取り組みなどから、島の集落と学校の関係性を問い直すことが必要であろう。

　八重山は、歴史・文化・自然そして人が織りなす豊かさ、祭祀行事の盛大さの反面に、日々厳しい生活現実に真摯に向き合いながらも、集落の共同性を拠りどころとした支え合える人間関係が潜在化している。それらを実際生活から明らかにすることが今後の課題である。顕在化された明るさだけを凝視しても、影は見えない。

[第5章注記]
（1）　拙稿「沖縄調査ノート・小さな島に生きる若者のシマおこし」東京・沖縄・東アジア社会教育研究会『東アジア社会教育研究』創刊号、1996年。
（2）　『海南時報』1946年1月25日付。
（3）　琉球政府文教局『琉球史料（第三集）』1958年、20頁。
（4）　たとえば1946年から1947年にかけての主な活動は、まず部落集会所の建設に始まり、修養会や体験・意見発表会の開催、部落内の班対抗運動会の開催、朝起会による清掃作業の実施、部落慰安行事の開催、産業品評会の開催などであった。終戦直後ということもあって、「修養会」や「部落慰安」のような戦前色を残した語彙が見受けられる。石垣市、竹富町、与那国町各教育委員会『戦後八重山教育の歩み』1982年、662〜663頁参照。
（5）　松島泰勝『沖縄島嶼経済史——二世紀から現在まで』藤原書店、2002年、238頁。
（6）　札人とは、満15歳以上49歳以下の男性をさし、戦前の人頭税はこの札人に穀税が賦課された。そして、各人の納額は板札に記載されて通告されたため、こ

の年齢の男性を札人と呼ぶようになった。
(7)　沖縄における公民館定着に関する詳細は、末本誠「琉球政府下、公民館の普及・定着過程」小林文人・平良研一『民衆と社会教育－戦後沖縄社会教育史研究－』エイデル研究所、1988年を参照のこと。
(8)　近世、八重山における下級職名。平民から選ばれた取締人、平民部落の総代のこと。(出典：『沖縄大百科事典』沖縄タイムス社、1983年)
(9)　前盛義英「『フンカドゥ』に関する研究－宮良村の例を中心として－」喜舎場永珣生誕百年記念事業期生会『八重山文化論叢－喜舎場永珣生誕百年記念論文集－』1987年、86-87頁。
(10)　宮良公民館『宮良村誌』1986年、98頁。
(11)　半嶺當吉は、後年研究指定について断片的であるが次のように述べている。「当時、教育委員会から、公民館との連携でテーマが与えられました。『社会教育を振興する為に、公民館活動をどう推進すればよいか』だったのです。公民館で、『婦人学級、青年学級、成人学級』の講座を持ちました。その中で、子供の教育をどうすべきか学習しました。学校で、こうすべきだということも必要ですが、場面を変え、社会教育の立場から、先生以外の権威のある方に、講師になってもらい、講演をしてもらうことは大切なことだと考え活動を展開しました。公民館を中心に社会教育を振興する。青年、婦人、成人が中心になり、家庭教育について真剣に考える。学校教育は、先生方を中心に深めていく。学校中心に村づくりをすることが大切だと考えます。このように、三つの分野で教育を進めてきました。三者の連携こそ大切です。五年間勤め、たいしたことはしていませんが、後の校長も頑張ってもらいました。字の後に校舎が移転しました。部落会から公民館になり、常に学校との協力一致がなされてきました。たえず、学校経営者、教育者を中心に、総合的に事が進められてきたことは、特筆すべきことであります」。石垣市立宮良小学校『宮良小学校創立百周年記念誌』2002年、245頁。
(12)　宮良公民館『宮良村誌』1986年、99頁。
(13)　『先島朝日新聞』1930年5月3日付。
(14)　宮良公民館『宮良村誌』1986年、365頁。
(15)　たとえば、全国優良青年団体として文部省に表彰された佐敷村青年会の1900年代の活動を見ると、蛤捕獲取締法を設す、夜学読本編集、信用組合設置、夜学会教育点呼、毛遊取締法を定める、夜学会運営、実芭蕉植付、棕櫚栽培、納税組合設置、戊申詔書奉読式、『佐敷村俗歌』ならびに『佐敷村雑歌』の歌集発

行、道路修繕、村歌制定、戦死軍人碑建立となっており、内容的にも上からの施策を青年会を通して住民に浸透させる役割を担っていた活動といえる(「佐敷村社会教育誌」『琉球新報』1911年1月5日～30日)。
(16) 単位青年会実態調査表、戦後八重山教育の歩み編集委員会『戦後八重山教育の歩み』1982年、721頁。
(17) 石垣市、竹富町、与那国町各教育委員会『戦後八重山教育の歩み』1982年、662～663頁。
(18) 本年表は、青年会資料の他に、前出の『宮良村誌』、沖縄県青年団協議会及び日本青年団協議会等の資料を参考に作成した。

1950	青年会主催で初の成人式・祝賀会を開催(1／15)
1951	1938年につくられた軍歌調の青年会歌を編曲
1952	八重山郡下陸上競技大会で、宮良村が2回目の優勝
1953	『宮良青年沿革誌』を編集発行
1956	宮良公民館事業、宮良小学校60周年記念事業の協力、造林、甘藷植え付け、女子研究発表会、視察旅行
1960	宮良小学校移転先の地均し作業
1962	沖青協主催青年祭芸能コンクールに「八重山育ち」「八重山乙女」で出場、最優秀賞を受賞(2／18)
1963	宮良公民館建設資金造成の各部落巡回演劇会を実施
1965	宮良青年会旗を作製
1970	サニズ演劇発表会中止
1972	サニズ演劇発表会中止
1982	八重山地区青年団協議会主催の郷土芸能コンクールに三部門に出場し、優秀賞受賞。沖青協主催青年祭に出場、優秀賞受賞。日青協主催の第31回全国青年大会の郷土芸能に「棒術」で出場、努力賞を受賞(11／5～8)
1986	十五夜のど自慢大会を主催(9／20)
1987	石青協主催の第1回青年文化発表会始まる。以後、出演・裏方として参加
1988	第24回青年ふるさとエイサー祭り・郷土芸能の部に「棒術」で出演(9／3)
1992	在沖宮良郷友会の新年会で芸能披露

1994	第30回青年ふるさとエイサー祭り・郷土芸能の部に「ヨウホウ・獅子舞」で出演（8／27）
1999	サニズ演劇発表会が50回目を迎える（5／2）
2002	第3回在沖宮良郷友会文化祭及び敬老会で「ヨーホー節」「うるずん」「棒術」「村あしび」を披露（10／27）

(19)　たとえば宮良で1968年生まれの場合、同期生が28人、高校進学時に2人が沖縄、東京へ就職し、高卒後島に残ったのはわずか5人、進学・就職で21人が島を離れた。そのうち20歳で島に戻ったのは6人、現在は18人が島に戻り住んでいるという。

(20)　たとえば1967年の沖縄全住民の収入と本土との差は、$497対$930で約半分の格差があり、離島から沖縄へ、沖縄から本土への人口移動は必然的であったといえる。

(21)　1976年度における沖縄から本土への季節労働者は、職安の管内別にみると、那覇が1,480人、沖縄1,030人、名護420人、宮古340人、八重山90人となっており、八重山から本土への移動は、他の地域に比較すると地理的条件を勘案しても、かなり少ないことが分かる。

(22)　田本匡哉「島と夢」（大阪府東淀川区在住）、『毎日八重山新聞』のホームページ特集「本土発〜石垣へ−島の若者たちからの発信」
http://www.cosmos.ne.jp/~mainichi/weekly/hondohatsu/

(23)　たとえば八重山高等学校の場合、2002度の卒業者309名に対し232名が進学を選択し、離島率は75.1％と高い。

(24)　たとえば宮良における郷友会の規模は、母村である部落会が325世帯、在沖宮良郷友会は407世帯、宮良赤馬会（石垣市中心部の郷友会）88世帯、関東宮良郷友会142世帯、関西宮良郷友会37世帯、東海地区宮良郷友会5世帯が加入している。それぞれの郷友会では、居住地は別としても宮良という母村を中心に相互扶助関係を保っており、宮良という帰属意識で強固に結ばれている。なお世帯数は1999年11月現在。宮良郷友会会員名簿第7号を参照した。

(25)　同様な調査として、1974年3月に財団法人沖縄協会から発表された「沖縄出身本土就職青少年に関する意識調査報告書」がある。同調査は県外に就職し在住する687人を対象としており、それによると「郷里に帰りたい」と答えたのが76％であり、その理由は次の通りであった。今日のUターンした青年の理由と比較してもさほどの違いが見あたらないことがわかる。

1.親、きょうだい、親戚のいるところが何となく安心	49.3%
2.技術・技能を身につけたら郷里でそれを活かしたい	35.5%
3.郷里の方が生活しやすい	30.7%
4.結婚するのは沖縄の人がいい	20.1%

(26)　ちなみに聞き取り調査(2002年10月25日)の中で本人が記憶していた舞踊は以下の30演目である。1.いちゅび小、2.赤馬節、3.浜千鳥、4.上い口説、5.アカマタ節、6.揚古見浦、7.仲里節、8.繁盛節、9.ツンダラ節、10.デンサー節、11.めでたい節、12.固み節、13.ヨーホー節、14.古見浦、15.鷲の鳥節、16.白保節、17.安里屋ユンタ、18.宮良川節、19.南嶽節、20.揚作田節、21.かぎやで風、22.八重山上い口説、23.トマタ節、24.鳩間節、25.久高節、26.高那節、27.マミトーマ、28.黒島口説、29.山入らば、30.貫花。

(27)　八重山の古見、小浜島、石垣島の宮良、新城島の上地島と下地島で、プールィ(豊年祭)に出現する仮面仮装の人神(man-god)をさす。

(28)　浅野誠『沖縄県の教育史』思文閣出版、1991年、16頁。

(29)　1998年、関東宮良郷友会の青年部長をしていた青年が帰島したが、年齢制限の25歳を既に超えていた。しかし、その青年を会長にするためには会則を変更しなければならず、青年たちは公民館長に頼みこんで年齢制限を18～27歳へと変更し、男女とも未婚・既婚を問わないことになった。

(30)　生田氏の述べる「わざ」とは、一義的な技術或いは身体技能としての「技」に狭く限定されるものでなく、「技」を基本としてなりたっている、まとまりのある身体活動においてめざすべき「対象」全体を指し示している。

(31)　生田久美子『「わざ」から知る』東京大学出版会、1987年、107頁。

(32)　ここでいう世界というのは、ある特定の集団への参加の形式ということになる。

第6章

都市に再生するシマ社会の構図
――疑似共同体としての郷友会

竹富町黒島の豊年祭

■第6章　都市に再生するシマ社会の構図
―疑似共同体としての郷友会

第1節　共同体の想像・文化の創造

　「沖縄は郷友会社会である」と言われる。郷友会は、それぞれの諸事情で故郷の母村を離れ、那覇や県外の都市に移り住んだ人々で構成されている。郷友会の組織化は、そのほとんどが第二次世界大戦後のアメリカ占領下における軍雇用の拡大と、日本の高度経済成長政策による本土への労働力移動と深く関連している。ところが、本土における都市移住と比較して対照的なのは、彼らが移り住んだ都市にあっても、母村の人間関係や伝統的な生活習慣を同郷結合組織である郷友会によって再生産してきたことである。そして、組織形成の契機となる要因は、母村における生活文化体験を共通にしていることである。彼らは、運動会や敬老会、生年祝いなどの定期行事の他に、模合による相互扶助や会報の発行、母村への寄付行為に行事への帰省、更には郷友会墓の建設など、個々人異なる都市生活を基盤にしながらも、都市へソフト・ランディングさせるために、慣れ親しんだ母村の共同性を再現しているのである。従って「沖縄は郷友会社会である」とは、母村である共同体の存在を前提にしていることも意味している。

　このような内実をもつ郷友会に着目する理由は、教育学研究における人間関係の構築と地域の共同性に関して、新しい視点を与えることになるからである。現代社会を覆う都市化の進行や生活の合理化、サービスへの委託化という人を介さない間接的行為は、地域の共同性を必要としなくなり、他者との相互行為による人間形成を阻害する結果をもたらしている。換言すれば、都市化と過疎化は、地域から人がいなくなることを意

味し、相互行為によって形成される地域への愛着や定住意識は限りなく薄くなり、他者認識を欠いた自己意識は、確立することなく浮遊する人々を確実に増やしてきたのである。では、人間形成という視点から郷友会をみたとき、このような急速な都市化と過疎化はどのように映るのか。結論を先取りして言うと、母村を基盤にした人間関係は、見知らぬ群衆の都市に対しては、お互いの仲間意識や連帯感、つながり意識を強め、母村に対しては、村にいたときと変わらない共同体の一員としての一体感が認められるのである。こうした郷友会と母村（地域）の共同性は、都市化と過疎化による人間関係の断絶を当然視してきた言説に対し、都市と農村を結ぶ一つの関係構築のあり方を示すものである。つまり都市が地方からの移住による人口増大の結果として論じられることはあっても、「出身地域」と現住地の都市がどのように個々人の自己意識と属性に影響を与えているかについての研究は意外に乏しく、ここに郷友会の教育的機能に着目する理由がある。

　このような残された課題を補うものとして本研究は位置づき、「都市へ移住した人々が定着するとき、郷友会がどのような教育的役割を果たしているのか」という移住先への定着過程と、その後の母村との関係を同郷組織の視点で考察するものである。

第2節　社会教育における郷友会研究の意義

(1) 見える共同体、見えない共同体

　沖縄のシマということばは、可視的な空間を指すだけでなく、生まれた土地への愛着、歴史文化を共有する人間関係への愛着という精神的紐帯をも表現している。シマは集落と同義であり、今日の本土では殆ど聞かれなくなったが、沖縄社会の地域的特質、特に人間形成としての教育と文化の関係を知り得る最小の単位である。シマは一般的に地名・場所によって「見える共同体」として存在し、日常生活の自治的な公民館活動と、歴

史文化の「伝統の創造」を担う人間形成と価値獲得によって維持可能な社会を創り出してきた。そして行事の参加や他者との接触によるシマの自覚と内面化が、シマ意識として形成されている。換言するならば、シマには、人間の形成過程における教育固有の役割がある。

そのようなシマ社会でも、今日の商業文化の下では生活・労働の広域化によって、共同の本質である人間関係が維持困難になっている。一般的に教育学においても、労働力の農村から都市への移動が、従来の伝統的な共同体を解体させ、都市には互いに疎遠で見知らぬ人々が群がる空間を生み出し、集落で築かれた同郷意識や年中行事は、移り住んだ都市生活のなかで消滅させてきたと説かれてきた。しかし、沖縄社会の「見える共同体」が文化と教育による人間形成の役割を担い、それを維持可能にする限りにおいて、どこに移り住もうとシマ社会と切り離されることは稀である。それは、出自のシマ社会が、個々人の性別や名前と同じように、個々人の存在証明としての機能を大きく果たしているからであり、それがシマの文化の個性と多様性に起因している。

シマ社会の文化・伝統の創造とは、人と人を結び、過去と現在を結び、人と自然を結びつけながら、人々のシマ社会に対する自己意識を発現し、それを基礎として共同体の発展に努めていくことを意味している。このような内発的発展は、住民参加、自立的な社会の興隆と不可分のものである。一方で、シマ社会を離れ都市に移り住んだ人々は、シマとの関係を保つために、都市においてもシマの人間関係や伝統的な生活文化を「郷友会」という同郷結合組織をつくって再生産している。本土の場合と比較して、この違いは沖縄の地域的特質を考察する上で重要な要素であると考えられる。

総務省の統計によると、高度経済成長期に地方から大都市へと移動した人々の数は1億4,000万人に達し、大都市における人口増加のうち、約40％は人口流入による社会増であるといわれている。このような都市と農村の人口移動に対して、これまでの社会教育では「都市のなかのムラ」

への実態にはほとんど注目してこなかった。また多文化共生社会をめざす理論においても、差異が顕著であるニューカマーの外国人教育に焦点化するあまり、日本国内の異文化、すなわち全国各地の多様な地域文化の共生や、それらが人口移動によって都市生活に集約されている事実を見落としてきたと言える。社会教育とは対照的に、社会学の都市研究においては、沖縄の郷友会組織に関する実証研究が早くから着手されてきた経緯がある。以下において、まず先行研究の動向を概観した上で、社会教育の立場から郷友会をどのように捉えるべきか、その視点の提示を試みたい。

(2)郷友会に関する先行研究の動向

郷友会とは、「原則的に、故郷を同じくする者とその家族が、旧来の地縁・血縁を構成原理として、成員相互の親睦・扶助等を基本的な目的とする集団」[1]とされ、現在では主に奄美と沖縄に特徴的な組織とされている。郷友会の結成自体は、戦前の「大宜見一心会」にまで遡ることができるが、研究的に注目され始めたのは、1980年代以降のことである。そのなかで、郷友会が「沖縄社会を把握するキーワードのひとつ」として最初に定義したのは石原昌家である。石原は郷友会を「疑似共同体」[2]、つまり「都市の中のムラ」として位置づけ、「沖縄の歴史のなかで、みずからの内発力でこれほどまでの長期にわたる持続的組織活動とその壮大なエネルギーの形成はその例がなく瞠目に値する」[3]として、郷友会の形態と諸機能から沖縄社会の特質と学問的重要性を明らかにしてきた。

吉川博也は、郷友会を「出身地別結社」として捉え、郷友会会員個人の生活史と郷友会活動の相関関係を明らかにしている。それによると、郷友会は「〈不安定期〉＝インキュベーター機能、〈定着期〉＝情緒安定機能、〈安定期〉＝レジャー機能、〈成熟期〉＝名誉認知機能」を果たしているとしている。また、郷友会を「ローカル・エスニシティ」としての概念化を試み、「複数民族によって構成されている東南アジアの諸都市においても、問題解

決に有力な方法論」(4) であるとしている。同様な解釈は、戸谷修が沖縄の郷友会がインドネシア社会の同郷ネットワークと類似していることを指摘し、より広く第三世界の都市との比較研究のなかで理論的に深められる必要があることを提言している(5)。

また関西沖縄県人会及び生活改善運動については、冨山一郎の著書(6)が示唆的であり、関東の大都市圏における同郷者結合と集住地域の形成については、桃原一彦の諸論文に集約されている(7)。

その他に、琉球新報社編『郷友会』新報出版、1980年；東京沖縄県人会『三十周年記念誌』1987年；東京八重山郷友会『創立70周年記念誌「八重山」』1995年；東京大浜郷友会『創立30周年記念誌　おもと』1998年；東京沖縄県人会青年部『設立20周年記念誌「だからよぉ〜」』2001年；新垣譲『東京の沖縄人－「東京」で暮らし「沖縄」を思う若きウチナーンチュたち－』ボーダーインク、2003年；「郷友会社会の沖縄」『青い海』1982年12月号；「郷友会・もうひとつの島」『情報やいま』1996年4月号；「八重山の外の八重山を結ぶ『やいまネットワークをつくろう』大特集」『情報やいま』1999年1・2月合併号、等の情報提供は、一般民衆へ郷友会に対する関心を深めさせる役割を果たした。そして、県主催による郷友会の集大成とも言える「世界のウチナーンチュ大会」の開催は、世界中のウチナーンチュ・ネットワークを構築する場として定着をみている。なお、沖縄県外に組織された県人会は、表6-1に示すように、海外27カ国に56会、国内に106会が確認されているが、その他県内外において市町村単位、字単位の郷友会が網羅的にしかも任意に組織されているため、相当数の組織が存在していると思われる。

(3)三つの教育学的視点

これら代表的な郷友会研究からは、「沖縄は郷友会社会」、「郷友会は疑似共同体」であることが共通認識とされていることが読みとれる。本章においては、先行研究の郷友会概念を踏襲しながらも、人間関係の構築と

地域の共同性を明らかにするために、次の三つの教育学的視点から郷友会の分析を試みる。

まず一つめは、生活文化や教育の基盤とされる地域と、「疑似」とされる郷友会との相異、そして相互関係を明らかにすることである。地域自治会や学校などの組織は、地域独占的であることから、家族全体の生活に深く関わりやすく、問題解決や文化創造において重要視されてきた。ではそのような役割は、地域のみの特質なのかどうか。これらのことが明らかになってはじめて「疑似共同体」としての郷友会に妥当性が示されると考える。

表6-1　沖縄県人会一覧

国　外　　　　　　　　　　　　　　　　　　　　　　2001年11月現在

地域	県人会名	地域	県人会名
ブラジル	ブラジル沖縄県人会	アメリカ	コロラド州沖縄県人会
	カンポグランデ沖縄県人会		アリゾナツーソン沖縄県人会
アルゼンチン	在亜沖縄県人連合会		テキサス沖縄友の会
ペルー	ペルー沖縄県人会		テキサスエルパソ沖縄県人会
ボリビア	ボリビア沖縄県人会		テキサスDFW沖縄県人会
ベネズエラ	ベネズエラ沖縄県人会	カナダ	バンクーバー沖縄県友愛会
メキシコ	メキシコ沖縄県人会		カルガリー沖縄県人会
キューバ	キューバ沖縄友好協会		レスブリッジ沖縄県人会
アメリカ	ハワイ沖縄連合会		トロント球陽会
	北米沖縄県人会	グアム	グアム沖縄県人会
	北カリフォルニア沖縄県人会	フィリピン	フィリピン沖縄県人会
	サンディエゴ沖縄県人会	台湾	台湾在住沖縄県人会
	サクラメント沖縄県人会	香港	香港沖縄県人会
	ワシントン州沖縄県人会クラブ	タイ	タイ国沖縄県人会
	ユタ州沖縄県人会	シンガポール	星琉会
	米国東海岸沖縄県人会	インドネシア	ジャカルタ沖縄会
	ニューヨーク沖縄県人会	マレーシア	マレーシア沖縄会
	ワシントンD.C沖縄会	中国	福建省沖縄県人会
	シカゴ沖縄県人会	フランス	フランス沖縄県人会
	アトランタ沖縄県人会	イギリス	イギリス沖縄県人会
	ノースカロライナ	スペイン	スペイン沖縄県人会
	ジャクソンビル沖縄県人会		カナリー沖縄県人会
	ノースカロライナ	スウェーデン	スウェーデンウチナーンチュ会
	フェイエットビル沖縄県人会	ドイツ	ドイツ沖縄県人会
	フロリダペンサコーラ沖縄県人会	スイス	スイス沖縄県人会
	フロリダ沖縄郷友会	オーストラリア	在シドニー沖縄県人会
	アラスカ沖縄県人会	ザンビア	ザンビア沖縄県人会
	オハイオ沖縄友の会	ボリビア	オキナワ日ボ協会
	インディアナ沖縄県人会		
	ニューメキシコ沖縄県人会		

国　内　　　　　　　　　　　　　　　　　　　　　　　　　　2000年1月現在

地区	団体名	地区	団体名
北海道地区	北海道沖縄クラブ ゴーヤー会	中部地区	愛知緑沖縄県人会 守山沖縄県人会
関東地区	東京沖縄県人会 東京沖縄県人会青年部 横浜沖縄県人会 鶴見沖縄県人会 川崎沖縄県人会 ガジュマル会 さいたま沖縄県人会 ちば沖縄県人会 板橋区沖縄県人会 練馬区沖縄県人会 東京三多摩沖縄県人会 相模原沖縄県人会 東京那覇会 関東島尻会 東京名護会 東京久米島郷友会 中央糸満郷友会 関東伊江島郷友会 関東宮古郷友会連合会 東京多良間郷友会 関東平良郷友会 関東下地郷友会 関東上野村郷友会 宮古同志会（伊良部） 関東城辺郷友会 東京八重山郷友会 東京竹富郷友会 東京与那国郷友会 東京大浜郷友会 関東西表島郷友会 関東黒島郷友会 東京波照間郷友会 東京白保郷友会 東京小浜郷友会 関東宮良郷友会 関東平真郷友会 東京ひめゆり同窓会 東京龍潭会 養秀同窓会東京支部 関東城岳同窓会 関東南秀同窓会 関東南燈同窓会 琉泉同窓会東京 昭和女学校同窓会 琉球大学同窓会 関東地区宮古水産高校同窓会 八重山高校同窓会尚志会 関東地区七農高校同窓会 那覇商業高校同窓会 沖縄工業高校同窓会	中部地区	愛知豊田沖縄県人会 愛知沖縄県青年会 愛知沖縄同好会 愛知沖縄婦人会 愛知県宮古郷友会 琉球親和会 東海地区宮古郷友会 三重県沖縄県人会 岐阜沖縄県人会 富山沖縄県人会（でいごの会） 石川沖縄県人会 名古屋中沖縄県人会 名古屋東沖縄県人会 愛知県西部沖縄県人会 名古屋沖縄経営者会 （株）沖縄県物産公社名古屋わしたショップ 沖名和会 うるま会 中部地区宮古水産同窓会 名古屋泡盛同好会 三重紺碧の会 豊田紺碧の会 玉城流寿会家元 八重山古典民謡保存会 豊田沖縄民謡同好会・かりゆし 三糸教室 愛知琉球エイサー太鼓連 琉球芸能館　赤犬子 寿の舞かりゆし太鼓 司重機 琉球民謡協会東海支部
		関西地区	大阪沖縄県人会連合会 沖縄県人会兵庫県支部 京都沖縄県人会 岡山沖縄県人会 高知沖縄県人会 鳥取沖縄県人会 愛媛沖縄県人会 滋賀沖縄県人会 奈良沖縄県人会 和歌山沖縄県人会 徳島沖縄県人会 香川沖縄県人会 広島沖縄県人会
中部地区	愛知沖縄県人会連合会	九州地区	福岡沖縄県人会 長崎市デイゴ会 熊本沖縄県人会 大分沖縄県人会 宮崎沖縄県人会 鹿児島市在住沖縄県人会 八重山郷友会九州バガスマの会 九州宮古郷友会

次に二つめは、郷友会の結合要因が、母村における共通の生活文化体験を重要な契機としている点である。沖縄出身者による同郷結合には、同じ時間を過ごし、同じ空間を見、同じ言葉で話し、同じ感情をもつことを重要な要素とし、郷友会活動のみならず、労働や日常生活全般にわたって相互扶助的な人間関係を維持・再生産している。そして、このような体験に基づいた故郷概念と、他者との相互作用を通じた自己意識が形成されていると考えられる。

　三つめの視点は、母村の共同体的人間関係が、どこへ移り住もうとも切り離されず、現住地を問わずに両者の一体感と、ユイマールの思想が具現化されている点である。したがって母村の変動は、直接的に一体感をなす郷友会にも影響を与えることから、両者の関係を統合体として考察することを意味する。

　郷友会と母村の文化的結合とその伝承、母村に対する主体性と自己意識の課題は、社会教育実践と関わる教育の課題である。情報伝達技術や交通網の発展した現代社会では、個人が一地域に住み続け、一つの核となる自己意識を維持することは困難であるという考え方がある。確かに情報化は、国境を超えた伝達を可能にし、交通網の高速化は、長距離移動を日常的なものとしている。しかし地域性を容易に乗り越えていく今日にあっても、郷友会はこのような媒体を活用して、シマ社会との結びつきをむしろ強化する方向に機能していると思われる。沖縄の人々が外国を含めて外へ向かい、他者との出会いが頻繁になるにつれ、精神的には内へと向かう傾向が伺えるのは、戻ることのできる共同体を実在感として持っていることと無関係ではない。以上のような視点において、本章では特に郷友会の文化活動を中心に考察を加えていくが、同時に母村との相互関連についても随時触れていくことにする。

第3節　郷友会の構造と教育的機能の分析

(1)「疑似共同体」としての郷友会の機能

　まず、郷友会が「疑似共同体」とする視点を検討するためには、郷友会との関連においてまず「共同体とは何か」が明らかにされなければならない。その上で「疑似」とされる郷友会との差異及び関連を明らかにする必要がある。

　鳥越晧之は、地域自治会の特徴として次の5つを挙げている。それは、①加入単位世帯であること（世帯単位制）、②領土のようにある地域空間を占拠し、地域内に一つしかないこと（地域占拠制）、③特定地域の全世帯の加入を前提としていること（全世帯加入制）、④地域生活に必要なあらゆる活動を引き受けていること（包括的機能）、⑤市町村などの行政の末端機構としての役割を担っていること（行政の末端機構）[8]、である。このような共同体は、全人格的に結びついた基礎集団であり、また可視的に捉えられる「見える共同体」として、実際生活に即した自治的活動の基盤とされる。

　一方、都市に形成された郷友会は、仕事や教育などの都合でたまたまその地域に居を構えている人々が故郷を共通の拠り所にして組織した、いわば「地域占拠しない」、「世帯単位制」加入による「見えない共同体」を呈していると言える。その結合形態は、地縁・血縁の結合の仕方によって様々であるが、大きく分けて①県人会、②市町村郷友会、③字郷友会の三形態に分類されると考えられる。たとえば、福岡沖縄県人会の会則によると「会員は福岡地区に在住する沖縄県出身者をもって組織する」とし、東京八重山郷友会では、「本会は本土に在住する八重山出身者及びその縁故者をもって組織する」としている。字郷友会である東京大浜郷友会においても、「本会は本土在住の元大浜町出身者並びにその縁故者をもって組織する」と定めているように、会員の規定は出身地域だけである。特に

字郷友会の場合、母村の共同体から那覇や県外の大都市に移住したとしても、郷友会という受け皿に任意で家族単位で加入する。郷友会を疑似ながらも共同体と言えるのは、こうした「全世帯加入制」の原則を母村との統合体で捉えられるからだと言える(9)。

次に、「包括的機能」については、会則の目的から検討すると「本会は会員相互の融和と親睦並びに会員の社会的地位と福祉の向上を図り、ひいては郷土の発展に寄与することを目的とする」(福岡沖縄県人会)とあり、先ほど触れた東京八重山郷友会と大浜郷友会の会則をみてもほとんど変わりはなく、どちらにも共通するのは、「会員の親睦」と「郷土の発展に寄与」する点にある。それを具体的に在沖郷友会の目的と行事を示したのが、表6-2である(10)。

郷友会の目的として明記されたものは、「親睦」が79.1%、「母村との交流」48.4%である。その目的を達成するために、「運動会」(57.7%)や「敬老会」(60.4%)、「ピクニック」(28.6%)、「学事奨励会」(19.8%)を行っている。また母村に対する活動として「母村の年中行事への参加」は45.6%

表6-2 在沖郷友会における目的と行事一覧

目的・行事 地域別	郷友会数	郷友会の目的 親睦	母村との交流	運動会	敬老会	ピクニック	学事奨励会	母村年中行事への参加	母村年中行事を那覇で催す	会誌及び記念誌の発行
本島北部	66	48 (59.1%)	56 (84.8%)	40 (60.6%)	40 (60.6%)	16 (24.2%)	21 (31.8%)	50 (75.8%)	40 (60.6%)	9 (13.6%)
本島離島	41	33 (80.5%)	15 (36.6%)	26 (63.4%)	29 (70.7%)	11 (26.8%)	6 (14.6%)	11 (26.8%)	0 (0%)	3 (7.3%)
本島中南部	11	11 (100%)	5 (45.5%)	6 (54.5%)	7 (63.6%)	3 (27.2%)	2 (18.1%)	5 (45.5%)	0 (0%)	2 (18.1%)
宮 古	45	33 (73.3%)	6 (13.3%)	23 (51.1%)	25 (55.5%)	14 (31.1%)	6 (13.3%)	16 (35.6%)	1 (2.2%)	8 (17.8%)
八重山	19	19 (100%)	6 (31.6%)	10 (52.6%)	9 (47.4%)	8 (42.1%)	1 (5.3%)	1 (5.3%)	2 (10.5%)	2 (10.5%)
合 計	182	144 (79.1%)	88 (48.4%)	105 (57.7%)	110 (60.4%)	52 (28.6%)	36 (19.8%)	83 (45.6%)	43 (23.6%)	24 (13.2%)

であるが、比較的母村に帰りやすい本島北部の郷友会では75.8%となっている。これらのことから、郷友会はあくまでも親睦と交流を目的としているが、一方の母村にとっては「包括的機能」の一部を郷友会に支えられていると言えるだろう。現実に郷友会の活動は、母村の振興に大きな役割を果たしており[11]、母村と郷友会の相互扶助関係からみても、統合体として考えることができる。なお、地域別に見た場合、行事にばらつきが伺えるが、それは母村との地理的距離や、母村の経済・社会状態、郷友会の規模などによって影響を受けているものと考えられる。

　総じて郷友会は、都市に移動してきた人々と母村との関係維持を主眼にしながら、地域横断的で重層的なネットワークを形成し、母村の補完的役割を担っていると指摘できる。つまり、都市社会に対しては内へと向かうベクトルをもち、母村に対しては外へと向かうベクトルをもつ。また郷友会への加入は任意であり、半強制的に行事へ参加させたり割り当てるような性質のものではないことから、現住地の実状に適合するように様々に変化していると考えられる。

(2)母村における生活文化体験の共有

　故郷というのはあらかじめ存在しているのではなく、移動したことによって発見されるものとしてある。従って故郷の成立は、移動が行われることによって始まるのである。沖縄県内における郷友会の形成も、農村・離島から那覇への移動によって、もと自分がいた地域を振り返ることによって、故郷が発見された。

　その故郷概念が成立していくときに、次の三つの事柄が特に強調される。一つは歴史という過去の時間を共有していること、二つめは同じ風景・空間をもつという感覚であり、三つめに言葉を同じくするという意識であり、その地域の言葉で感情を表すという主張である[12]。そのような故郷概念を共有するためには、故郷、すなわち母村における共同性と生活文化への体験が前提となる。沖縄県内各地は、集落毎に祭祀が多いこ

とが特徴であり、それぞれの集落で独自の祭り・行事をもっている。祭りや行事に限らず、集落の生活文化のなかには、異世代との結合と相互交流を喚起する共同の教育が内包されている。たとえば沖縄文化の大きな要素を占める民俗芸能の継承は、共同でいかに関わり合えるかに依存している。同様に、文化を継承する後代が成長できるかは、先代が周辺的参加の間口をいかに広げるかに依存している。日常的な生活文化の諸事象には、そうした共同による相互作用が体験に前もって作用を及ぼしているのである。

それでは、母村における日常的な生活文化の体験が、離村した後どのような自己意識を形成し得たのか。具体事例として、他者との出会いが沖縄内部より激しく、しかも異文化社会のなかの同郷組織であるブラジル移民青年隊を手がかりに見ていく。青年隊出身者に対する調査結果(13)を表したのが、表6-3である。なお彼らの渡航時の年齢は、平均して20～22歳(68.3%)であった。

まず、故郷概念の要素を全て満たす民俗芸能への関心について問うたのが設問1である。関心があると答えた人が76.7%を占め、大多数が民俗芸能への周辺的参加もしくは主体的参加という体験を持っているものと考えられる。そして設問2の関心のあるものについては、方言によって故郷の情景を唄う「民謡」が55%、技の獲得を擁する「三線」が30%、そして

表6-3 ブラジル移民青年隊へのアンケート調査結果

設問1．沖縄の民俗芸能への関心
(1)非常にある	18(30.0%)
(2)少しある	28(46.7%)
(3)どちらとも言えない	3(5.0%)
(4)無関心	3(5.0%)
(5)不明無回答	8(13.3%)

設問2．関心のあるもの（複数回答）
(1)三線	18(30.0%)
(2)民謡	33(55.0%)
(3)古典音楽	14(23.3%)
(4)舞踊	17(28.3%)
(5)琴	1(1.6%)
(6)笛	3(5.0%)

設問3．関心を持ちはじめた時期
(1)渡航前	10(16.7%)
(2)渡航後	28(46.7%)
(3)不明	8(13.3%)
(4)無回答	14(23.3%)

設問4．次世代へ残したい沖縄文化(複数回答)
(1)沖縄語	26(43.3%)
(2)沖縄料理	21(35.0%)
(3)トートーメー	28(46.7%)
(4)民俗芸能	25(41.7%)
(5)ウチナーンチュ意識	34(56.7%)
(6)ユイマールの精神	11(18.3%)
(7)生活習慣	21(35.0%)
(8)不明無回答	8(13.3%)

「舞踊」28.3％である。設問3は、関心を持ちはじめた時期であるが、渡航後に関心を寄せた人が46.7％と多いことが分かり、ブラジルという異郷において、故郷の文化を発見したものと考えられる。そのきっかけとして自由記述を求めたところ、「初めての故郷訪問で親戚の者たちが行っているのを見て」、「ふるさとが恋しい」、「兄が仕事後、時間に構わず三線を弾いていた」、「生活が楽になったから」、「県人のつどい」などの理由があげられた。

彼らがブラジル社会で育った子や孫に受け継いで欲しい沖縄文化についての複数回答が設問4である。最も多かったのは「ウチナーンチュ意識」56.7％で、次いで「トートーメー」(位牌の継承)46.7％、そして「沖縄語」43.3％である。ブラジルへの沖縄移民たちの多くは、自分たちの言語や文化は劣等なものであり、ブラジル人・日系人になるためにはそれを放棄しなければならないと考えるよう教育を受けてきた。そのため、彼らのウチナーンチュ意識の表面化は、沖縄移民に対する差別の克服と、多民族社会のなかで沖縄文化の独自性を獲得することと深く関連している。沖縄語、すなわち言語にしても、話し、そして伝達する共同体が存在するところに実在しうるのであり、その話者を失えば、特に若い世代が学習しなければ、言語は危機に陥る。マイノリティの沖縄文化と言語の存続を支えるためには、ウチナーンチュ意識の確立が必要であると、この回答から指摘できる(14)。

以上の結果から、青年隊出身者は渡航前において、母村における生活文化体験をもち、その体験に根ざした故郷が異文化のなかで発見され、その故郷の文化は自己意識と結びついている、とまとめられるだろう。そして、彼らが母村で体験してきた言葉や伝統的生活習慣、固有の伝統文化芸能、門中組織などの多様な文化的差異は、日系社会に県人会を、更に沖縄系社会に郷友会を結成させ、ブラジル社会にソフト・ランディングするための知恵を同郷の共同体的人間関係に求めたのである。

ところで、ブラジルにおける沖縄移民は1908年の325人を皮切りに、戦

前戦後を通して約3万人が移住しており、日系140万人の1割に当たる約14万人が沖縄県人系と言われている。ブラジル沖縄県人会は、会員4,000家族、43支部をもち、県連のなかで最大の県人会である。ブラジル移民に関して詳細に述べることはできないが(15)、ここでは森幸一の述べる「新しい地域コミュニティでは、その〈シマ（ムラ）〉意識を醸成するために、積極的に琉球芸能が用いられた」(16)ことに注目する。

　ブラジル、特にサンパウロ市の沖縄芸能文化の伝承の組織化は、戦後の都市部への集中と定着の過程に行われている。そのような地域コミュニティは、ブラジル永住を条件に形成されたものであり、「ブラジルに住む沖縄人」の新しいシマ社会という意味を与えられたものである。そのなかで芸能文化は、①「村歌」、「団体歌」を多く創出し、その歌は沖縄系人が自分の住む空間を「シマ」に再編し、そのシマの発展を願うという「郷土意識」を醸成したこと、②民謡教師や舞踊教師等によって、新民謡や創作舞踊が創造されたこと、③ブラジル日系人のなかでの沖縄人の独自性を表面化させたこと、そして④国境を越えた沖縄系人の連帯構造が古典音楽、エイサー、カチャーシー、舞踊といった芸能によって強化されているということである(17)。同時に、日常的に行われる「演芸会」と共食の空間と時間は、沖縄系二世・三世が幼少期から関与することで、沖縄文化を内面化し、沖縄人としての感覚を育む機会となり、その感覚が他者との接触のなかで、意識にまで高められていると考えられる。

(3)母村と郷友会のユイマールー文化活動を通して

　地域の共同体を語る場合、伝統のしがらみや閉鎖性、過疎化と言った常套句に見られるように、静的な共同体として否定的に捉える傾向がある。しかし、その共同体も都市と同様に大衆化、都市化、情報化という外社会の影響を受けながら変動しているのであり、沖縄の場合、郷友会を含む人間関係を基盤にしながら動的に再構築されていると考察する必要がある。

黒島は、八重山諸島竹富町に属する人口約200人が暮らす小さな島である。戦後は、復興と共に島民が帰村し、1948年には約2,000人へと増大し、小学校の児童も312人に達していた。しかし、急激な人口増大は、農業生産の低下や食糧不足、水の欠乏などをもたらし、必然的に他島へ職を求めて移住する者を増やすこととなり、結果的に深刻な過疎地域となっている。

　黒島小学校、中学校における2002年度現在の在籍児童数は、小学校で16名、中学校で11名である。高校の教育を受けるには島を離れなくてはならず、2002年の卒業生3名は、石垣島と沖縄本島へ進学している。従って、中学校卒業後の青少年は島にいないことになり、彼らが学業を終え、Uターンするまで長期間待ち続けるしかない。

　このように、様々な理由から多くの住民が島を離れていったが、それで島との関係を断ち切ったわけではない。「生まり島」は、自分の姓名や性別のように、どこへ行って暮らそうとも自己を表す標識となる。そして、黒島での人間関係と帰属意識を移住先でも保つために、島を離れた人々が結集して、1956年には石垣在住黒島郷友会が、1958年頃には沖縄在住黒島郷友会がそれぞれ結成された。さらに県外には、関東黒島郷友会と関西黒島郷友会も組織されている。郷友会結成の目的は、「黒島出身者の友愛を深め、会員相互の親睦と互助をはかり郷土及び居住地域の発展に寄与すること」[18]と定めている。その郷友会は、5つの小集落－保里、宮里、仲本、東筋、伊古－の支会で成り立っており、行事としては「各支部ごとのピクニック、郷友会全体の総会、敬老会、運動会など」[19]を行ない、移住地においても日常的にユイマールによる支え合いが見られるのである。

　このような母村で培ったユイマールの心を都市にて再現することは、「都市へソフトランディングするきわめて効果的な役割」[20]を担い、特に島を初めて離れる青少年にとっては、親的存在として教育的役割をも果たすことになる。

　ところで黒島は、八重山諸島のなかでも民俗芸能の宝庫と言われる。結

願祭には黒島固有の芸能が多彩に奉納され、また豊年祭では、民俗芸能の演舞の他に、爬竜船競漕が繰り広げられ、海岸には約800人もの歓声が沸き上がる。旧正月になると、ニライから豊作を引き寄せる綱引き（ションガチヌユーピキ）が行われ、五穀豊穣を願う人々で賑わうのである。

　このように過疎でありながら、盛大な祭祀行事を可能とするのが郷友会の存在であり、郷友会の母村に対する重要な役割でもある。結願祭や旧正月は、各支会によって小集落毎に祭りが行われているが、特に豊年祭は、島あげての一大行事であり、郷友会の帰省は300から400人規模にもなり、祭り全般にわたる運営と協力が、母村と郷友会一体となって行われる。1979年当時、沖縄在住黒島郷友会会長であった東舟道米三氏は、郷友会の母村に対する機能について、「過疎化した黒島では民俗芸能の保存、継承が年々困難な状況になってきている。現在の状況では、異郷にいる郷友会員がふるさとの民俗芸能をしっかりと学ばなければ、いつか黒島の民俗芸能も薄れていく。黒島から指導者を呼んで、民俗芸能の"原形"を受け継いでいきたい」[21]と述べている。民俗芸能を継承するのは、郷友会の青年部であり、二世、三世の彼らにとって、黒島は「生まり島」でないしても、親の故郷とは伝統文化を介してユイマールの構造を学習していると考えられる。

　外来者からみれば、黒島の伝統がその島で保存継承されているように見えるが、現実は島外に生きる郷友が島外においてその芸能を継承しているのである。現実的な過疎という地域課題に対して、郷友会は母村の自治機能の一部を担うことによって解決を図ってきたのであり、互いが互いを支え合うことから、両者を統合体として捉えることの意味がそこにある。

　その郷友会も結成から早半世紀が経過している。その構成員も二世、三世へと変わり、実際に黒島で生まれ育ったことのない世代が増加し、過渡的段階だとも言われている。しかし、母村・郷友会双方にとって互いは、必要不可欠な存在であり、ユイマールによって支え合うことを当然視す

る姿勢には、「島は一つ」とする思想を伺い知ることができる。

第4節　米軍基地が生んだ郷友会－嘉手納町屋良共栄会

　以上示した郷友会は、活動拠点を異郷に置きながらも、母村との関係を維持可能にする「見えない共同体」の典型事例である。一方で、沖縄のなかで特殊とされる郷友会が存在する。それは戦後、米軍基地として土地を奪われた人々によって形成された郷友会である。本節では、沖縄における米軍基地の問題が、表層的には多くのシマを消滅させたが、深層的には「見えない共同体」として、返還を待ち望む人々の集団を内発的に形成させてきたことに注目したい。その原動力は、伝統文化を伝承させながら、いずれは自らの土地に戻り、元の生活を営みたいという、「見える共同体」の創出にある。ここでは、最も広大な嘉手納空軍基地を抱える嘉手納町の郷友会組織と伝統文化の創造を取り上げる。

(1) 土地接収による集落の消滅
　戦後の米軍基地建設の殆どは、地域住民の意志と無関係に強制的に土地接収がなされた。米軍は、一般住民を各地の収容所に保護していき、戦後、元の居住地に住民を移動させたが、それは基地として土地を囲い込んだ上で、非軍用地への移動許可であった。その結果、集落が丸ごと米軍基地として土地接収され、他集落に分散移住せざるを得なかった人々が郷友会を組織し、基地のなかに消滅した旧集落の共同性を半世紀経た今も維持可能にしてきた。
　嘉手納町は、戦前北谷村（現北谷町）の一行政区であったが、米軍嘉手納基地の構築によって村域が分断し、1948年に分村した。町総面積の約83％が米軍基地で占められており、13字の9つが基地のなかに消滅し、残された狭隘な地域に様々な字民が混在となって暮らしている。基地の存在は、生活環境をはじめ都市基盤の整備や産業の振興を押し進める上で

大きな障害となっている。また日常的に発生する航空機騒音や航空機墜落事故、米軍による犯罪等の危険性と隣り合わせの生活を強いられている。

　字屋良は、現行政区では東区の一部を占める旧集落である。分村した当時は、13字制で施行したが、1957年の行政区改革により区政へと変更された。そのため読谷村や宜野湾市のように旧地番に基づいた形ではなく、画一的に「東西南北」で区画されたが、それは基地に字を消失した多くの住民への配慮と伺える。「屋良共栄会」と称する郷友会は1973年に正式に設立し、東区の行事とは別に伝統的な祭祀行事や年中行事を基盤に、共同体としての結びつきを強固にしている。一方で日常的には東区民であり、意識の面では「見える共同体」と「見えない共同体」の両方が渾然一体となっているのである。

(2) 嘉手納基地の需要と人口流入

　嘉手納町又は屋良を語る時、米軍基地を抜きに理解することは到底かなわないことである。屋良のある東区は、嘉手納飛行場、嘉手納弾薬庫施設に最も近く、狭隘な土地ゆえにフェンス沿いに多くの家々が連なるという、異様なたたずまいを見せている。防空、中継、補給基地として世界情勢に敏感に反応する嘉手納基地は、昼夜の別なく航空機騒音や墜落事故の危機、環境汚染事故等を周辺住民に強要してきた。一方、住民の生活も好むと好まざるに関わらず基地と深く関わり、多くの人が基地からの収入に頼って生計を立て、就業の場を求めて町外からも人口が流入し、「基地の街」として営まれている。

　嘉手納町の人口推移は、図6-1（次頁）に示すように1955年当時9,812人であったが、10年後の1960年には14,744人と約5,000人増加し、1968年には15,414人とピークを迎える。その後は14,000人台を推移している。復帰前の人口増は、明らかに基地需要によるものであり、その結果多くの新住民を受け入れることになった。この点は、基地の雇用能力の小さい

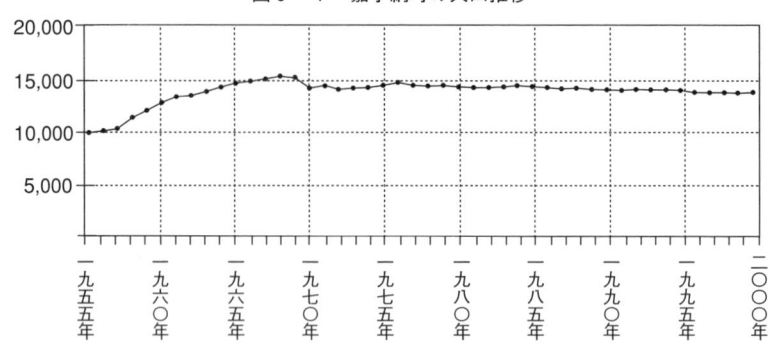

図6-1　嘉手納町の人口推移

読谷村とは対照的な地域形成をなしている。
　一方、屋良の人口は、旧住民毎の統計がないため把握できないが、共栄会に入会している世帯数は、2001年度現在で189世帯である。しかし、必ずしも全世帯が東区に居住しているとは限らない。近年、東区では町営住宅屋良団地や屋良ハイツが造成され、今後も新住民が増加する傾向にある。

(3)屋良共栄会と東区自治会
　東区という行政区は、米軍基地による旧集落消滅によって便宜的に与えられたものである。これまでは旧屋良住民＝屋良住民であったのが、東区の設置及び新住民の増加によって、その構図は機能しなくなった。しかし、東区では解決できない問題、つまり旧屋良の字有地の財産管理運営と、更に伝統的文化行事の伝承と文化遺産の管理・保存、という問題が生じた。
　そこで、1973年6月に字屋良規約審議委員12名が選出され、同年9月に「字屋良共栄会規約」の施行を受けて共栄会が結成となる。会の目的は規約第1条によると「本会は、字有財産の保全と活用を基本に伝来行事の伝承と新たな文化の創造を通して、会員相互の融和と福祉の向上に資すると共に、地域の発展に寄与することを目的」としている。

その後、1979年に東区自治会が新しく誕生したが、双方の組織が対立・矛盾することがなかった点が注目される[22]。つまり、歴史的ルーツとしてのシマ(屋良)を縦軸とするならば、現住地としてのシマ(東区→嘉手納町→沖縄)は横軸としてそれぞれ拡がりをもち、その接点毎に自己が依拠する基盤が存在する。その接点とは「屋良人でもあるが、東区民でもある。その意識に上下はない」[23]とすることばにシマ意識の意味が示されていよう。一般的には縦軸と横軸の接点は「見える共同体」を基盤に一体として確認ができるが、屋良の場合、ルーツの土地を消失してもなお「見えない共同体」として人間関係による共同体意識を確立していると捉えられる。

(4)存在証明としての伝統文化
　次に具体的に各組織の行事を比較してみよう。表6-4(次頁)は、東区自治会と屋良共栄会の主な年中行事を一覧にしたものである。東区の場合、現住地の生活課題に対応した行事が多いのに対して、共栄会の場合は、シマの繁栄を願う信仰行事や民俗芸能の保存、字有地の管理が主となっており、それぞれがシマにとって必要不可欠な行事を役割分担するかのように行われている。また、学事奨励会は子弟の入学・進学を祝い、共栄会による教育活動として定着してきた。
　旧盆のエイサーは、東区青年会のエイサーと共栄会青年部のエイサーの二つがあるが、これについても対立・矛盾なく共存している。東区青年会のエイサーは、各地のエイサー技を取り入れて、創作されたものである。旧暦7月16日に道ジュネーを行うが、まずは区青年会のエイサーが通り過ぎた後、共栄会青年部によるエイサーが披露される。区青年会は区域全てをカバーするが、共栄会は、主に屋良出身者の住む地域だけを道ジュネーする点が異なる。区青年会のなかには屋良出身者ももちろん含まれているが、彼らは区青年会での活動を30歳で終えた後、共栄会青年部に入るという配慮がなされている。
　民俗芸能は、伝統文化の伝承を行っている屋良共栄会によって再現さ

表6-4 東区・屋良共栄会の主な年中行事

	東区自治会	屋良共栄会
4月	東区定期総会 評議委員会 東区集団検診 東区がんじゅう会	ムルチ御願
5月	評議委会 赤十字募金運動月間 東区がんじゅう会	評議員会
6月	福祉・保険・年金住民説明会 夏の環境衛生週間（区民一斉清掃） 東区がんじゅう会	グングゥチャー 財産区設定に関する説明会
7月	東区ボランティアのつどい 評議員会 教育懇談会 社会福祉協議会戸別会費徴収実施 東区がんじゅう会	
8月	東区エイサー 東区盆踊り	シマ（ミキ）御願 旗スガシー 屋良エイサー
9月	東区敬老会 評議員会 東区がんじゅう会	評議員会 学事奨励会 総会・敬老会 共栄会三役事務引き継ぎ
10月	評議員会 赤い羽根共同募金 東区がんじゅう会	評議員会 野国總管まつり
11月	町長と語る東区区民の夕べ 評議員会 秋の環境衛生週間（区民一斉清掃） 東区がんじゅう会	
12月	東区各班対抗グラウンドゴルフ大会 歳末助け合い 評議員会 東区がんじゅう会	評議員会 カンカー御願
1月	東区新年のつどい 評議員会 東区がんじゅう会	
2月	東区文化祭 みどりの羽根募金 東区がんじゅう会	
3月	評議員会 交通災害共済加入促進月間 東区がんじゅう会	

れる。エイサー以外にも屋良には獅子舞、「屋良のあやぐ」、陣鼓（チンク）、組踊りが伝承されている。これらの民俗芸能の伝承には、青年部がその役割を担い、古老の指導を受けながら町内外の行事に出演している。近年では、子

弟に対し「子どもあやぐ」の創作なども手がけ、後継者育成と同時に屋良の伝統文化伝承への意図的な取り組みが見られる。

一方、伝統が希薄な東区においては、青年会エイサーが自治会発足から無二の芸能として創造・発展してきたが、1996年に「東区子ども獅子舞」が新しい文化創造として誕生した。その主旨は「子どもたちに郷土の伝統文化を親しみ、それを受け継いで伝統文化を守り、育てていく力を身につけさせるとともに、子どもたちの健全育成をはかる立場」(24)からの結成であった。これまで、子どもが伝統文化に触れ合う機会は、東区では伝統を伝承する共栄会の行事に集約されていたが、このような取り組みは、今後東区を故郷とする子どもの成長に東区の伝統を創造しなければならないとする大人側の認識があったと考えられる。その延長線上に、2001年3月、区の伝統文化伝承のシンボルにすることを狙いに、自治会創立30周年を記念して「獅子」を製作した。今後は、東区の行事に子ども獅子舞と共に獅子の新たな文化が創造され、伝統になっていくことは予想に難くない。

このように個性的な文化環境と参加が人間形成にはたらきかけ、シマ意識を醸成する構図は、ある意味では普遍的であると言える。問題は文化の質である。市場主義によって金銭を介して売買される文化に対抗し、今後も生活のなかで主体となってはたらきかける文化、存在証明となりうる文化をどのように再創造していくのかが問われなければならない。

(5)個人と共同性の結合関係

「沖縄人のある所、三線とフーチバーとユタはある」という諺は、沖縄人にとっての文化的シンボルを表している。沖縄人というカテゴリーにおいて、これらが「文化的シンボル」になるためには、「非沖縄人」という一方の他者が存在することが前提となっている。最後に、これまで取り上げてきた沖縄人をはじめとするシマ意識の形成を他者との関係において構造化し、その状況と文化的要素とを対比してまとめとする。

図6-2は、状況に応じて選択されるシマ意識と共同性を屋良出身者を例に示している。共同性のカテゴリーは、個々人が受ける文化の質と教育による人間形成の深度によって、捉え方は様々であるが、大きく分けて二つの視点から見ることができよう。一つは、国民的同一性＝ナショナル・アイデンティティは、生得的に不可避的に与えられるものであるが、それに対し、二つ目の文化的同一性＝カルチュラル・アイデンティティは、学習によって後天的に獲得される。沖縄の各共同体及び郷友会がなぜ後者に価値を見いだし、それを脈々と受け継いでいるのか。それは、文化が市町村・県レベルではなく、シマを基盤に形成されてきた歴史的要因に根ざしているからである。例えば、同じ沖縄人というカテゴリーに属していても、シマの文化が個性的であればあるほど、自己意識はシマに到達する。エイサーがシマ毎に違い、かつ個性的であることが、青年の人間形成と文化伝承において「わしたシマ」を意識化させるのである。そして一方では、巨大でかつ複雑、煩雑な現代社会のなかで、ともすれば埋没してしまう自分の存在が確かめられないといったこの時代において、シマという共同性が一つの存在証明の機能を持っているからだと言えるだろう。

図6－2　状況に応じて選択される共同性

カルチュラル・アイデンティティ		我々・うち		かれら・そと			
	血縁	門中	門中	門中拝み、旧正月、旧盆			
	組・班	東組	前原組	葬式、家普請、綱引き、ユイマール			
	旧字	ヤラントュ（屋良人）		水釜人	豊年祭、民俗芸能、町議選挙		
	行政区	東区民		南区民	町内運動会、エイサー祭り		
	市町	カデナンチュ（嘉手納人）			読谷人	高校の同級生、県外の市町村会	
	郡	ナカガミンチュ（中頭人）				島尻人	那覇に出たとき、県議選挙
	県	沖縄人					大和人　県人会、高校野球
	国	日本人					アメリカ　海外移民

　　　　　　　　　　　　　　ナショナル・アイデンティティ

第5節　新たな同郷ネットワークの形成と今日的課題

　沖縄は本土復帰して35年を経たが、この間の沖縄の政治・社会変動と文化変容の実態は大きく様変わりしてきた。かつて「沖縄的なもの」は、差別の対象とされ、戦後の沖縄出身者は、戦前と同様な沖縄差別を受け、日本人からの視線が「傷痕」として深く歴史に刻み込まれてきた経緯がある。復帰後、本土社会における沖縄理解は深まり、差別の度合いは急速に希薄化し、そのような事実も過去のものとなろうとしている。一方の沖縄社会には、本土化の波が怒濤の勢いであらゆる分野に押し寄せたが、なかでもマス・メディアを介して全国画一の価値志向が若者を中心に形成されてきた。特に学校教育では、本土への進学や就職を想定して、日常的な使用言語が標準語となり、方言が通用しなくなった。復帰後わずか数年間で基層文化の言語が若い世代から消滅していった結果、本土への進学率も向上し、教育水準も高くなったとされた。

　ところが、本土文化が沖縄で平準化された1980年代後半になると、本土からのまなざしで「故郷の発見」学習が出始める。沖縄文化の危機を感じた学校現場では、運動会に民俗芸能を種目に取り入れたり、課外活動に三線が導入されたり、学芸会に方言劇を開くなど、状況は様変わりしたのである。そして社会全般において、地酒と家庭料理が味わえる居酒屋や民謡酒場が急に増え始め、各地で消滅していた芸能文化が復活してきている。さらには、本土化の流れのなかでウチナーンチュとしての自覚を確認するかのように、伝統文化の再生と、文化的価値を再認識する学習や公民館講座などが生まれている。

　このような母村沖縄の動きに呼応して、本土在住沖縄出身者の間にも再び芸能の継承が盛んに行われるようになり、郷友会においてもウチナーンチュとしての誇りをもたそうとする動きへと変化し始める。それだけではない。1990年前半の復帰20周年を契機に「沖縄ブーム」が起こり、

島唄をベースにしたポップスグループの人気と相まって、沖縄芸能の波紋は、「ヤマトゥンチュ」にも受け入れられていく。その頃からたとえば東京沖縄県人会青年部には、母村沖縄と関係を持たない青年たちが「エイサーが好きだから」という理由で入会し始めたという。同様に「エイサー好き」であれば、出身地を問わずに入会できる太鼓集団が多く結成されてきた。

　そのような傾向は、近年結成された福岡大学の沖縄県人会組織にも見ることができる。沖縄の基地問題が大きく取り上げられていた1997年、福岡大学では沖縄出身の学生を中心に沖縄の現状や歴史、文化を紹介する「沖縄展」が開かれた。そのなかで沖縄を訴える手段としてエイサーが企画され、沖縄出身者を中心に演じたのが会のはじまりである。企画後、「いちゃりばちょうでぃ会」として会を立ち上げ、沖縄出身者だけでなく本土学生の参加も当初から認めてきた。現在は「沖縄エイサー隊」と改名、今年度の会員は18名、その内10名が沖縄出身者である。このような太鼓集団の活躍は、県外において沖縄文化を媒体に本土と沖縄の「異文化交流」、「異文化理解」を深めるために有効であり、それが「沖縄＝エイサー」という構図を定着させてきたと言える。

　今後も、母村沖縄との関係を繋ぐ集団は、文化的要素の多彩さから考えても、広範になると予想される。その一つに小林香代は「エイサーは沖縄の人でないと踊れないのか」という問題を提起し、あえてエイサーを沖縄と切り離した形で、エイサーの価値の共有化を非沖縄出身集団で試みたように[25]、エイサーそのものの価値に新たな変化が生まれている。このような動向は、地域の共同性を文化活動から考察する者にとって、看過できない今日的課題を示している。「エイサーを踊る」という行為は、地域の共同性に根ざした伝統文化の共有が前提にあり、エイサーを習う過程には、地域の大人たちとの相互行為が頻繁にあり、技を獲得するだけでなく「時間的普遍性」のなかに自らを位置づける学習が持続されていることを意味する。そのような学習の蓄積が、地域への定着意識を深め、よりよく地域を運営していくことへの責任意識を養い、地域との関わりを重視す

る自己意識を形成し得るのである。地域文化の一部を析出し、生活を細分化して捉えることは、社会を創りあげる人間形成の観点を落とし、地域における共同性の意義を見失わせてしまう。単一目的化した集団が数多く結成される今日の社会において、郷友会が母村に対する包括的・補完的役割と教育的機能を有し続けるためには、このような新しい集団との比較も検討しなければならない。そのためには人間の自己意識の解明と同時に、文化形態の内実と継承を問う必要がある。その上で、郷友会と母村・現住地との多様な結びつきも明らかにしなければならない。

[第6章注記]
(1) 玉城隆雄、稲福みき子「郷友会と地域社会(1)-方法論を中心に-」『沖縄国際大学教養部紀要』、第16巻第17号(通号)、1991年、86頁。
(2) 石原昌家「疑似共同体社会としての郷友会組織」『沖縄国際大学文学部紀要 社会学科編』第8巻第1号、1980年、48頁。
(3) 石原『郷友会社会-都市の中のムラ-』、10頁。
(4) 吉川博也『那覇の空間構造-沖縄らしさを求めて-』沖縄タイムス社、1989年、132頁。
(5) 戸谷修「那覇における郷友会の機能」山本英治、高橋明善、蓮見音彦『沖縄の都市と農村』東京大学出版会、1995年、239頁。
(6) 冨山一郎『近代日本社会と「沖縄人」』日本経済評論社、1990年。
(7) 桃原一彦「沖縄を根幹として」奥田道大『都市エスニシティの社会学-民族／文化／共生の意味を問う-』ミネルヴァ書房、1997年、「大都市における沖縄出身者の同郷者結合の展開-集住地域・川崎を中心に」東京市政調査会『都市問題』(2000年9月号)などを参照のこと。
(8) 鳥越晧之『地域自治会の研究-部落会・町内会・自治会の展開過程-』ミネルヴァ書房、1994年、9頁。
(9) 具体的に石垣市宮良を例にすると、母村の部落会は325世帯、在沖宮良郷友会は407世帯、宮良赤馬会(石垣市中心部の郷友会)88世帯、関東宮良郷友会142世帯、関西宮良郷友会37世帯、東海地区宮良郷友会5世帯が加入している。それぞれの郷友会会員は、居住地は別としても宮良という母村を中心にネットワークしているのである(世帯数は、1999年11月現在)。

(10) 同表は、琉球新報社編『郷友会』(1980年)に掲載されている190会のうち、沖縄県以外の8会を除いた182会を対象に分析した。活動の目的である「親睦」と「母村との交流」は、殆どの郷友会がそれらを目的にしているが、ここでは文中に記載されているもののみを取り上げている。

(11) たとえば、伝統芸能の継承や母村の行事運営における物心両面の支援をはじめ、また台風災害支援や記念事業における寄付金の協力なども多く聞かれる話である。

(12) 故郷概念の検討については、成田龍一、藤井淑禎、安井眞奈美、内田隆三、岩田重則『故郷の喪失と再生』青弓社、2000年に詳しい。

(13) ブラジル移民青年隊とは、沖縄産業開発青年協会によってブラジルに移民派遣された沖縄青年達の現地組織である。第1次派遣の1957年から第14次の1966年まで、総勢320名の青年がブラジルに渡った。本調査は、1998年1月にブラジル在住の会員に対してアンケート調査を行ったものである。消息が明らかな112名に郵送し、60人より回答を得た。回答率は53.6%である。

(14) ここでは詳細に述べることができないため、ブラジルにおける沖縄文化の継承と現状については、ブラジル沖縄県人会『ブラジル沖縄移民史-笠戸丸から90年』2000年を参照のこと。

(15) 先行研究としては、琉球大学文学部地理学教室『南米における沖縄県出身移民に関する地理学的研究-文部省科学研究費海外学術調査昭和55年度調査総括-』1981年、棚原健次「南米ブラジルの沖縄系一世移民」沖縄心理学会『沖縄の人と心』九州大学出版会、1994年、などがある。記念誌としては、在伯沖縄青年協会『移民青年隊着伯25周年記念誌』1982年、屋比久孟清『ブラジル沖縄移民誌』1987年、在伯沖縄県人会『沖縄県人ブラジル移住80周年　在伯沖縄県人会創立50周年記念誌』1990年、ブラジル沖縄県人会『ブラジル沖縄県人移民史-笠戸丸から90年』2000年、がある。

(16) 森幸一「琉球芸能活動と団体組織」ブラジル沖縄県人会『ブラジル沖縄県人移民史-笠戸丸から90年』2000年、312頁。

(17) 本節は、森幸一、前掲書、「受信から発信へ、あるいは模倣から創造へ-エスニック文化の展開-」サンパウロ新聞、1997年12月18日付、「ブラジルの沖縄系エスニック・グループにおける民族(俗)芸能-エスニシティの存続との関連において-」トヨタ財団研究助成共同研究『日系ブラジル芸能研究』中間報告、1997を参考にしてまとめた。

(18) 運動武三『黒島誌』1988年、261頁。

(19)　琉球新報社編『郷友会』1980年、322頁。
(20)　戸谷修「那覇における郷友会の機能」山本英治、高橋明善、蓮見音彦『沖縄の都市と農村』東京大学出版会、1995年、228頁。
(21)　琉球新報社　前掲書、294頁。
(22)　例えば、宜野湾市字宜野湾の場合、旧宜野湾部落出身者による郷友会の結成が、大多数を占めるようになった他地域出身者との間で、軍用地料の所属を巡って疑念を持たせる結果を引き起こした。この疑念に対し郷友会では次のように説明し、理解を得ている。「我々は排他的立場には決して立っていない。元来、字有地は先祖代々旧宜野湾部落住民の財産であり、公のお金が注ぎ込まれて作られた財産ではなく、現在の宜野湾区行政財産のものとは異なるのである。だから、特定されるひとたちの財産なのだから誤解しないでほしい。…みなさんは我々の故郷はこの場だと考えになるかも知らんが、我々の故郷は金網のなかが大かたなんです。いずれそこへ帰るのだということなんです。そういうことで、我々には財産もあるし、伝統行事、文化遺産もある。…寄留民のかたにとっては、戦後ここに移り住んでからは、この土地のことは知っていても、戦前のことになると知らないし、関心度もうすいはずです。その関心度という点からみても、それわ我々にしかできないことです。」(石原昌家『郷友会－都市のなかのムラ－』ひるぎ社、1986年、33-34頁)
(23)　屋良共栄会青年部部長の當山均氏のことば。2001年10月5日の聞き取り調査による。
(24)　東区自治会創立30周年記念誌編集委員会『東区自治会創立30周年記念誌　21世紀へ　躍動・清新』2001年、162頁。
(25)　詳細は、小林香代『演者たちの「共同体」－東京エイサーシンカをめぐる民族誌的説明－』風間書房、2001年を参照のこと。

終章

集落の維持可能な発展と青年の学習

多良間村の八月踊り

■終章　集落の維持可能な発展と青年の学習

第1節　本研究の総括と結論

　本研究は、人間形成において地域の共同性が要となるという視点のもとで、組織衰退のなかで研究の焦点がはずされてきた青年会の文化活動における学習過程の側面を明らかにすることを目的とした。そこで、以下では各章の分析と考察をふまえて、本研究の要約を示し、次節では今後の研究において解明されるべき諸課題を提示したい。

　序章では、青年教育における地域と青年を結ぶ研究視角とその方法、そして先行研究の検討を行った。その研究視角として、①当事者である青年の立場から、民俗芸能へ参加する過程を考察し、②その民俗芸能が、地域の共同性とどのような関係にあるのかを地域の歴史、文化、伝承主体の課題から解明し、そして③民俗芸能を介して地域の共同性に青年が周辺的存在から十全的な参加者へと形成されていく学習過程を地域事情に即して分析していくことを示した。地域に参加する過程、つまり青年たちが民俗芸能を習得する過程には、地域の人々、歴史文化などの学習が状況的に埋め込まれていると捉え、その研究方法として、青年の学習の変化を長期的に追跡できる参与観察と聞き取り調査が適当として採用した。

　先行研究の検討では、社会教育における共同学習が、教育の基盤としての地域と結実しなかったことに限界があったことを批判的に検証し、また沖縄学における地域概念の析出と教育学的視点の欠如を指摘することを通して、青年教育と地域研究を結びつけた上で、青年の自立課題と地域づくりを連続して捉える研究が必要であることを提示した。

　第1章では、今日の沖縄の青年会を理解するために、地域と青年の歴史的関係性を検討し、地域自治における青年の役割取得が地域課題として

顕在化していることを明らかにした。また同時に、青年の失業・無業の実態と青少年による非行を問題視し、社会教育関係団体としての青年会が健全育成に携わる可能性についても言及した。

　第2章では、青年が地域の生活・文化をどのように共有していくのか、その学習過程を小学校の保護者を対象にした質問紙調査の分析と、青年会OBへの聞き取り調査から考察した。その結果、①30～40代の親世代では、青年会経験者が4割程度しかいないが、②集落行事への関心や参加は、子どもを介して高い傾向にあり、そして③現役青年会へ期待する活動は、伝統芸能の継承が最も高いことが分かった。青年会経験者の語りからは、青年活動を介して行われる①アガイエイサー、②同級生模合、③トゥシビーの芸能が、地域の共同性と密接に関係し、そのことによって通過儀礼の「一人前」として認められることが重要であるとの結論を得た。

　第3章から第5章では、研究視角にもとづいて、各市町村における青年会の実証分析を行った。まず第3章では、地域的個性を尊重した村づくりを実践する読谷村の集落自治に注目し、戦後復興から基地闘争という地域課題を解決する地域の共同性の内実を明らかにした。そこでは、米軍基地に土地を奪われた人々による「属人的集落組織」の形態や、集落の「個性」である年中行事にみられる共同体自治、民俗文化の伝承を可能にする異世代間の共同性が看取された。それらは時間・時代を超えて受け継がれるという意味で、「時間的普遍性」をもつことを指摘した。

　次に第4章では、都市部の浦添市内間における地域の共同性を再構築する青年会の学習実践に、文化人類学の「伝統の創造」という概念を用いて分析した結果、次の点が明らかになった。民俗芸能のエイサーが青年会を始めさせ、その青年会活動が地域の共同性と結びつくとき、失った伝統を発見し、それを継承・創造する文化活動が生まれるということである。同時に、その共同性に子ども会や青少年を位置づけることによって、健全育成の役割を引き受け、地域における共同の子育てが総世代によって可能となることが実証された。

沖縄は島嶼県であり、島々には他にはない個性と伝統が伝えられている。第5章では、沖縄の島嶼性を表す八重山・石垣島における戦後青年会の変遷、離島経済と青年の就業構造を分析し、その上で青年会活動を通して形成される主体性の教育的意義を検討した。石垣島では高等学校卒業後の進路の多くが沖縄や県外に求められ、ほとんどの青年が島を離れる経験をもっている。そのなかで、Uターンを志す青年に共通していることは、幼少期における文化的な生活体験が主体形成の基盤になり、就業実態が厳しくても、Uターンしてくる傾向にあることが分かった。また、質問紙調査の結果からも、島の暮らしやすさ、島のよさを異郷で再発見して、目的意識をもって青年会に入会していることが明らかとなっている。また、民俗芸能の宝庫と言われる石垣島では、各青年会が集落の民俗文化を継承しており、その「型」の習得によって青年たちは文化的、歴史的認識を獲得していることが指摘できた。

　以上のような課題を明らかにした上で、特に過疎化で人手不足が深刻なシマ社会が、なぜ毎年盛大に祭祀行事を開催し、奉納芸能を披露することができるのか、また、なぜ郷里を離れた人たちが「疑似共同体」を異郷で形成しなければならなかったのか、について解明する必要が生じた。そこで第6章では、シマ社会の「見えない共同体」として存在する郷友会に焦点を当てて考察した。その結果、竹富町黒島では、島に暮らす青年だけでは民俗芸能の継承が難しい課題を、郷友会組織という「疑似共同体」がその伝承の一端を担うことによって、母村への主体的関わりを生みだしてきた。また、ブラジルにおける県人会においても、沖縄という「見える共同体」が存在することによって、沖縄人意識を醸成するために、沖縄文化の伝承が行われている。一方で米軍基地によって失われたシマ社会の共同性を維持可能にするために、嘉手納町屋良では郷友会組織によって、集落行事や民俗文化が担われている。そこには、いずれ基地が返還され、再び元の土地に戻れることを願い続ける強い結束と紐帯が指摘できた。

　青年の集落自治に対する役割は民俗芸能に特化されるわけではない。

本研究では、特に民俗芸能を媒体とする学習について分析を試みたが、青年の主体性には、まずもって経済的自立が達成されなばならないことは明白である。あえて本土で働こうとせず、アルバイトやフリーターとして生計を立てる青年が数多く存在する事実は、生活の質の貧しさを投影しているようにもみられる。しかし彼らの家族や親族、地域の共同性に価値をおく志向は、今日の人間関係不全によって閉塞状況にある日本社会に対して、「主体的に生きる」ことの本質を投げかけているのである。

第 2 節　今後の課題

沖縄は、2007年で戦後62年を迎え、また祖国への復帰を果たして35年の節目を数える。筆者が沖縄に関して一貫して追究してきたのは、一つには復帰以降の「本土並み」政策がいかなる意図をもっていたのか、それによって沖縄社会はどのような変動のなかにおかれ、どのような問題が生じているのか、二つには、その変動と問題がシマ社会の構造にどのような状況をもたらし、解決が図られてきたのか、三つには、その解決を図る人々の問題意識と主体的実践がどのように生みだされているのか、であった。その結果、前節のような知見が得られたのであるが、同時にさらに考察を要する課題も明らかになった。

まず一つに、地域の共同性と国家の問題を明らかにする必要がある。復帰以降もなお沖縄人の日常生活に不安を与えている米軍基地は、依然として国際情勢と直結しながら軍備強化が図られてきた。日本全体における米軍基地の75％が沖縄に集中し、沖縄島の約20％も占める異常な状態は、読谷村や嘉手納町の地域づくり計画の最たる弊害となっている。主体的に地域をつくりあげようとしても、住民の前にはとてつもない壁がそそり立つ。名護市辺野古の基地建設反対闘争は、維持可能な集落生活と、国家レベルにおける安全保障の問題が対峙する構図のなかで、住民の主体性とそれを持続する地域の共同性が大きく問われている。問題を複

雑にしているのは、経済的にも基地に依存していることであり、多くの青年が基地従業員として勤務している実態がある。そこで、雇用の機会と地域の共同性、そして集落の維持可能な発展の視角を明らかにすることで、青年の自立の問題が地域課題であるという現実性に近づくことが可能になると思われる。

　沖縄の経済的自立に関する考察は、教育学の領域を超えた、米軍基地という日本の安全保障問題や、基地に依存する政治・経済構造、日本政府の対応と深く関わり、先行研究者が問題を論じてきたところである。このような、シマ社会ではもはや解決できないような政治・経済構造のなかで、様々な地域課題が生じており、沖縄の人々はそれらに直面しながらも、解決を図りながら生活せざるを得ないのである。そのような状況下で、青年が民俗芸能を学習することは、換言すれば地域文化を守る闘いなのだと強調されてよい。少なくとも教育学が果たすべき課題は、経済的自立と青年の主体性の課題の他にも、地域の共同性の再形成や、地域生活における多種多様な「わざ」の習得分析など、人間が地域で主体性をなしていく伝承の内実に関して、深めるべき課題がいくつも残されたままである。

　二つめに、地域の局限性がある。沖縄集落の多様性、個性は、その人間の個性となって発現する。様々な個性にねざした多様な沖縄集落像を描き出すには、さらに綿密な島／シマ研究が求められる。本研究で設定できた地域は、沖縄島にほぼ限定されていると言ってよい。この意味では、本研究のいう「沖縄」を正しく捉えるものにはなっていない。さらに関連して言えば、奄美諸島への視点の欠如がある。琉球弧に散在する島々の社会教育の個性を描き出す作業は、今後の課題として残されている。

　三つめに、新しい地域課題として浮上した市町村合併である。本研究では、シマ社会レベルにおける社会教育実践については明らかにすることができた。しかし、市町村自治体の施策や、教育委員会の関与、中央公民館や図書館等との連携については、シマ社会の主体的な自治に焦点化し捉えるだけでは解明できない。現在もなお進行している市町村合併問題も、

シマ社会の存続や自治公民館制度、組織運営の構造に直接的な介入と統一が行われる可能性がある。したがって、合併によるシマ社会の変動を広く社会的文脈のなかで考察、検討する必要がある。

四つめに、本研究ではほとんど検討することのできなかった過疎地における学校と地域の共同性のありように着目することを、今後の研究課題として指摘しておく必要がある。この点にかかわって、久高島や鳩間島、西表島・舟浮の事例が想起される。

なかでも鳩間島は、歯止めのかからない人口減少に対処するために、里親制度を活用して、子どもを受け入れてきた。こうした状況について、森口豁は住民の間に共通した結論として「学校を失くさないこと、つまり鳩間小学校を廃校にしないこと、であった。学校の存在が島を廃村にさせないための防波堤、もうこれ以上一歩も後に退くことのできない約束ごとのような暗黙の結論であった。そのためには、生徒が一人いれば事足りる－。誰もがそう思い始めていたし、事実、生徒が一人いたために廃校をまぬがれたことが過去にもあった」[1]としている。シマ社会の共同性は様々な人間関係によって構築されるが、その共同性を突き崩す過疎化は、青年の流出に始まり、青年の不在がますます深刻なものにしている、と考える。今後、このような離島に共通する過疎化と学校存続のありようをも射程に収めつつ、厳密に描出していく作業が必要であろう。

青年が活動するシマ社会の内発的発展に関する研究を展開していくためには、これまでの考察からも明らかなように、科学的な実証分析を裏付けとしながら、沖縄人を主体として位置づけ直す作業を通して、研究知見を蓄積していくことが何よりも必要である。「沖縄の心」を具現化するシマ社会の社会教育実践には、今日の子育て困難や青年の自立の課題に対応して、各地の伝承文化の価値を見直し、文化と人間形成を結びつける学習が埋め込まれていた。沖縄には「古い伝統が残っている」と言われる。しかし、それは単なる伝承ではなく、人間が成長するための主体的、積極的な文化創造を可能にする「残し方」でなければならない。

終章　集落の維持可能な発展と青年の学習

[終章注記]
（1）　森口豁『子乞い−沖縄　孤島の歳月』凱風社、2000年、51頁。

■参考文献

1．単行本

青井和夫(監修)・蓮見音彦(編)『ライブラリ社会学3　地域社会学』サイエンス社、1991年
赤坂憲雄・中村生雄・原田信男・三浦佑之(編)『いくつもの日本Ⅴ　排除の時空を超えて』岩波書店、2003年
安里英子『沖縄・共同体の夢−自治のルーツを訪ねて』榕樹書林、2002年
安達義弘『沖縄の祖先崇拝と自己アイデンティティ』九州大学出版会、2001年
阿波根昌鴻『米軍と農民−沖縄県伊江島』岩波書店、1973年
新垣譲『東京の沖縄人−「東京」で暮らし「沖縄」を思う若きウチナーンチュたち』ボーダーインク、2003年
東江平之『沖縄人の意識構造』沖縄タイムス社、1991年
安里進『グスク・共同体・村−沖縄歴史考古学序説』榕樹書林、1998年
安里彦紀『沖縄教育講話』沖縄学版、1978年
−『沖縄の教育』三一書房、1983年
浅野誠『沖縄県の教育史』思文閣出版、1991年
新川明『新南島風土記』大和書房、1978年
−『反国家の兇区−沖縄・自立への視点』社会評論社、1996年
−『沖縄・統合と反逆』筑摩書房、2000年
安良城盛昭『新・沖縄史論』沖縄タイムス社、1980年
新崎盛暉『日本になった沖縄』有斐閣、1987年
−『沖縄現代史』岩波書店、1996年
アンダーソン、B(白石さや・白石隆訳)『増補　想像の共同体−ナショナリズムの起源と流行』NTT出版、1997年
生田久美子『「わざ」から知る』東京大学出版会、1987年
石原昌家『郷友会社会−都市のなかのムラ』ひるぎ社、1986年
石原昌家・大城将保・保坂廣志・松永勝利『争点・沖縄戦の記憶』社会評論社、2002年
池宮正治『沖縄の遊行芸−チョンダラーとニンブチャー』ひるぎ社、1990年
伊波普猷『伊波普猷全集　第7巻』平凡社、1975年

井上俊(編)『地域文化の社会学』世界思想社、1984年
井上裕吉・上滝孝治郎・宮田丈夫・吉本治郎(編)『あすへの地域教育』ぎょうせい、1976年
イリッチ、I(東洋・小澤周三訳)『脱学校の社会』東京創元社、1977年
岩田重則『ムラの若者・くにの若者−民俗と国民統合』未來社、1996年
岩渕功一・多田治・田仲康博『沖縄に立ちすくむ−大学を越えて深化する知』せりか書房、2004年
内山節『自然・労働・協同社会の理論−新しい関係論をめざして』農山漁村文化協会、1989年
内山節・大熊孝・鬼頭秀一・木村茂光・榛村純一『ローカルな思想を創る−脱世界思想の方法』農山漁村文化協会、1998年
エルドリッヂ、ロバート.D『沖縄問題の起源』名古屋大学出版会、2003年
−『奄美返還と日米関係』南方新社、2003年
大城立裕『内なる沖縄−その心と文化』読売新聞社、1972年
−『私の沖縄教育論』若夏社、1980年
−『休息のエネルギー−アジアのなかの沖縄』農山漁村文化協会、1987年
−『光源を求めて−戦後50年と私』沖縄タイムス社、1997年
大城常夫・高良倉吉・真栄城守定『沖縄イニシアティブ−沖縄発・知的戦略』ひるぎ社、2000年
大城學『沖縄芸能史概論』砂子屋書房、2000年
−『沖縄の祭祀と民族芸能の研究』砂子屋書房、2003年
大田静男『八重山の戦争』南山舎、1996年
太田政男『人を結う』蕗薹書房、2001年
大田昌秀『沖縄の民衆意識』新泉社、1976年
−『沖縄のこころ−沖縄戦と私』岩波書店、1972年
−『拒絶する沖縄−日本復帰と沖縄の心』近代文芸社、1996年
−『沖縄は主張する』岩波書店、1996年
大田昌秀(他)『ウチナーンチュは何処へ−沖縄大論争』実践社、2000年
岡本太郎『沖縄文化論−忘れられた日本』中央公論社、1976年
沖縄県教育委員会『沖縄の戦後教育史』1977年
沖縄県教育委員会社会教育課『青年団運動の発展をめざして』1975年
沖縄県立芸術大学大学院芸術文化学研究科(編)『沖縄から芸術を考える』榕樹書林、1998年

沖縄国際大学公開講座委員会『沖縄国際大学公開講座2　環境問題と地域社会-沖縄学探訪』ボーダーインク、1997年
-『沖縄国際大学公開講座4　沖縄の基地問題』ボーダーインク、1997年
-『沖縄国際大学公開講座5　アジアのダイナミズムと沖縄』ボーダーインク、1997年
-『沖縄国際大学公開講座6　沖縄経済の課題と展望』那覇出版社、1998年
-『沖縄国際大学公開講座7　南島文化への誘い』那覇出版社、1998年
-『沖縄国際大学公開講座8　異文化接触と変容』編集工房東洋企画、1999年
沖縄市企画部平和文化振興課『エイサー360度-歴史と現在』那覇出版社、1998年
沖縄心理学会（編）『沖縄の人と心』九州大学出版会、1994年
沖縄タイムス（編）『あすへの選択-沖縄経済・実像と展望・上』沖縄タイムス社、1979年
-『あすへの選択-沖縄経済・実像と展望・下』沖縄タイムス社、1979年
沖縄地域科学研究所（編）『沖縄の県民像-ウチナンチュとは何か』ひるぎ社、1985年
沖縄文学全集編集委員会『沖縄文学全集第18巻　評論Ⅱ』海風社、1992年
「沖縄を知る事典」編集委員会（編）『沖縄を知る事典』日外アソシエーツ、2000年
-『沖縄を深く知る事典』日外アソシエーツ、2003年
小熊英二『単一民族神話の起源-〈日本人〉の自画像の系譜』新曜社、1995年
-『日本人の〈境界〉-沖縄・アイヌ・台湾・朝鮮植民地支配から復帰運動まで-』新曜社、1998年
呉宣児『語りからみる原風景-心理学からのアプローチ』萌文社、2001年
勝村茂（編）『現代日本の共同体3　地域社会』学陽書房、1973年
上沼八郎『沖縄教育論-祖国復帰と教育問題』南方同胞援護会、1966年
河合利光（編）『生活文化論-文化人類学の視点から』建帛社、1995年
姜尚中『グローバル化の遠近法-新しい公共空間を求めて』岩波書店、2001年
喜舎場永珣生誕百年記念事業期成会『八重山文化論叢-喜舎場永珣生誕百年記念論文集』1987年
北田耕也『現代文化と社会教育』青木書店、1980年
-『大衆文化を超えて-民衆文化の創造と社会教育』国土社、1986年
北田耕也・朝田泰（編）『社会教育における地域文化の創造』国土社、1990年
北田耕也・草野滋之・畑潤・山崎功『地域と社会教育-伝統と創造』学文社、1998年

宜保榮治郎『エイサー-沖縄の盆踊り』那覇出版社、1997年
喜屋武真栄（編）『沖縄祖国復帰運動史-民族分断18年にわたる悲劇の記録』琉球新報社、1964年
金城正篤・高良倉吉『「沖縄学」の父　伊波普猷』清水書院、1984年
具志堅興貞『沖縄移住地　ボリビアの大地とともに』沖縄タイムス社、1998年
倉沢進・秋元律郎（編）『町内会と地域集団』ミネルヴァ書房、1990年
玄田有史・曲沼美恵『ニート-フリーターでもなく失業者でもなく』幻冬舎、2004年
郷田實『結いの心』ビジネス社、1998年
小坂井利晶『民族という虚構』東京大学出版会、2002年
小林香代『演者たちの「共同体」-東京エイサーシンカをめぐる民族誌的説明』風間書房、2001年
小林文人・平良研一（編）『民衆と社会教育-戦後沖縄社会教育史研究』エイデル研究所、1988年
小林文人・藤岡貞彦（編）『生涯学習計画と社会教育の条件整備』エイデル研究所、1990年
小林文人・佐藤一子（編）『世界の社会教育施設と公民館-草の根の参加と学び』エイデル研究所、2001年
小林文人・島袋正敏（編）『おきなわの社会教育-自治・文化・地域おこし』エイデル研究所、2002年
佐喜真興英『佐喜真興英全集』（復刻、琉球史料復刻頒布会、1970年）1926年
佐藤一子『文化協同の時代-文化的享受の復権』青木書店、1989年
佐藤一子・増山均『子どもの文化権と文化的参加-ファンタジー空間の創造』第一書林、1995年
島尾敏雄『新編・琉球弧の視点から』朝日新聞社、1992年
ジョーンズ、G・ウォーレス、C（宮本みち子監訳）『若者はなぜ大人になれないのか-家族・国家・シティズンシップ』新評論、1996年
白垣詔男『命を守り心を結ぶ-有機農業のまち・宮崎県綾町物語-聞き書き・郷田実』自治体研究社、2000年
新里金福・大城立裕『近代沖縄の歩み』琉球新報社、1972年
瀬長亀次郎『沖縄からの報告』岩波書店、1959年
戦後八重山教育の歩み編集委員会『戦後八重山教育の歩み』1982年
園田英弘（編）『流動化する日本の「文化」-グローバル時代の自己認識』日本経済

評論社、2001年
高橋明善『沖縄の基地移設と地域振興』日本経済評論社、2001年
高橋秀雄・比嘉康雄(編)『祭礼行事・沖縄県』桜楓社、1992年
竹沢尚一郎『共生の技法−宗教・ボランティア・共同体』海鳥社、1997年
多田治『沖縄イメージの誕生−青い海のカルチュラル・スタディーズ』東洋経済新報社、2004年
谷川健一(編)『叢書わが沖縄第6巻　沖縄の思想』木耳社、1970年
―『叢書わが沖縄第5巻　沖縄学の課題』木耳社、1972年
玉城嗣久『沖縄占領教育政策とアメリカの公教育』東信堂、1987年
玉野井芳郎『地域主義の思想』農山漁村文化協会、1979年
―『地域からの思索』沖縄タイムス社、1982年
鶴見和子『内発的発展論の展開』筑摩書房、1996年
鶴見俊輔・小林和夫『祭りとイベントのつくり方』晶文社、1988年
照屋善彦・山里勝巳『戦後沖縄とアメリカ−異文化接触の50年』沖縄タイムス社、1995年
富野幹雄・住田育法(編)『ブラジル学を学ぶ人のために』世界思想社、2002年
冨山一郎『近代日本社会と「沖縄人」−「日本人」になるということ』日本経済評論社、1990年
―『暴力の予感−伊波普猷における危機の問題』岩波書店、2002年
豊見山和行(編)『琉球・沖縄史の世界』吉川弘文堂、2003年
戸谷修『アジア諸地域の社会変動−沖縄と東南アジア』御茶の水書房、1999年
鳥越晧之『地域自治会の研究−部落会・町内会・自治会の展開過程』ミネルヴァ書房、1994年
中田実(編)『町内会・自治会の新展開』自治体研究社、1996年
中西信男・文沢義永・関峋一『沖縄の青年』福村出版、1971年
中野好夫・新崎盛暉『沖縄問題二十年』岩波書店、1965年
―『沖縄戦後史』岩波書店、1976年
仲松弥秀『古層の村−沖縄民俗文化論』沖縄タイムス社、1977年
―『神と村』梟社、1990年
―『うるまの島の古層−琉球弧の村と民俗』梟社、1993年
仲松弥秀先生傘寿記念論文集刊行委員会『神・村・人−琉球弧叢書』第一書房、1991年
中村尚司・鶴見良行『コモンズの海』学陽書房、1995年

中森孜郎『日本の子どもに日本の踊りを』大修館書店、1999年
中屋幸吉『名前よ立って歩け』三一書房、1972年
成田龍一・藤井淑禎・安井眞奈美・内田隆三・岩田重則『故郷の喪失と再生』青弓社、2000年
南海日日新聞社（編）『それぞれの奄美論・50－奄美21世紀への序奏』南方新社、2001年
西川潤（編）『アジアの内発的発展』藤原書店、2001年
西成彦・原毅彦（編）『複数の沖縄－ディアスポラから希望へ』人文書院、2003年
日本教育社会学会『青年期の教育－教育社会学研究第22集』東洋館出版社、1967年
日本社会教育学会『農村の変貌と青年の学習－日本の社会教育第6集』国土社、1961年
－『現代公民館論－日本の社会教育第9集』東洋館出版社、1965年
－『社会教育の方法－日本の社会教育第17集』東洋館出版社、1973年
－『地方社会教育史の研究－日本の社会教育第25集』東洋館出版社、1981年
－『現代社会と青年教育－日本の社会教育第29集』東洋館出版社、1985年
－『現代社会教育の創造－社会教育研究30年の成果と課題』東洋館出版、1988年
日本生活学会（編）『生活学第24冊　祝祭の一〇〇年』ドメス出版、2000年
蓮見音彦・奥田道大（編）『地域社会論』有斐閣、1980年
蓮見音彦・安原茂（編）『地域生活の復権－自治と自立の条件』有斐閣、1982年
蓮見音彦・似田貝香門・矢澤澄子『現代都市と地域形成－転換期とその社会形態』東京大学出版会、1997年
波照間洋『立ち上がる沖縄－教公二法反対闘争の記録』労働旬報社、1968年
林博史『沖縄戦と民衆』大月書店、2001年
原知章『民俗文化の現在－沖縄・与那国島の「民俗」へのまなざし』同成社、2000年
比嘉春潮『沖縄の歴史』沖縄タイムス社、1965年
比嘉政夫『沖縄民俗学の方法－民間の祭りと村落構造』新泉社、1982年
－『女性優位と男系原理－沖縄の民俗社会構造』凱風社、1987年
－『沖縄からアジアが見える』岩波書店、1999年
比嘉政夫教授退官記念論集刊行会『琉球・アジアの民俗と歴史』榕樹書林、2002年
比嘉佑典『沖縄チャンプルー文化創造論』ゆい出版、2003年
比屋根照夫『近代沖縄の精神史』社会評論社、1996年

―『近代日本と伊波普猷』三一書房、1981年
平山和彦『青年集団史研究序説　上巻』新泉社、1978年
平岡昭利(編)『離島研究』海青社、2003年
広松伝・森俊介・宮本智恵子・宇根豊・渋谷忠男『地域が動きだすとき－まちづくり　五つの視点』農山漁村文化協会、1990年
福島真人(編)未発選書第2巻『身体の構築学－社会的学習過程としての身体技法』ひつじ書房、1995年
藤岡貞彦『社会教育実践と民衆意識』草土文化、1977年
藤澤健一『近代沖縄教育史の視角－問題史的再構成の試み』社会評論社、2000年
藤田秀雄(編)『平和学習入門』国土社、1988年
フレイレ、P(小沢有作・楠原彰・柿沼秀雄・伊藤周訳)『非抑圧者の教育学』亜紀書房、1979年
法政大学沖縄文化研究所沖縄八重山調査委員会『沖縄八重山の研究』相模書房、2000年
外間守善『沖縄の歴史と文化』中央公論社、1986年
―『増補新版・伊波普猷論』平凡社、1993年
―『沖縄の言葉と歴史』中央公論社、2000年
―『沖縄学への道』岩波書店、2002年
―『沖縄学研究叢書5　沖縄からの発信－アジアへ』2003年
本田安次『沖縄の祭と芸能』第一書房、1991年
真栄城守定『シマおこしの構図』ひるぎ社、1993年
ましこひでのり『イデオロギーとしての日本－「国語」「日本史」の知識社会学』三元社、1997年
松居友『沖縄の宇宙像－池間島に日本のコスモロジーの原型を探る』洋泉社、1999年
松島泰勝『沖縄島嶼経済史－12世紀から現在まで』藤原書店、2002年
松平誠『祭の文化－都市がつくる生活文化のかたち』有斐閣、1983年
―『都市祝祭の社会学』有斐閣、1990年
松原治郎『日本の社会開発』福村出版、1968年
―『日本青年の意識構造』弘文堂、1974年
―(編)『地域の復権』学陽書房、1980年
松原治郎・鐘ヶ江晴彦『教育学大全集9　地域と教育』第一法規、1981年
松村洋『唄に聴く沖縄』白水社、2002年

丸杉孝之助『沖縄離島物語-西表島に住んで』古今書院、1994年
三木健『八重山を読む-島々の本の事典』南山舎、2000年
－『八重山研究の歴史』南山舎、2003年
宮坂広作『生涯学習と主体形成』明石書店、1992年
宮城辰男・植草益・大城保『沖縄経済　変革のダイナミズム-21世紀：アジア太平洋の中の日本そして沖縄-発展の方向をさぐる』NTT出版株式会社、2000年
宮城文『八重山生活史』沖縄タイムス社、1972年
宮里英伸『八重山不連続線-心豊かに故郷を生きる』ニライ社、2002年
宮里政玄『日米関係と沖縄　1945-1972』岩波書店、2000年
宮里松正『米国支配27年の回想-重要歴史年表1945-1972』沖縄タイムス社、2002年
宮澤智士『竹富島に何が可能か』1996年
宮島喬・藤田英典『文化と社会』放送大学教育振興会、1993年
宮島喬『文化と不平等-社会学的アプローチ』有斐閣、1999年
宮原誠一『青年期の教育』岩波書店、1966年
宮本憲一『地域開発はこれでよいか』岩波書店、1973年
－（編）『講座地域開発と自治体3　開発と自治の展望・沖縄』筑摩書房、1979年
－『環境経済学』岩波書店、1989年
－『日本社会の可能性』岩波書店、2000年
宮本憲一・佐々木雅幸（編）『沖縄　21世紀への挑戦』岩波書店、2000年
宮良賢貞『八重山芸能と民俗』根元書店、1979年
民俗芸能研究の会・第一民俗芸能学会（編）『課題としての民俗芸能研究』ひつじ書房、1993年
村武精一『神・共同体・豊穣-沖縄民俗論』未来社、1975年
－『祭祀空間の構造-社会人類学ノート』東京大学出版会、1984年
村野英一『南米の日系パワー-新しい文化の胎動』明石書店、2004年
目取真俊『沖縄／草の声・根の意志』世織書房、2001年
百瀬恵夫・前泊博盛『検証「沖縄問題」』東洋経済新報社、2002年
守口豁『沖縄　近い昔の旅-非武の島の記憶』凱風社、1999年
－『子乞い-沖縄孤島の歳月』凱風社、2000年
守友裕一『内発的発展の道-まちづくり、むらづくりの理論と展望』農山漁村文化協会、1991年
柳田利夫『ラテンアメリカの日系人-国家とエスニシティ』慶應義塾大学出版会、

2002年
矢野峻・岩永久次（編）『現代社会における地域と教育』当洋館出版社、1981年
山内徳信・水島朝穂『沖縄・読谷村の挑戦－米軍基地内に役場をつくった』岩波書店、1997年
山内徳信『叫び訴え続ける基地沖縄　読谷24年－村民ぐるみの闘い』那覇出版社、1998年
－『憲法を実践する村－沖縄・読谷村長奮闘記』明石書店、2001年
山城興勝『希望の大地で－南米の沖縄社会』ニライ社、1990年
山田昌弘『パラサイト・シングルの時代』筑摩書房、1999年
－『パラサイト社会のゆくえ－データで読み解く日本の家族』筑摩書房、2004年
－『希望格差社会－「負け組」の絶望感が日本を引き裂く』筑摩書房、2004年
山本英治・高橋明善・蓮見音彦『沖縄の都市と農村－復帰・開発と構造的特質』東京大学出版会、1995年
山本英治『沖縄と日本国家－国家を照射する〈地域〉』東京大学出版会、2004年
吉川博也『那覇の都市空間－沖縄らしさを求めて』沖縄タイムス社、1989年
吉田昇（編）『青年の学習運動』農山漁村文化協会、1959年
吉田昇・門脇厚司・児島和人（編）『現代青年の意識と行動』日本放送出版会、1978年
リーブラ、W.P.崎原貢・崎原正子（訳）『沖縄の宗教と社会構造』弘文堂、1974年
リリ川村『日本社会とブラジル人移民－新しい文化の創造をめざして』明石書店、2000年
琉球政府『沖縄県史第4巻各論編3　教育』1966年
琉球政府文教局『琉球史料第3集　教育編』（復刻、那覇出版社、1988年）1958年
－『琉球史料第9集　文化編1』（復刻、那覇出版社、1988年）1965年
－『琉球史料第10集　文化編2』（復刻、那覇出版社、1988年）1964年
琉球新報社会部（編）『昭和の沖縄』ニライ社、1986年
琉球新報文化部（編）『沖縄学の群像』本邦書籍、1983年
渡邊欣雄『民俗知識論の課題－沖縄の知識人類学』凱風社、1990年
－『世界のなかの沖縄文化』沖縄タイムス社、1993年

2．団体史および地域史

伊江村青年会『創立40周年記念誌』1991年
池間栄三『与那国の歴史』1959年
石垣市大浜公民館『大浜村誌』2001年
石垣市川平公民館『川平村の歴史』1976年
石垣市宮良公民館『宮良村誌』1986年
石垣市立宮良小学校『創立百周年記念誌』2002年
浦添市内間自治会『内間字誌』1981年
浦添市史編集委員会『浦添市史　民話・芸能・美術・工芸』第三巻資料編2、1982年
－『浦添市史　浦添の戦後』第七巻資料編6、1987年
運道武三『黒島誌』1988年
大里村移民史編集委員会『大里村史　移民本編』2003年
－『大里村史　移民資料編』2003年
沖縄県青年団協議会『沖縄県青年団史』1961年
沖縄産業開発青年協会『創立35周年記念誌　青年隊のあゆみ』1992年
嘉手納町水釜向上会『嘉手納町水釜史』1996年
嘉手納町字屋良共栄会『嘉手納町屋良誌』1992年
宜野湾市字宜野湾郷友会『ぎのわん　字宜野湾郷友会誌』1988年
国頭村奥のあゆみ刊行委員会『奥のあゆみ』1986年
在アルゼンチン名護浦曲会『旧名護町人アルゼンチン移住誌』1994年
在伯沖縄県人会『ブラジル沖縄移民誌』1987年
－『沖縄県人ブラジル移住80周年・在伯沖縄県人会創立50周年記念誌』1990年
在伯沖縄青年協会『移民青年隊着伯25周年記念誌』1982年
佐敷町史編集委員会『佐敷町史5　移民』2004年
竹富町西表青年会『創立八十周年記念誌「温故知新」』2001年
東京大浜郷友会『創立三十周年記念誌「おもと」』1998年
東京沖縄県人会『三十周年記念誌』1987年
東京沖縄県人会青年部『だからよぉ～−結成20周年記念号』No.62、2001年
東京八重山郷友会『創立七十周年記念誌「八重山」』1996年
日本青年団協議会『日本青年団協議会20年史』1971年

－『地域青年運動50年史－つながりの再生と創造－』2001年
ブラジル沖縄県人会(編)『ブラジル沖縄県人移民史－笠戸丸から90年』2000年
読谷村字座喜味青年会『結成40周年記念誌』1988年
－『結成50周年記念誌』1998年
読谷村字楚辺公民館『字楚辺誌「戦争編」』1992年
－『字楚辺誌「民俗編」』1999年
読谷村字楚辺誌編集室『八重山のすびんちゅ』1990年
－『字楚辺誌資料No.20　アカノコ』1990年
－『字楚辺誌資料集No.20　楚辺人』1992年
－『字楚辺誌資料集No.21　楚辺のアシビ』1993年

3．論文、報告書、雑誌

安里英子「字史づくりの中で－床屋のおじいちゃんが編集委員」『月刊社会教育』7月号、71-73頁、1978年
安仁屋政昭・玉城隆雄・堂前亮平「共同店と村落共同体」『南島文化(沖縄国際大学南島文化研究所紀要)』創刊号、1979年
新井眞人「伝統的青年集団の再編－秋田県北秋田郡上小阿仁村小沢田の事例」『教育社会学研究』第42集、200-214頁、1987年
安藤耕己「『集落青年会』の実相とその意味－青年集団史研究の課題およびライフ・ヒストリー法の可能性」『筑波大学大学院教育学研究集録』第25集、23-33頁、2001年
－「戦後青年団論における『若者組』像に関する考察」『日本社会教育学会紀要』No.40、13-22頁、2004年
石井宏典「移動する共同体－環太平洋地域における沖縄一集落移民の展開」博士論文、1996年
石垣市青年団協議会「青年文化発表会」パンフレット、1987-2004年
石原昌家「沖縄戦と村落共同体」『沖縄国際大学文学部紀要社会学科篇』第4巻第1号、57-65頁、1976年
－「疑似共同体社会としての郷友会組織」『沖縄国際大学文学部紀要社会学科篇』第8巻第1号、47-53頁、1980年
－「日本本土における沖縄人のアイデンティティーの確立」『沖縄国際大学文学部紀要社会学科篇』第10巻第1号、63-68頁、1982年

―「沖縄戦・戦災実態調査にみる『戦場の村』化過程」『沖縄国際大学文学部紀要社会学科篇』第10巻第1号、69-75頁、1982年
―「郷友会組織の機能と役割-伊是名・伊平屋の郷友会の事例」沖縄国際大学南島文化研究所『南島文化』第7号、1-27頁、1985年
―「日本本土在沖縄県人の出稼と定住生活の研究〔生活記録編-1〕」『沖縄国際大学文学部紀要』第18巻第2号、67-103頁、1992年
板谷徹「瀬良垣の豊年祭」瀬良垣公民館、2002年
―「村踊りの民族誌-名護市宮里」『沖縄県立芸術大学音楽学研究誌「ムーサ」』第4号、2003年
井上雅道「海上ヘリ基地問題と日本人類学-沖縄県名護市辺野古でのフィールドワークの覚え書き」『現代思想』6月号、228-244頁、1998年
沖縄県教育委員会『沖縄県文化財調査報告書第71集　沖縄諸島（中部・北部）の民俗芸能』1985年
―『沖縄県文化財調査報告書第112号　沖縄県の民俗芸能-沖縄県民俗芸能調査報告書』1994年
沖縄県青年団協議会『青年ふるさとエイサー祭り』第6回～第40回パンフレット、1969-2004年
沖縄国際大学南島文化研究所『八重山、竹富町調査報告書(1)-地域研究シリーズNo.27』1999年
―『八重山、竹富町調査報告書(2)-地域研究シリーズNo.28』2000年
―『八重山、竹富町調査報告書(3)-地域研究シリーズNo.29』2001年
―『石垣島調査報告書(1)-地域研究シリーズNo.31』2003年
―『石垣島調査報告書(2)-地域研究シリーズNo.32』2004年
「沖縄の青年たち」『月刊社会教育』9月号、78-87頁、1967年
『沖縄を読む』情況出版、1999年
春日清孝「沖縄県読谷村における『ゆいまーる共生事業』と高齢者の生活及び意識に関する調査中間報告書」『明治学院大学社会学部付属研究所年報』30、123-133頁、2000年
加藤節「思想としての沖縄」『世界』10月号、42-55頁、1998年
神田嘉延「公立公民館と自治公民館-南日本の事例を中心として」『鹿児島大学教育学部紀要教育科学編』第49巻、199-231頁、1998年
九州大学大学院人間環境学府発達・社会システム専攻教育学コース教育社会計画学講座生涯学習論研究室「読谷村の地域教育に関する調査」『地域生涯学習研

究』第3号、2001年
久場政彦「脱基地と沖縄経済開発の展望」『住民と自治』8月号、10-17頁、1996年
国立婦人教育会館『平成8年度　平成9年度　都市化社会の進行と家庭・地域の教育機能に関する調査研究報告書』1998年
小林一男「『返還』直前の沖縄県青年団運動の現状と課題」『月刊社会教育』5月号、90-95頁、1972年
小林茂子「1920年代の沖縄における移民教育の考察」『日本社会教育学会紀要』No.38、69-78頁、2002年
小林文人・野村千寿子「戦後沖縄における『教育隣組』運動-戦後沖縄社会教育史研究(その4)」『東京学芸大学紀要』第1部門第36集、231-244頁、1985年
小林文人「教育基本法と沖縄-社会教育との関連をふくめて」『教育学研究』第65巻第4号、354-362頁、1998年
－(研究代表者)『戦後沖縄社会教育における地域史研究』第1集-第3集、1998年度～2000年度文部省科学研究費補助金基盤研究(C)研究成果報告書、2001年
小林平造「沖縄の祖国復帰運動と青年団運動」『月刊社会教育』6月号、86-95頁、1992年
－「現代的青年期と共同学習の課題-青年団による青年問題研究集会の現状と課題」『鹿児島大学教育学部紀要』第44巻、235-258頁、1993年
－「地域づくりの主体形成と青年に関する研究-地域社会教育実践論創造の視点から」『鹿児島大学教育学部研究紀要』第47巻、1996年
－「地域づくりの主体形成と青年に関する研究(続)」『鹿児島大学教育学部研究紀要』第48巻、277-302頁、1997年
佐々木雅幸「新県政に提言する　21世紀沖縄の地域振興プラン-創造的エネルギー引き出す読谷村内発的発展モデル」『世界』1月号、104-112頁、1999年
第3回世界のウチナーンチュ大会実行委員会『第3回世界のウチナーンチュ大会報告書』2002年
平良研一「返還を前にした沖縄社会教育の現状と問題」『月刊社会教育』12月号、88-96頁、1971年
竹富町教育委員会『竹富町の文化財第5集　国指定重要無形民俗文化財　西表島の節際[干立編]-民俗文化財地域伝承活動(資料作成・周知)報告書』1997年
玉木園子「沖縄の青年会-夜学会から沖縄県青年会まで」沖縄県教育委員会『史料編集室紀要』第26号、79-100頁、2001年
玉城嗣久「勤労青少年の教育保障-沖縄県下の青年学級生の教育意識調査をもと

にして」『琉球大学教育学部紀要』第15集、79-90頁、1971年
- 「占領期の南西諸島における社会教育政策-1945年から1952年まで」『琉球大学教育学部紀要』第22集、175-196頁、1978年
玉城嗣久・川井勇「戦後沖縄教育の一考察」『琉球大学教育学部紀要』第26集、301-317頁、1983年
玉城嗣久「(遺稿)アメリカの対沖縄社会教育政策-特に1950年代の法制の視点から」『琉球大学教育学部紀要』第27集、421-438頁、1984年
辻本昌弘「移民の共同態編成に関する社会心理学的研究-沖縄系ボリビア移民の南米と日本における展開」博士論文、1999年
東京・沖縄・東アジア社会教育研究会(編)『東アジア社会教育研究』創刊号、1996年
- 『東アジア社会教育研究』第3号、1998年
- 『東アジア社会教育研究』第4号、1999年
- 『東アジア社会教育研究』第5号、2000年
- 『東アジア社会教育研究』第6号、2001年
- 『東アジア社会教育研究』第7号、2002年
- 『東アジア社会教育研究』第8号、2003年
東京学芸大学社会教育研究室『沖縄社会教育史料第1集 戦後社会教育法制』1977年
- 『沖縄社会教育史料第2集 社会教育行政・財政』1978年
- 『沖縄社会教育史料第3集 証言-戦時下及び戦後初期占領下の社会教育に関する実証的研究』1979年
- 『沖縄社会教育史料第4集 戦後奄美の社会教育』1982年
- 『沖縄社会教育史料第5集 占領下沖縄の社会教育・文化政策』1985年
- 『沖縄社会教育史料第6集 宮古・八重山の社会教育・研究報告』1986年
- 『沖縄社会教育史料第7集 戦争と社会教育』1987年
「特集 沖縄学入門」『言語』4月号、14-313頁、1983年
「特集〈沖縄〉から-ことば、映像、記憶、その可能性」『ユリイカ』8月号、78-239頁、2001年
「特集 沖縄=教育の現場」『新沖縄文学』46号、2-206頁、1980年
「特集 沖縄サミット-〈民衆の安全保障へ〉」『IMPACTION』119号、1-107頁、2000年
「特集 沖縄〈帝国〉から遠く離れて」『Inter　Communication』第46号、6-128頁、

2003年
「特集　沖縄の若者文化-新しい感性」『新沖縄文学』93号、2-91頁、1992年
「特集　沖縄へ、そして沖縄から」『IMPACTION』103号、1-123頁、1997年
「特集　郷友会社会の沖縄」『青い海』12月号、30-108頁、1982年
「特集　世界システムのなかの沖縄」『アソシエ』第2号、2000年
「特集　想像の共同体〈日本〉沖縄の子らはどのように日本人になった／されたか」『EDGE』第12号、6-94頁、2001年
「特集　都市の祭り」『都市問題』8月号、3-88頁、1999年
「特集　Uターン青年たちは、今」『青い海』12月号、9-46頁、1981年
桃原一彦「大都市における沖縄出身者の同郷者結合の展開-集住地域・川崎を中心に」『都市問題』9月号、47-62頁、2000年
鳥山淳「復興の行方と沖縄群島知事選挙」『一橋論叢』第125巻第2号、183-199頁、2001年
-「軍用地と軍作業から見る戦後初期の沖縄社会-1940年代後半の『基地問題』」『浦添市立図書館紀要』No.12、67-82頁、2001年
-「地上戦の島の『戦後』-沖縄の米軍基地の成り立ちをめぐる断章」『現代思想臨時増刊号』、12-29頁、2001年7月号
仲地博「属人的住民自治組織の一考察-沖縄県読谷村の事例」和田秀夫先生古希記念論文集編集委員会『裁判と地方自治』敬文堂、203-228頁、1989年
南里悦史(研究代表者)『子どもの心と体の主体的発達を促進する生活体験学習プログラム開発に関する研究』平成13年度～平成15年度日本学術振興会研究費補助金(基盤研究B(1))平成14年度中間報告書、2003年
-『子どもの心と体の主体的発達を促進する生活体験学習プログラム開発に関する研究』平成13年度～平成15年度日本学術振興会研究費補助金(基盤研究B(1))平成15年度研究成果報告書、2004年
日本青年団協議会『共同学習のまとめ-共同学習をさらにすすめるために』1955年
-『沖縄問題資料第一集』1956年
-『沖縄問題資料第三集』1956年
-『昭和30年度勤労青年教育に関する資料　共同学習をさらに発展させるために』1956年
-『沖縄派遣代表団報告書』1957年
-『昭和34年度「日本の青年」1　青年の生活の問題』1959年

－『第三次沖縄視察報告書』1960年
－『沖縄視察報告書』1961年
－『青年団強化の手引き－続ビジョンを求めて』1978年
－『全国青年大会』開催要項および報告書、第6回～第49回、1960-2000年
橋本敏雄・春日清孝「軍事基地体制下における地域の主体形成」『明治学院大学社会学部付属研究所年報』29、119-133頁、1999年
比屋根照夫(研究代表者)『復帰20年・沖縄の政治・社会変動と文化変容』平成4・5・6年度文部省科学研究費補助金(一般研究A)研究成果報告書、1995年
－「沖縄－自立・自治への苦闘－歴史的文脈に即して」『世界』8月号、78-91頁、1996年
－『アメリカ統治と戦後沖縄－異文化の衝撃』平成10・11・12年度科学研究費補助金(基盤研究A)研究成果報告書、2001年
『別冊環⑥　琉球文化圏とは何か』藤原書店、2003年
外間清志「沖縄の基地と青年運動－キセンバルに陽は落ちて」『月刊社会教育』1月号、42-48頁、1980年
松田武雄「平和問題と自治体－沖縄の非核宣言自治体を中心に」『琉球大学教育学部紀要』第30集、313-333頁、1987年
－(研究代表者)『沖縄の字(集落)公民館研究』第1集、平成14年度文部科学省科学研究費補助金(基盤研究(B)(1)研究成果報告書・その1、2003年
－『沖縄の字(集落)公民館研究』第2集、2004年
－『沖縄の字(集落)公民館研究』第3集、2005年
矢口雄三「沖縄の『シマ社会』－地域福祉活動促進の条件を探る」『日本赤十字秋田短期大学紀要』第1号、1996年
山本宏子「沖縄読谷村のエイサーの伝承組織－民俗芸能の伝承組織と社会・経済構造との相互規定関係」『芸能の科学21　芸能論考XIV』150-182頁、1993年
読谷村『読谷村字別構想－字別一覧』1995年
読谷村青年団協議会『青年エイサーまつり』パンフレット、1983-1999年
琉球政府文教局『教育白書　沖縄教育の歩みと将来の展望』1965年
琉球大学経済学科久場ゼミナール『離島に於ける青少年の意識調査』1979年

索 引

あ
アイデンティティ 135,144,262,277,287
アガイエイサー 99,103,271
赤犬子まつり 97,120
アカマタ・クロマタ 227
字誌 20,38,121,125,200,286
字民性 115
伊江村青年会 72,286
石垣市青年団協議会 154,220,226,287
維持可能な地域 14
イタシキバラ 226,232
一人前
 23,85,100,124,135,143,159,219,271
異民族統治 15,86
イリベーシ 89,97,103
御嶽 16,35,116
ウチナーンチュ
 40,244,252,263,277,278,289
内間大綱引き 172
内間子ども会 139,157,160,162,167
内間獅子舞保存会 141
内間青年会
 131,137,144,162,172,179,214
生まり島 194,205,213,254
エイサー
 23,41,57,58,72,77,85,94,97,104,122,136,
 137,147,160,169,195,217,253,259,264,
 271,279,280,288,292
大太鼓 152
大綱引き 137,170,172
沖縄学
 32,40,270,279,280,281,283,285,290
沖縄県青年会 70,72,289
沖縄県青年団協議会
 3,38,72,160,220,226,236,286,288

沖縄青年連合会 72
沖縄諮詢会 73
沖縄戦
 15,32,35,86,196,277,278,281,282,287,
 288
沖縄の心 14,33,76,275,278
沖縄問題 13,78,278,281,284,291

か
学事奨励会 20,249,259
学校教育
 18,23,27,76,105,133,167,200,232,233,
 263
型 226,228,230,272
嘉手納町 43,256,272,286
嘉手納基地 256
カンカラ三線 126
キセツ 212,215
疑似共同体 240,243,248,272,287
帰属意識 135,207,254
結願祭 199,202,232,255
基地問題 34,78,86,264,279,288,291
喜名青年会 72,76
教育隣組 20,111,162,289
郷友会
 22,43,68,207,211,240,241,248,253,256,
 277,286,287,288,291
共同学習 25,38,50,270,289,291
共同体自治 42,110,114,121,126,271
共同体的人間関係 110,247,252
共同店・共同売店 22
旧慣温存 16,116
きらめくユーバンタ夕焼けコンサート
 125
寄留民 157,218
組踊 123,125,260
黒島郷友会 254

軍用地料	267		253,272,275,292
皇民化教育	73	締太鼓	58,152
古層の村	16,44,281	社会教育	

公民館
 17,18,97,116,120,140,143,147,154,164,
 173,196,199,202,224,229,231,242,274,
 280,282,286,287,288,292

「公民館設置奨励について」　18,200
故郷概念　247,250
子どもエイサー　160,165

さ

サークル　25,50,106,162
祭祀
 16,24,31,35,38,39,116,117,134,199,205,
 225,227,234,250,255,257,272,278,284
座喜味青年会　75,287
サニズ演劇発表会　204,225,230,236
三無主義　12
時間的普遍性
 42,110,112,115,117,122,125,126,264,
 271
自己教育　14
自己実現　132
師匠　24,102,103,124,231
獅子舞
 58,68,123,141,199,222,225,237,260
シマ意識　242,259,262
シマンチュ　110,135,144
共同体
 16,19,23,26,34,42,52,57,69,92,105,110,
 112,114,116,121,122,126,133,135,143,
 144,227,240,241,248,252,253,256,259,
 262,271,277,279,280,281,284,287,291
シマ社会
 13,15,18,19,22,24,39,43,57,68,70,72,
 84,95,133,136,139,144,196,207,240,242,

社会教育
 12,18,22,25,28,34,36,40,42,50,56,73,
 85,92,100,123,195,196,199,241,247,270,
 274,278,279,280,282,287,288,289,290,
 292
社会教育関係団体　22,271
社会教育実践　247,274,283,289
住民参加　115,116,137,242
集落公民館　18,19,116,117
集落自治
 13,42,93,97,194,197,199,204,225,271
主体形成
 3,30,196,213,228,272,284,289,292
地割制　16
深夜はいかい　82
水平的横社会　16,35
正統的周辺参加　23
全国青年大会　54,236,292
ソフト・ランディング　240,252,254
生活文化
 3,13,16,69,76,171,175,213,219,227,240,
 242,245,250,253,279,283
青少年健全育成　160
青年教育
 12,24,25,40,42,50,135,196,213,270,282,
 291
青年会
 3,11,12,23,31,39,41,44,49,50,56,58,69,
 72,74,80,84,90,93,97,104,109,120,123,
 127,131,136,137,144,160,169,174,179,
 193,194,196,201,213,219,224,259,270,
 286,287,289
青年集団　28,50,56,69,84,283,287
青年の主体性
 14,26,194,206,219,224,273,274

青年ふるさとエイサー祭り		土着文化	73
67,74,87,154,160,226,236,288			
青年文化発表会	154,219,226,236,287	**な**	
属人的集落組織	116,271	内国植民地	15,86,112
祖国復帰運動	37,74,280,289	内発的発展	
楚辺青年会	72,75,97,109	14,33,219,242,275,281,282,284,289	
		長野県連合青年団	26,30
た		名護市嘉陽	20
竹富町黒島	43,239,254,272	名護市屋部	19,20
地域開発	29,32,76,284	波平青年会	23,129
地域学習	41,84,137,142,170	日本青年団協議会	
地域課題		25,28,42,51,74,171,236,286,291	
14,39,68,75,84,110,134,137,138,171,		ニミッツ布告	72
194,218,233,255,270,274		人間形成	
地域共同体	16,38,160,165	32,70,90,128,134,143,174,240,241,261,	
地域的個性	68,271	262,265,270,275	
地域の共同性		年中行事	
14,19,31,40,42,53,56,68,77,85,90,93,		35,36,42,91,143,199,242,249,257,259,	
94,104,110,128,132,134,141,143,144,		260,271	
157,170,172,174,194,196,198,205,213,		年齢階梯集団	39,111,117,120,126,161
227,240,245,264,270,273			
地域文化		**は**	
18,22,30,42,50,53,77,86,91,106,122,125,		パーランクーサークル	162,168
132,135,141,142,160,164,165,194,199,		場所的普遍性	113,122,125
213,218,243,265,274,278,279		東区青年会	259
地方分権	14,90,110,112	風俗改良運動	70,73
通過儀礼		福岡沖縄県人会	248
23,36,40,99,101,104,123,165,227,271		婦人会	70,99,127,143,168,202,224
手習い	227	部落会	26,199,202,224,281
手ゆずり	227,230	ブラジル移民青年隊	251
伝統行事	117,233	ブラジル沖縄県人会	
伝統の創造		43,253,272,286,287	
42,132,137,142,169,170,242,271		文化活動	
同化政策	16,70,73,112	12,16,21,42,50,51,53,56,69,72,75,77,	
同級生模合	99,100,271	78,84,92,123,166,194,218,247,253,264,	
トゥシビー	70,97,99,101,103,271	270	
渡嘉敷青年会	170,172		

文化伝承
　17,39,50,56,77,84,132,175,230,261,262
文化の再創造　　　　　　　　　　135
棒術
　23,58,68,123,141,173,199,222,225,232,
　236
豊年祭　　22,123,143,227,239,255,288
母村
　68,240,247,249,250,253,256,263,272
本土並み　　　　　　　　　14,76,273

ま

マイノリティ　　　　　　　　　　252
牧港青年会　　　　　　　　　　　140
マラリア　　　　　　　　　　197,202
道ジュネー　　　99,141,154,168,259
宮崎県綾町　　　　　　　　　17,280
宮良青年会　　　　193,201,224,232,236
民俗芸能
　12,17,23,31,36,42,51,54,57,68,70,72,
　74,77,84,95,97,103,104,115,121,122,
　127,137,141,160,168,194,217,223,228,
　231,251,259,263,270,274,284,288,292
無意図の教育作用　　　　　　　　133
無業者　　　　　　　13,78,209,215
ムラアシビ　　　　　　　　　　　123
村おこし運動　　　　　　　　　72,74
村芝居　　　　　　　　　　69,72,85
門中　　　　　　　　　　　22,24,252
毛遊び　　　　　　　　　　　69,227

や

八重山
　36,42,194,196,207,214,217,219,226,233,
　244,248,254,272,278,279,280,283,284,
　286,287,288,290
八重山支庁文化部　　　　　　　　197

屋良共栄会　　　43,256,258,260,286
Uターン
　43,194,212,214,224,232,254272,291
結いの心　　　　　　　　　　17,280
ユイマール
　13,17,19,24,32,134,158,172,174,215,
　247,253
読谷村字別構想　　　21,115,121,292
与那国町青年団協議会　　　　　　222

り

琉球処分　　　　　　　　　15,70,112
老人会　　　　　　　　　39,120,127

わ

わざ17,43,194,219,227,228,231,274,277

■著者紹介

山城 千秋（やましろ・ちあき）

　1968年沖縄島に生まれる。1991年琉球大学法文学部卒。1994年沖縄県青年団協議会事務局次長。1997年鹿児島大学大学院教育学研究科修士課程修了。2002年九州大学大学院人間環境学研究科博士課程単位取得退学後、九州大学助手、熊本大学講師を経て、現在熊本大学教育学部助教授。

　共著に『おきなわの社会教育－自治・文化・地域おこし』（小林文人・島袋正敏編、エイデル研究所、2002年）、『校区公民館の再構築－福岡の校区公民館の歴史と実践』（南里悦史・松田武雄編、北樹出版、2005年）ほか。

沖縄の「シマ社会」と青年会活動

2007年3月30日　初版発行

著　者	山城　千秋
発行者	大塚　智孝
発行所	株式会社　エイデル研究所
	〒102-0073
	東京都千代田区九段北4-1-9
	TEL:03-3234-4641
	FAX:03-3234-4644
カバーデザイン	高岡（丹羽）素子
印刷・製本	中央精版印刷株式会社

＊乱丁・落丁のときはおとりかえいたします。
© 2007　Yamashiro Chiaki
Printed in Japan　ISBN978-4-87168-424-8